GEORG SCHWEISFURTH

biofood

südwest

Inhalt

Liebe Leserinnen und Leser,

Sie halten ein Buch in Ihren Händen, das dafür wirbt, dass das Reine, Unverfälschte und Ursprüngliche das Beste ist, das darauf aufmerksam machen möchte, dass das Einfache heute das Schwierige ist und der eigentliche Luxus in der Qualität liegt. Selbst gute Restaurants arbeiten heute mit Halbfertigprodukten, lassen sich die Entenbrust vorgebraten und aufgeschnitten anliefern, Kartoffeln kommen geschält aus dem Plastiksack und selbst ein »bunter Blattsalat« mit Balsamico-Olivenöldressing und gehobeltem Parmigiano kann trotz bester Optik ein geschmackliches Desaster sein – für den, der den wahren Geschmack kennt, der weiß, wie Biosalat schmeckt, dass Radieschen scharf sein können, und Biomohrrüben über ein Aroma verfügen, das 95 Prozent der Verbraucher inzwischen unbekannt ist.

Als ich dieses Buch konzipierte, wollte ich es das »Buch vom Unterschied« nennen – weil der Unterschied zwischen konventioneller Agroindustrie mit ihren oft stark verarbeiteten Produkten und den auf natürliche Weise schonend verarbeiteten biologischen Lebensmitteln ein so großer ist, dass man wirklich Bücher damit füllen kann. Dann entschied ich mich aber dafür, einen anderen Gedanken in den Vordergrund zu stellen: nicht die Massenproduzenten schmähen, sondern die wirklich feinen Dinge preisen. Es geht mir nicht darum, aus einer Müsliecke heraus in Latzhosen moralinsauer auf die Industrie zu schimpfen, sondern allen Gourmets zu zeigen, dass es sich lohnt, etwas mehr Geld in die Hand zu nehmen, um wirkliche Qualität auf den Tisch zu bringen. Es geht nicht darum, zum Fleischverzicht aufzurufen, sondern ich möchte Ihnen zeigen, dass zwischen einem Jägerschnitzel mit Tütensauce und einem Bioschweinebraten die gleichen Unterschiede liegen wie zwischen Fischstäbchen und Hummer. Es geht immer um den ursprünglichen Geschmack, immer um die schonende handwerkliche Verarbeitung, die diesen ermöglicht. Es geht um Liebe und Hingabe.

Wenn die Agroindustrie wieder einmal alle Grenzen überschritten hat, wenn die Zeitungen voll sind von Rinderwahnsinn, Schweinepest und Maul- und Klauenseuche, dann stehen die Schlangen in den Bioläden bis auf die Straße, Biofood wird auf einmal knapp, die Theken sind leer, die Biobauern ausverkauft. Viele Kunden, die von solchen Wellen in die Bioläden gespült wurden, sind längst zu Stammkunden geworden, weil sie wissen, dass nur das gut sein kann, was auch umweltverträglich und unter der Einhaltung von ethischen Mindeststandards produziert worden ist. Dieser Trend hält seit einigen Jahren an, er ermöglicht immer mehr Landwirten, auf Bioproduktion umzustellen, er hilft dabei, in immer mehr Städten Bioläden zu eröffnen. Heute muss keiner mehr aufs Land fahren, um Biogemüse, Bioobst, Biofleisch, Biowurst oder Biobrot zu kaufen, heute gibt es sogar exotische Früchte, Gewürze, Champagner oder Pralinen in Bioqualität, heute findet sich die ganze Welt, von Europa bis Japan, von Afrika bis Südamerika, im Bioladen – ebenso wie die Leckereien aus der eigenen Region. Bei zu geringen Transportkosten ist die Versuchung groß, Bioprodukte aus ganz Europa zu importieren – da muss man standhaft bleiben!

Qualitativ hochwertige Ernährung hilft, sich fit zu halten, guter Geschmack belohnt jeden für die Entscheidung, Bio gekauft zu haben. Wer Biogemüse geschmeckt, wer Bioschweinebraten gekostet und wer italienische Biopasta zubereitet hat, der wird kaum zu den Supermarktprodukten zurückkehren – auch wenn diese nur die Hälfte kosten. Denn: Der wahre Luxus ist die Qualität.

Für viele hat Luxus einen üblen Beigeschmack. Er klingt nach Angebern, die in ihrem Rolls-Royce Corniche mit einer fetten handgerollten kubanischen Zigarre den dicken Maxe machen oder sich für eine viertel Million ein eigenes Kino in den Keller bauen. Doch all die, für die Luxus noch immer Rolex bedeutet, sind im letzten Jahrhundert stehen geblieben.

Wenn man im Biobereich heute von Luxus spricht, dann meint man etwas ganz anderes: sich das leisten, was man sich leisten will, nicht das, was man sich leisten kann. Es ist Luxus, nach der Devise von Oscar Wilde zu leben: »Ich habe einen ganz einfachen Geschmack, ich bin immer mit dem Besten zufrieden«. Genau darum geht es. Beste Rohstoffe, feinste Zutaten, höchste Verarbeitungsqualität.

Dass es im Biobereich natürlich auch Unterschiede gibt, dass ganz besondere, seltene, aufwändig zu produzierende Lebensmittel auch teuer sein können, versteht sich von selbst. Genau hier fällt dann die Entscheidung: Wähle ich das Beste? Wähle ich das Billigste? Wähle ich das Sein? Wähle ich den Schein? Gerade bei den Luxusgütern empfiehlt es sich, auf Bioqualität zu achten. Der Bio-Aceto Balsamico schlägt eben den normalen »Luxusessig«, norwegischer Bioräucherlachs kommt aus einer anderen Geschmackswelt als der vakuumverpackte Supermarktlachs, bei dem man nicht weiß, ob man eher den Fisch oder den Esser bedauern soll.

Wenn man partout das Beste sucht, muss man nur in den Bioladen gehen, dort wird es geboten. Auch dort findet man Luxusgüter wie Champagner oder Coppa di Parma, ebenso wie alles, was in den Kapiteln dieses Buches über Getränke oder Fleisch und Wurst beschrieben ist. An dieser Stelle nun eine kleine Aufstellung über die »Besten der Besten«, mehr steht in den jeweiligen Kapiteln.

Wenn es um die Bioqualität geht, sind zwei italienische Brüder die Könige: der Parmaschinken und der Coppa di Parma. Bestes Fleisch, mal aus dem Schlegel, mal aus dem Halsgrat, wird nur mit Meersalz gesalzen und in luftigen Holzhäusern monatelang getrocknet und gereift.

Beim Fisch schwimmt der Bioräucherlachs allen davon. Er stammt aus ökologischen Lachsfarmen, wo die Tiere nicht dicht auf dicht stehen, ökologisches Futter bekommen, nicht mit prophylaktischen Antibiotika oder Farbstoffen malträtiert werden. Langsam geht es zu in diesen Farmen, bei der Aufzucht wie beim Räuchern.

Der beste Essig der Welt ist der Balsamico, der beste Bioessig der Welt der Bio-Balsamico. Manchmal kann die Welt eben einfach sein. Bio-Balsamico kennt keinen Schwefel, es gibt ihn inzwischen sogar in einer hellen Ausgabe, damit keine dunklen Spritzer das Auge des Gourmets und Connaisseurs beleidigen.

Wie archaisch Bioluxus ist, zeigt sich bei den Milchprodukten. Der beste Quark der Welt ist ein handgeschöpfter Biosahnequark, rein aus harter handwerklicher Arbeit, die Herstellung hat sich seit Jahrhunderten nicht geändert, es kommt keinerlei moderne Technik zum Einsatz. Die wichtigste Zutat, die man schmecken kann, ist die Liebe des Käsers zu seinem Produkt. Ähnlich ist es beim Bio-Brie de Meaux. Seine Herstellung aus erstklassiger Rohmilch ist längst ein Ritual geworden, mit speziellem Werkzeug, in Handarbeit, mit viel Zeit entsteht der beste Rohmilchkäse der Welt. Er gehört in eine wohltemperierte Speisekammer, ein kalter Kühlschrank wäre Käsemord. Perfekte Kunst auf höchstem Niveau ist auch beim Bio-Parmigiano Reggiano zu schmecken. Da Parmesankäse in zum Teil äußerst schlechten Qualitäten weltweit zu haben ist, stärkt man durch den Kauf eines »Echten« in Bioqualität diese schöne Tradition.

Champagner ist das Luxusgetränk par excellence. Am Champagner zeigt sich perfekt, wo die Grenze zwischen dem Bio- und dem Schnöselluxus verläuft. Herr Schnösel besteht darauf, dass sein Schaumwein wirklich aus der Champagne stammt, egal was über die Trauben oder auf anderen Wegen Unschönes in das Getränk hineingelangt. Biokenner greifen gerne zu Crémants, die genau wie Champagner entstehen, aber eben nicht in der Champagne. Den Gipfel dieser Luxuswelt bilden allerdings Bio-champagner aus der Champagne selbst. Bioproduzenten wie Ruffin oder Fleury findet man in internationalen Wettbewerben oft auf den vorderen Plätzen.

Genießer, deren einfacher Geschmack sie in der Entscheidung für das immer beste Produkt beflügelt, sind manchmal dem Vorwurf ausgesetzt, Snobs zu sein. Mit einer nachhaltigen Lebensführung, mit gesunder Ernährung, mit der Lust, sich auch einmal etwas zu leisten, lebt es sich bewusster, selbstbestimmter und freudvoller. Denken Sie an die Weisheit unserer Großmütter: »Wir sind zu arm, um billig einkaufen zu können«.

Es stellt sich für uns ja immer die Frage: Sind die Dinge, die wir kaufen, ihren Preis wert? Ein langweiliges Produkt ohne Geschmack kann vor diesem Hintergrund subjektiv sehr teuer sein, während beispielsweise ein köstliches Hühnerei, eine voll südlich schmeckende saftige Orange oder ein gutes Sauerteigbrot, obwohl es »teuer« ist, in diesem subjektiven Sinn preiswerter sein kann! Eben seinen Preis werter!

Absolut betrachtet sind viele Bioprodukte im Laufe der letzten Jahre günstiger geworden. Das hängt mit den gestiegenen Umschlagmengen und der parallel sich entwickelnden Professionalisierung in der Organisation der Verteilung, der Distribution, zusammen: größere Mengen bzw. Chargen eines Produkts können günstiger verarbeitet und günstiger transportiert werden, die Handlingskosten sinken. Diese Preisvorteile geben wir an die Verbraucher weiter. Was jedoch der Bauer für sein Schwein, sein Getreide oder der Rohmilchkäser für seinen Camembert bekommt, kann und darf nicht weniger werden: Verglichen mit Agroindustrie und konventioneller Milchwirtschaft ist die Arbeit, die er in seine Erzeugnisse steckt, viel viel mehr. Solange wir also Bioprodukte haben wollen, die echt anders hergestellt werden, wird der Preis für diese naturgemäß immer höher sein. Logischer geht's nicht!

Als ich 1998 mit drei Freunden begann, die »Basic«-Bio-supermärkte zu eröffnen, da hatten wir alle diese Gedanken im Hinterkopf. In München und Stuttgart begannen wir mit hellen, übersichtlichen, appetitlichen Läden voll hochwertigem und frischem Biofood, mit Qualität und Genuss, ohne erhobenen Zeigefinger. Manche bedauern zwar, dass diese Läden nicht so familiär sind wie die Öko-läden der 1980er Jahre, wir haben aber erkannt, dass wir Platz für hunderte Produkte brauchen, dass nicht jeder Ladenbesitzer ständig hinter der Theke stehen kann, dass die Kunden selbst durch die Regalgassen streifen wollen, auf der Suche nach etwas Neuem, Unbekanntem, Spannendem. Den guten Rat, den Tipp von der Fachfrau oder dem Fachmann gibt es auf Wunsch natürlich immer dazu, dafür sorgen wir durch genügend Personal und Schulung.

Der »Bio«-Bereich hat sich in den letzten Jahren professionalisiert – die Grundlagen der biologischen Produktion, des fairen Umgangs mit Natur, Tier und Mensch aber sind gleich geblieben. Auf dieser Basis ist eine Welt der Qualität gewachsen – eine Welt, in die ich Sie einladen möchte. Dieses Buch erzählt von der Wiederentdeckung der Vielfalt in unserer mitteleuropäischen Lebensmittelkultur, vom neu entdeckten alten Geschmack, von fremden Ländern der Erde und ihren traditionellen Produkten. Es ist ein Buch für die Menschen, die es gruselt, wenn sie die Zutatenliste bestimmter Fertigprodukte lesen, die es schaudert, wenn wieder einmal Horrorgeschichten aus Massenställen zu lesen sind, die sich wundern, warum es im Dezember Tomaten gibt, die im Februar immer noch nicht matschig sind. Und es ist ein Buch für die, die lieber etwas weniger Fleisch essen, dafür aber zu Spitzenqualität greifen, für die Essen mehr ist, als sich den Magen vollzustopfen, die einfach mal mit dem Informieren und Nachdenken angefangen haben, die sich auch in anderen Lebensbereichen an einer »inneren« Qualität orientieren, nicht nur am niedrigsten Preis.

Georg Schweisfurth

Biolebensmittel –
ein wichtiger Beitrag für eine Ernährung
der Zukunft

Dr. Karl von Koerber, Ernährungswissenschaftler,
Beratungsbüro für ErnährungsÖkologie, München

Biolebensmittel, d. h. Erzeugnisse aus biologischer Landwirtschaft, treten aus der Nische ins Rampenlicht der Öffentlichkeit. Sie werden Teil eines Leitbilds für eine zukunftsfähige (bzw. nachhaltige) Ernährung. Aus wissenschaftlicher Sicht ist klar, dass ökologisch erzeugte Produkte prinzipielle Vorteile haben.

Biolebensmittel weisen gegenüber konventionellen Produkten keine oder zumindest wesentlich geringere Gehalte an anbaubedingten Rückständen auf. Damit sind Agrochemikalien angesprochen, die in der konventionellen Landwirtschaft *absichtlich* eingesetzt werden, die aber in den Lebensmitteln nicht erwünscht sind. Im Pflanzenbau sind dies vor allem chemisch-synthetische Stickstoffdünger (Nitrate) und chemisch-synthetische Pestizide (so genannte Pflanzenschutzmittel). In der Tierhaltung geht es in erster Linie um Hormone und Antibiotika, die als Masthilfsmittel eingesetzt werden, die aber in der ökologischen Landwirtschaft nicht zugelassen sind.

Die *unabsichtlich* aus der belasteten Umwelt in Lebensmittel gelangenden Verunreinigungen (so genannte Umweltkontaminanten) lassen sich auch im Ökolandbau nicht vollständig vermeiden: z. B. die Schwermetalle Blei, Cadmium und Quecksilber, die schwer abbaubaren chlorierten Kohlenwasserstoffe sowie radioaktive Substanzen aus Atomanlagen. Solche Schadstoffe aus den Bereichen Energiegewinnung, Industrie, Verkehr und Haushalte kommen inzwischen überall vor, so dass auch Biohöfe keine unbelasteten Inseln in einer verschmutzten Welt mehr sind.

Die meisten wissenschaftlichen Studien zum ernährungs-physiologischen Wert von ökologischen gegenüber kon-ventionellen Erzeugnissen zeigen keine wesentlichen Unterschiede bzw. sie sind uneinheitlich. Einige Untersu-chungen fanden tendenziell bessere Bewertungen von Bioprodukten bezüglich einzelner Vitamine und Mineral-stoffe. Konventionell angebaute Gemüse weisen oft einen höheren Wassergehalt auf, was natürlich den Nährwert herabsetzt – dieses teuer eingekaufte Wasser kann billi-ger aus dem Hahn gezapft werden!

Ein wesentlicher Vorteil von Biolebensmitteln ist die oft schonendere Verarbeitung. Der Naturkostbereich bean-sprucht zumeist, nicht nur ökologisch erzeugte Lebens-mittel anzubieten, sondern auch gesunde, d. h. vollwerti-ge Erzeugnisse. Gering verarbeitete »Lebens-Mittel« liefern uns am wahrscheinlichsten alle lebensnotwendigen und gesundheitsfördernden Nahrungsinhaltsstoffe, die wir für ein gesundes und langes Leben brauchen. Inzwischen fin-den sich jedoch auch im Biobereich viele stark verarbeite-te Produkte wie Konserven, Süßigkeiten sowie Instant- und Fertigprodukte. Bestimmte fragwürdige Verfahren wie Gentechnik und Bestrahlung sind im Ökomarkt generell ausgeschlossen. Einige Anbauverbände lassen auch be-stimmte Methoden wie Ultrahocherhitzung (H-Milch) und Mikrowellenerhitzung nicht zu.

Die Verwendung von Zusatz- und Hilfsstoffen ist gegenü-ber dem herkömmlichen Bereich stark eingeschränkt. Die sehr problematischen so genannten natürlichen Aroma-stoffe sollen demnächst in Biolebensmitteln ganz ver-schwinden – die »naturidentischen« und »künstlichen« sind bei ihnen vom Gesetz her sowieso nicht erlaubt. »Natürlich« bedeutet in diesem Zusammenhang nicht etwa »naturbelassen« im Sinne von gering verarbeitet, sondern nur, dass sie aus natürlichen Quellen isoliert wur-den. Das sind aber in der Regel nicht die namengebenden Früchte, z. B. Erdbeeren, sondern alle möglichen anderen

Quellen, unter anderem auch Bakterien-, Hefe- oder Schimmelpilzkulturen aus großen Fermentoren, Holzabfälle, andere billigere Pflanzen usw. Vielfach werden auch gentechnische Verfahren eingesetzt.

Über Geschmack lässt sich bekanntlich streiten – aber viele Menschen empfinden den Geschmack biologischer Lebensmittel oft intensiver oder besser und kaufen sie gerade wegen des höheren Genusswerts. In Futterwahlversuchen, wo Versuchstiere freie Auswahl verschiedener Futtermittel haben, zeigte sich, dass sie Nahrungsmittel aus ökologischem Anbau gegenüber konventionellen bevorzugen.

Die artgerechte Tierhaltung und die möglichst kurzen und seltenen Tiertransporte im Biobereich, die zum Erhalt der Würde der Tiere dienen, sind für viele VerbraucherInnen weitere bedeutende Argumente.

Sehr wichtige Vorteile von Ökoprodukten beziehen sich auf den Schutz der Umwelt, d. h. auf eine geringere Belastung von Boden, Wasser und Luft. Die ökologische Landwirtschaft verursacht z. B. keine Belastung mit chemisch-synthetischen Pestiziden und Nitraten. Somit betreibt sie einen aktiven Trinkwasserschutz. Die Erosion, also die Auswaschung fruchtbaren Bodens, wird vermieden und die Artenvielfalt gefördert. Der Energieeinsatz ist deutlich geringer, wodurch die globalen Vorräte an Energieträgern geschont werden und weniger treibhausfördernde Kohlendioxid-Emissionen entstehen.

Schließlich ist auch die Sozialverträglichkeit der Biolandwirtschaft größer, da mehr Arbeitsplätze entstehen und die BäuerInnen durch die höheren Preise zumeist ihre Existenzen besser sichern können. Dies bedeutet andererseits, dass wir uns als KonsumentInnen diese hochwertigen gesundheits-, umwelt- und sozialverträglichen Erzeugnisse ruhig mehr wert sein lassen dürfen. Für einen Liter Benzin zahlen wir ja schließlich mehr als für einen Liter bester Biomilch ... Lebensmittel sind heute (in Relation zum Einkommen) so billig wie noch nie! Ein 4-Personen-Haushalt beispielsweise gibt durchschnittlich nur noch 14 Prozent seines Einkommens für Essen aus. Durch die Nichtanwendung chemisch-synthetischer Pestizide wird außerdem die Gesundheit der BäuerInnen geschont, was in Entwicklungsländern besondere Bedeutung hat, wo der Umgang damit oft sehr leichtfertig ist.

Zu einer zukunftsfähigen Ernährung kommen noch weitere Grundsätze hinzu (siehe unten). Die umweltschonendste Maßnahme im Ernährungsbereich ist die Verminderung des Verzehrs tierischer Erzeugnisse, vor allem Fleisch, Wurst und Eier, da bei ihrer Produktion besonders viel Energie aufgewendet wird und viele Treibhausgase entstehen. Verändert man seine Konsumgewohnheiten in Richtung auf mehr Gemüse und Obst sowie Vollkornprodukte und Hülsenfrüchte, ergibt sich eine ausgewogene, vielseitige und gesund erhaltende Ernährung. Regionale und saisonale Erzeugnisse sind sinnvoll, um den Transportaufwand zu verringern. Besonders gilt dies für mit dem Flugzeug importierte empfindliche Obst- und Gemüsesorten sowie für den Anbau in beheizten Gewächshäusern. Gemäß dem Anspruch auf Sozialverträglichkeit sollten Anbauer, Verarbeiter und Händler faire Preise erhalten, besonders diejenigen in Entwicklungsländern. Bei allen hohen Ansprüchen sollte jedoch der Genuss und die Freude beim Essen auch weiterhin vorhanden sein.

Grundsätze für eine zukunftsfähige Ernährung
1. Überwiegend lakto-vegetabile Ernährung
2. Ökologisch erzeugte Lebensmittel
3. Regionale und saisonale Produkte
4. Gering verarbeitete Lebensmittel
5. Umweltverträglich verpackte Erzeugnisse
6. Sozialverträgliche Produkte
7. Genuss beim Essen

Obst
&
Gemüse

Nur scheinbar gesund

Ein Blick in die Obst- und Gemüseabteilungen der deutschen Supermärkte ist oft ein Blick in eine sorgfältig komponierte, bunt glänzende und schicke Erlebnislandschaft. Obst und Gemüse aus aller Welt, auf grünem Kunstrasen dekoriert, vorgeschnittener Salat in Plastikschalen, polierte Äpfel, strahlende Paprika, farblich sortiert im Netz. Selten kommt die Agroindustrie so schön daher wie bei Obst und Gemüse. Was die Optik betrifft, haben die moderneren Biomärkte längst aufgeholt. Vielleicht ist nicht immer alles jederzeit zu haben, vielleicht sind Gemüse und Obst auch mal kleiner, z. B. Kohlrabi und Fenchel, die in bestimmten Zeiten klein von Statur, dafür aber groß im Geschmack sind. Das alles erinnert an das Märchen von Aschenputtel: Der Bioladen gewinnt das Herz des Prinzen, des Kunden, weil dieser Lebensmittel haben will, die gesund sind und schmecken. Den schönen Schein, der ihn zunächst geblendet hat, den lässt er schönen Schein sein.

Der Unterschied zwischen biologischer Landwirtschaft und Agroindustrie ist augenfällig. Der Biogärtner hat einen ganz anderen Schwerpunkt seiner Arbeit gewählt als der konventionelle Gemüsebauer: er ringt um die Vitalität seines Bodens als Voraussetzung für eine gesunde und wohlschmeckende Pflanze. Im konventionellen Anbau steht nur die Pflanze im Mittelpunkt, ihre Größe und ihr Aussehen. Es gibt Gemüsefabriken unter Glas, in denen der Boden nur noch als Schwamm für den chemischen Flüssigdünger und als Haltevorrichtung für die Pflanze dient.

Das will und darf der Biobauer nicht. Er verzichtet vollkommen auf Kunstdünger und muss deshalb Antworten auf folgende Fragen finden: Wie erhalte und pflege ich meinen Boden so, dass er von den Pflanzen nicht ausgelaugt wird, wie gestalte ich die Fruchtfolge, dass ich immer einen ordentlichen Ertrag erziele, wie spielen Boden, Pflanzen, Tiere und Mikroorganismen zusammen, wie dünge ich optimal mit natürlichen Stoffen, mit Mist, Kompost und Gründüngung? Die Antworten finden sich in der Tradition, im über Generationen weitergegebenen Wissen, in Regeln und Erfahrungen. Wer den politischen Begriff »wertkonservativ« erfahren will, der muss nur einmal einem Biobauern zusehen, wie dieser sein Feld bestellt. Da wird die Erde mit leichtem Ackergerät gelockert, nicht umgepflügt, da wird der Boden belüftet, damit die Mikroorganismen gut arbeiten können. Durch aufwändiges und langwieriges Arbeiten verbessert sich die Bodenqualität, kommt immer mehr Humus dazu – ganz anders als in vielen agroindustriellen Komplexen.

----> Helfen Sie mit, die Wege kurz zu halten. Lange Transportwege belasten die Umwelt. Frisches Obst und Gemüse ist dann oft nur chemisch behandelt zu haben. Das Gleiche gilt für Erdbeeren im Dezember und Heidelbeeren im März. Essen Sie saisongemäß. Wenn Erdbeeren das ganze Jahr zu haben sind, schmecken sie zumeist entsprechend und sind dann im Juni auch nichts Besonderes mehr. Ein Ausflug zum Biobauern in der näheren Umgebung kann dagegen zum erholsamen Kurzurlaub werden.

Kunstdünger wird nicht eingesetzt, das ist klar. Der Biobauer greift zu zwei anderen Methoden. Die eine ist die Gründüngung. Der Biogärtner sät »Leguminosen«, die Stickstoff, einen wichtigen Nährstoff, aus der Luft binden können und im Boden ablagern. Oft wird ein Klee-Gras-Gemisch verwendet, das im folgenden Frühjahr bei der Vorbereitung des Ackers einfach leicht untergepflügt wird. Die verrottenden Pflanzenteile sorgen zusätzlich für Nährstoffe im Boden. Die zweite Methode ist die Düngung mit natürlichen Stoffen wie Kompost, Gülle, Hornmehl, Hornspänen und mineralstoffreichem Gesteinsmehl. Blut- und Knochenmehle dürfen nicht eingesetzt werden.

Die Mühe lohnt sich. Man schmeckt es sofort. Wer einmal eine mit synthetisch hergestelltem Stickstoff gedüngte Tomate mit einer Biotomate vergleicht, der schmeckt den Unterschied zwischen einem Wasserball und einer Frucht, deren Aroma die Zungenränder kräuselt. Besonders gut schmeckt man auch den Unterschied bei Karotten.

Die ganze Liebesmüh wäre aber zum Teil vergebens, wenn der Biobauer zu überzüchteten und möglicherweise sogar gentechnisch veränderten Jungpflanzen griffe. Das tut er natürlich nicht, viele Biogärtner haben sich längst auf die Anzucht von Biopflanzen spezialisiert und versorgen ihre Bauern. In diesen Gärtnereien versucht man, ohne beheizte Gewächshäuser und ohne massive künstliche Bewässerung auszukommen. Wenn der Biobauer Saatgut statt Jungpflanzen kaufen will, findet er inzwischen auch in diesem Bereich ein gutes Angebot spezialisierter biologischer Saatgutvermehrungsbetriebe.

⎯⎯⎯→ Derjenige, der ein Kraut ein Unkraut schimpft, der ist diesem Kraut nicht wohlgesonnen. Die Pioniere des biologischen Gartenbaus hatten eine ganz andere Einstellung, sie wollten im Einklang mit der Natur leben und nicht einzelne Teile bekämpfen. Politisch korrekt sprachen sie und damit auch ich vom »Beikraut«. Wer jemals etwas frischen Sauerampfer im Feld verzehrt hat oder sich gelegentlich aus jungem Löwenzahn einen Salat bereitet, der weiß, dass der Begriff »Unkraut« eigentlich falsch sein muss. Ich ertappe mich heute noch dabei, dass ich zusammenzucke, wenn ich das Wörtchen »Unkraut« in den Mund nehme.
Georg Schweisfurth

Wenn das Unkraut also ein Beikraut ist, dann kann man auch nicht von der Unkrautvernichtung sprechen, sondern nur von der Beikrautregulierung. Und das macht man entweder mit der Hacke oder dem Abflämmgerät, einer Art Miniaturflammenwerfer. Die Arbeit ist recht umfangreich, da es dem Beikraut natürlich auf einem Bioboden viel besser gefällt als auf einem leblosen Industrieacker.

Schädlingsbekämpfung

Diesen Begriff haben die Biopioniere nicht abgeschafft, wahrscheinlich haben sie die Schädlinge doch zu sehr geärgert. Immerhin haben sie aber den »Nützling« als Gegenspieler des Schädlings eingeführt. Der Nützling ist deshalb nützlich, weil er dem Schädling schadet – sprich: ihn auffrisst. Nützlinge wie bestimmte Insekten und Vögel kann man nur anlocken, wenn man ihnen den nötigen Lebensraum gibt, beispielsweise Hecken oder unbewirtschaftete Ackerrandstreifen.

Sortenauswahl

Im Laufe des vergangenen Jahrhunderts wurde die Auswahl an Obst und Gemüse immer geringer. Kaum ein Stadtmensch weiß noch, dass es etwa 20 verschiedene Sorten Kopfsalat gibt, 20 bis 30 verschiedene Sorten Tomaten oder zehn Sorten Rosmarin. Hier sind es die Biobauern, die wenigstens einen Teil der Vielfalt retten. Ihr Ansatz ist ein anderer als der der Industrie. Es geht ihnen eher um die schmackhaftere als um die ertragsstärkere Sorte. Deshalb gibt es in der Biogemüseabteilung oft noch die alten, regionaltypischen Sorten, sie sind robuster, schmecken oft intensiver und bereichern das Anbebot.

Neue alte Gemüsearten

Der Bioanbau hat in Vergessenheit geratene Gemüsearten wieder in die Küchen gebracht. Topinambur und Pastinaken, Mangold und Winterkohlrabi sind durch den Einsatz von Biogärtnern wieder aufgetaucht. Auch Schwarzwurzeln und Ingwer waren schon früh bei Biogärtnern zu bekommen. Die alten Kartoffelsorten wie Sieglinde, Aula und die Süßkartoffel haben durch Bio wieder eine Bedeutung bekommen.

In der folgenden Übersicht geht es um Obst, Gemüse, Algen, Pilze und Salat, die Dinge, die im engeren und weiteren Sinne zu Obst und Gemüse gezählt werden. All dies bekommt man im gut sortierten Bioladen – nur nicht an jedem Tag im Jahr. Obst und Gemüse sind Saisonartikel, und es macht wenig Sinn, regelmäßig Gemüse aus fernen Ländern heranzuschiffen oder gar zu »jetten«, nur weil dort die Jahreszeiten andersherum verlaufen.

Einheimisches Obst

Äpfel

Der Apfel gehört zu den ältesten Wild- und Kulturobstarten der Welt. Schon die alten Ägypter pflegten ihre Apfelbäume. Obwohl Äpfel zu den beliebtesten Obstarten gehören, geht die Sortenvielfalt immer weiter zurück. Viele alte Apfelsorten finden sich nur noch in der Dresdner Genbank. Sieben Apfelsorten werden im großen Stil verkauft, 25 angebaut, dabei gab es in Deutschland einmal rund 2000. Die sieben Topseller sind: Boskop, Cox Orange, Golden Delicious, Elstar, Gloster, Jonagold und Granny Smith. Von den alten Sorten konnten sich im ökologischen überregionalen Erwerbsanbau einige halten, beispielsweise Berlepsch und Goldparmäne. In den letzten Jahren ist die Nachfrage nach alten Sorten enorm gestiegen, die Neupflanzungen bringen aber noch nicht genügend Ertrag. Die alten Sorten wachsen ja auch viel langsamer als die modernen hochstämmigen Hochleistungssorten. Außerdem ist es für den ökologischen Gartenbaubetrieb schwer, an Pflanzgut alter Sorten in ausreichender Menge heranzukommen.

Manche Bioläden haben sich auf alte Sorten spezialisiert, dort findet man z. B. Wobers Rambour mit würzigem, mäßig süß-saurem Geschmack, den Freiherrn von Berlepsch mit seinen hervorragenden Lagerqualitäten sowie zahlreiche andere Sorten.

Birnen

In diesem Fall ist es tatsächlich einmal erlaubt, Äpfel mit Birnen zu vergleichen. Das Schicksal der Birnenvielfalt ähnelt dem der Apfelsorten. Die dicken, saftigen Birnen eignen sich als Speisebirnen, die harten Sorten eher zum Entsaften und Backen. Beliebte Birnensorten sind Gute Luise, Abate, Kaiserkrone und Hutzelbirnen für den Bohneneintopf. Teilweise sind sie auch in Bioqualität zu bekommen.

Erdbeeren

Bei den Erdbeeren ist der Niedergang des Geschmacks und seine Renaissance im Bioanbau besonders gut zu beobachten. In Bioqualität gibt es heute Erdbeeren, die schmecken wie vor 30 Jahren, von der Erdbeerindustrie gibt es eher geschmacklose große Monsterbeeren. Am besten schmecken Erdbeeren von der Hand in den Mund, beim Biobauern selbst gepflückt!

Himbeeren und Brombeeren

Frische Himbeeren und Brombeeren sind leicht säuerlich und schmecken köstlich mit Sahne oder Joghurt und Honig. In Bioqualität sind sie noch recht rar. Wer sie am Wegesrande zupft, sollte auf eine ungewollte Fleischbeilage in Wurmform achten.

Johannisbeeren

Sie spielten früher eine größere Rolle, als noch jeder bessere Hausgarten mehrere Büsche hatte. Da sie recht sauer sind, hat die Beliebtheit nachgelassen. Sie werden gerne zum Marmeladekochen verwendet oder gemeinsam mit anderen Früchten im Obstsalat verarbeitet.

Rhabarber

Wird nicht roh gegessen, schmeckt aber als Kompott oder im Rhabarberkuchen ganz wunderbar. Strenge Botaniker rechnen den Rhabarber übrigens nicht dem Obst zu, sondern dem Gemüse.

Stachelbeeren

Kennt man aus der Marmelade: Mit Stachelbeeren gibt man zum Beispiel einer sehr süßen Erdbeermarmelade ein zusätzliches säuerliches Aroma, Rhabarber kann das auch.

Auch in Bioqualität zu haben: Zwetschgen, Pflaumen, Aprikosen, Marillen, Nektarinen und Holunderbeeren.

Tropisches Obst

Bananen

Ökobananen werden in größeren Mengen vor allem aus der Dominikanischen Republik importiert. Sie schmecken in der Regel sehr intensiv und sind manchmal etwas kleiner als die normalen »Chiquitas«. Eine Delikatesse sind sehr kleine Nicaragua-Bananen. Neben vielen Biobananenbetrieben wird Milchvieh gehalten, der Mist ist ein guter Bananendünger.

Weitere tropische Obstsorten im Bioladen: Avocados, Mangos, Papayas, Litschies und vieles mehr.

┄┄⟶ Tropisches Obst aus Bioanbau kommt meistens aus sozialen Projekten, in denen Bauern in der Dritten Welt einen fairen Preis für ihre Waren erhalten. Außerdem hilft man durch den Kauf von Bioobst, immer mehr landwirtschaftliche Flächen auf ökologischen Anbau umzustellen. Anhänger der »reinen Lehre« lehnen tropisches Obst dennoch ab, da der Transport um die halbe Welt energieaufwändig und damit umweltschädlich ist.

Zitrusfrüchte

Auch die Zitrusfrüchte müssen importiert werden, die Orangen, Mandarinen, Klementinen und Zitronen legen aber nicht so weite Wege zurück. Biozitrusfrüchte kommen aus Spanien, Griechenland, Süditalien, manche auch aus Israel und Nordafrika. Die Hauptzeit für Orangen, Mandarinen und Klementinen ist Dezember bis März. Dann haben sie viel Saft und eine angenehme Säure. Da die Saison Ende des Jahres beginnt, gelten sie auch als Weihnachtsobst. Sie kommen als Vitamin-C-Spender in der dunklen Jahreszeit gerade recht.

Zitronen

Biozitronen gibt es das ganze Jahr über, da sie auch ganzjährig in der Küche gebraucht werden. Sie sind ein wichtiger Vitamin-C-Lieferant, geballte Sonnenenergie.

Wurzelgemüse

Frühlingszwiebeln

Frühlingszwiebeln haben einen feineren Geschmack und mehr Chlorophyll als normale Zwiebeln. Sie eignen sich ausgezeichnet zum Verfeinern von Saucen, die in der Pfanne bereitet werden, und bringen zusätzlich noch Farbe in das Gericht.

Kartoffeln

Insgesamt gibt es rund 3000 Kartoffelsorten, wovon aber nur gut 100 auch im großen Maßstab angebaut werden. Je nach Erntezeitpunkt unterscheidet man sehr frühe, frühe, mittelfrühe, mittelspäte und späte Sorten. Diese Differenzierung zeigt schon, dass Kartoffeln monatelang geerntet werden, genauer von Juni bis Oktober. Innerhalb der Sorten wird zwischen festkochend, vorwiegend festkochend und mehlig kochend unterschieden. Festkochende Sorten eignen sich für Kartoffelsalat, mehlig kochende für Kartoffelbrei und Klöße.

Vorwiegend festkochende Kartoffelsorten sind Sorten wie Linda, Agria, Aula, Sieglinde, Quarta und Nicola. Sie sind

23

zum Teil schön dunkelgelb und schmackhaft. Die speckigen Varianten wie Sieglinde und Aula lassen sich wunderbar zu Bratkartoffeln verarbeiten.

Karotten, Möhren, Mohrrüben, Gelbe Rüben
Die Namen werden regional unterschiedlich gebraucht, in jedem Fall gilt aber: sie sind gut für Haut und Augen. Aus Beta-Karotin und Provitamin A entsteht Vitamin A, das schärft den Blick, beugt Arteriosklerose, Krebs und rheumatischen Erkrankungen vor. Beta-Karotin puffert freie Radikale und nimmt ihnen die Kraft.

Das wichtigste aber ist der Geschmack. Neben den Tomaten sind die Karotten das Gemüse, bei dem man den Bioanbau am schnellsten herausschmeckt. Das haben inzwischen auch die Anbieter von Babykost erkannt.

┈┈⟩ Am besten schmecken mir Bratkartoffeln, wenn man sie aus rohen Kartoffeln zubereitet. Sieglinde ist mein absoluter Liebling, und meine Frau Lynn ist nicht einmal eifersüchtig. Ich schäle sie (Sieglinde, nicht Lynn) und schneide sie in Würfel mit maximal einem Zentimeter Kantenlänge. Dann gebe ich sie in eine große Schale, träufele etwas Zitronensaft darüber und salze mit reichlich feinem Meersalz. Wichtig ist es, die Würfel mit dem Salz und der Zitrone von Hand gut zu vermischen, damit das Salz den Kartoffeln noch vor dem Braten etwas Wasser entziehen kann. Dann kommt alles mit reichlich Sonnenblumenöl und ganzem Knoblauch, einem Rosmarin- und einem Thymianzweiglein in eine schwere Eisenpfanne und wird gebraten …, ohne vieles Wenden. Guten Appetit!   *Georg Schweisfurth*

Kürbis
Die Indianer Nordamerikas ernährten sich außer von Bohnen und Mais hauptsächlich von Kürbis. Er spielt auch heu-

te noch in den USA eine wichtige Rolle. Die Auswahl ist riesengroß, mit Kürbisgeistern wird Halloween gefeiert. Auch in Deutschland werden immer mehr Kürbisse wegen ihres wunderbaren leicht süßlichen Geschmacks angebaut. Die grüne und die gelbe Zucchini sind die beliebtesten Kürbissorten, aber auch Hokkaido- und Riesenkürbisse mit ihrem satten Orange werden sehr geschätzt. Sommerkürbisse werden nach der Blüte, Winterkürbisse nach dem vollständigen Abtrocknen des Blattes geerntet. Kürbisse kann man je nach Sorte braten, kochen, grillen, pürieren, Suppen daraus kochen oder kalte Dips zubereiten.

Knoblauch

Der Knoblauch ist ein multiples Gewächs. Er gehört zum Gemüse wie zu den Gewürzen, wegen seines starken Geruchs und Geschmacks könnte man ihn auch zu den Kräutern zählen. Knoblauch hilft gegen vielerlei Beschwerden, da er Bakterien töten kann, in der Salami sorgt er für einen stabilen Reifeverlauf. Die Wirkstoffe des Knoblauches verteilen sich schnell im Körper, treten aber auch schnell durch die Haut wieder aus. Wer, natürlich nach Absprache mit seinem Hausarzt, eine Knoblauchkur machen will, sollte sich mindestens zwei Wochen Zeit nehmen, Knoblauch senkt Blutfettwerte, den Cholesterinspiegel und den Blutdruck. Knoblauch regt Kreislauf und Verdauung an, lindert Gallen- und Darminfektionen und schlägt Vampire wie Nachbarn in die Flucht.

Biobauern geben ihrem Knoblauch viel Zeit, deshalb riecht er noch intensiver als der handelsübliche. Knoblauchsaison ist das ganze Jahr, Höhepunkt ist im Winter.

⋯⋯> Sowohl den beißenden Geschmack auf der Zunge als auch den »schlechten Atem« danach kann man reduzieren, wenn man beim reifen Knoblauch die Zehe längs halbiert und den grünen Trieb in der Mitte entfernt.

Lauch

Ist wie sein entfernter Namensvetter Knoblauch intensiv im Geschmack und stark würzend. Vor allem roh im Salat muss man ihn fein dosieren. Lauch wird auch Porree genannt.

Meerrettich

Ist ebenfalls ein Grenzgänger zwischen Gemüse und Gewürz, Biomeerrettich ist mit großer Vorsicht zu genießen, da er noch schärfer ist als der konventionelle.

Pastinaken

Die weißlich-gelbe Wurzel ist eng mit der Möhre verwandt und gehört zur Petersilienfamilie. Pastinaken waren unter Biofreunden in den 1990er Jahren der Renner. Sie schmecken nussig und sind sehr gehaltvoll. Man kann sie roh und gerieben essen, sie dünsten oder in feinen Stiften glasieren. Sie werden meist in Biobetrieben angebaut, ein großer Teil geht in die Babynahrungsproduktion.

Radieschen

Nur Bioradieschen haben den Namen Radieschen eigentlich noch verdient. Sie sind scharf und klein, nicht durch synthetischen Stickstoffdünger aufgeblasen, schmecken köstlich mit einer Prise Salz und haben eine winzige Restsüße.

Rettich

Auch hier zeigt sich der Unterschied zwischen Bio und Industrie: Biorettich schmeckt nicht nach Wasser, sondern ganz voll wie ein frisches Bioradieschen.

Rote Bete

Die Rote Bete ist hervorragend geeignet für alle Rohkostsalate – roh oder auf eine feine Weise mariniert. Sie hat viel Eisen und, das wissen Bauern und Metzger, schmeckt den Schweinen, die durch den hohen Eisengehalt ein schönes, dunkelrotes Fleisch bekommen.

Spargel

Biospargel gibt es in Grün und Weiß. Er wird in der Regel von März bis Ende Juni geerntet. Und wenn er bei uns dem schlechten Wetter zum Opfer fällt, kommt Bioqualität sogar aus Israel. Wie bei allen Importprodukten sollte man abwägen, ob man den Transportaufwand unterstützen will, oder ob man auf Regionalität und Saisonalität setzt. In unseren Basicläden haben wir einen Mittelweg gefunden. Da wir Biolebensmittel für viele Menschen ermöglichen wollen und das Biospargelangebot noch nicht groß genug ist, importieren wir ihn. Dafür verzichten wir auf Bioweine, die außerhalb Europas gekeltert werden. Spargel ist sehr kalorienarm und sehr gesund. Das liegt an seinem hohen Mineralstoffgehalt. 500 Gramm Spargel entsprechen einer Portion und decken den Tagesbedarf an Vitamin C sowie der wertvollen Folsäure. Spargel entwässert, Kallum und Aspargin sorgen für die erhöhte Nierentätigkeit und senken außerdem den Blutdruck. Grüner Spargel wächst oberirdisch und entwickelt noch mehr Vitamine und Mineralstoffe. Er hat aber nicht so viel Aspargin. Die Spargelschalen sollte man nicht wegwerfen, sondern aus ihnen eine Suppe oder einen Spargelfond zubereiten. Die Vitalstoffe der wertvollen Spargel werden so voll verwendet, außerdem kann man das teure Gemüse mit gutem Gewissen sehr großzügig schälen. Geben Sie wenig Wasser in den Topf, gerade so viel, dass der Spargel bedeckt ist, ganz wenig Salz und Zucker dazu sowie Petersilie. Dann so köcheln, dass pro Sekunde zwei Blasen aufsteigen. Dazu empfehle ich eine Sauce hollandaise aus 50 Prozent zerlassener Butter und 50 Prozent Eigelb, etwas Zitrone und etwas Salz. Viele lieben Spargel auch mit Petersilien-Basilikum-Butter und gekochtem Schinken oder mit einem Filetsteak dazu. Man sollte sich dann nur fragen: Was ist das Hauptgericht und was die Beilage?

Rote Schalotten

Sie schmecken leicht nussig und passen gut zu Lamm-oder Schweinebraten. Schalotten entwickeln wie alle Zwiebelarten bei scharfem Anbraten einen schönen intensiven Geschmack und eine appetitliche dunkle Farbe. Rote Schalotten sind ein Wintergemüse.

Schwarzwurzeln

Eine ganz besondere Delikatesse, die sehr selten geworden war und die man nur noch gelegentlich in Bioläden findet. Sie sind dünn und schwarz und liegen geschmacklich zwischen Spargel und Karotte.

Sellerie

Knollensellerie wird gegart und roh verwendet, gerieben oder geschnitten passt er gut in den Salat. Knollensellerie gilt als blutreinigend. Stangensellerie ist roh eine beliebte Zwischenmahlzeit, die sich gut dippen lässt, gegart passt er gut zu Suppen und Eintöpfen. Männer glauben an den Lazarus-Effekt des Selleries – dass er Tote aufwecken kann.

Steckrüben

Haben noch heute den Ruf des Arme-Leute-Essens. Es gibt sie nur im Winter, dann waren sie für arme Leute oft das einzige Gemüse. Steckrüben werden selten angebaut und verzehrt, es gibt aber einige Fans, die sie wegen des intensiven Rübengeschmacks in ihr Menü einplanen.

Topinambur

Gibt es fast nur im Bioladen. Die Pflanze wird in Amerika auch als Hecke gepflanzt. Ihre Wurzeln haben eine Ingwernote, ihre Knollen schmecken leicht süßlich und sind dann am besten, wenn sie vor der Ernte etwas Frost abbekommen haben. Die Knollen sind ziemlich schwer zu schälen. Man kann Topinambur mit der Schale garen und dann schälen. Abgekühlt wird die Schale allerdings wieder hart. Topinambur enthält Inulin, einen Zucker, der bei manchen Menschen heftige Blähungen auslöst.

Kohlgemüse

Artischocken

Sie müssen ganz frisch sein und dürfen sich an den Blattspitzen noch nicht schwarz verfärbt haben. Wenn man Artischocken nach dem Entfernen der äußersten harten Blätter und des Stiels in Zitronenwasser legt, halten sie sich noch ein bis zwei Tage. Artischocken werden im abgedeckten Kochtopf vorsichtig gegart. Man kann die Blatthälse auslutschen und das Artischockenherz verspeisen.

Blaukraut oder Rotkraut

Eine typische Beilage zu schweren Fleischgerichten. Durch seinen leicht süßlichen Geschmack harmoniert es mit Braten und dunklen Saucen.

Blumenkohl

Bioblumenkohl ist eine rund schmeckende Delikatesse. Am besten gelingt er, wenn man ihn in seine kleinen Röschen zerteilt, pochiert und dämpft. Er darf nicht weich gekocht werden und muss noch knackig sein.

····⟩ Ob Rot-, Weiß-, Blumen- oder Rosenkohl – sie alle entfalten ein großartiges Aroma, wenn sie nicht mit Kunstdünger hochgepäppelt werden. Probieren Sie einmal Weißkohl roh in Winkel geschnitten – mit einem pikanten Dip ist er köstlich, erfrischend und gesund!

Broccoli

Der grüne Bruder des Blumenkohls stammt wie dieser aus Kleinasien. Die Seefahrer brachten ihn nach Italien, wo er weiterentwickelt und erheblich verbessert wurde. Auch er wird nur gedämpft. Mit etwas Zucker im Wasser bleibt er schön grün. Broccoli ist ein robustes Gewächs, das Kälte gut vertragen kann. Er lässt sich blanchiert auch wunderbar einfrieren und ist dann ein Jahr haltbar.

Chinakohl

Chinakohl ist der »Reservesalat« für den Winter, wenn die Auswahl an biologisch produzierten Salaten stark eingeschränkt ist. Chinakohl schmeckt sanft und kann deshalb wie Salat zubereitet werden. Besonders gut ist er mit einer Sahnesauce oder mit Mandarinenstückchen.

Grünkohl

Grünkohl ist ein Winterkohl, herzhaft und kräftig, mit jeder Menge Nährstoffe. Er ist der Überlebenskünstler der Familie Kohl und steckt Temperaturen bis −15 °C weg. Dafür mag er es nicht so gerne warm. Eigentlich schmeckt Grünkohl langweilig, deswegen wird er gerne mit fetten, würzigen Würsten gekocht. Die Spezialität heißt »Grünkohl mit Pinkel«.

⤏ Es gibt inzwischen Versuche, Grünkohlrezepte auch den Bayern nahezubringen. Der Trick dabei: Man kombiniert den eher fremd anmutenden Grünkohl mit etwas, was man kennt. Das Ergebnis: Grünkohl mit Leberkäse. Wie bei den meisten Grünkohlrezepten wird der Kohl von den Stielen und Strünken befreit, gewaschen und getrocknet. Danach fünf Minuten in kochendem Salzwasser sieden, dann ausdrücken und klein schneiden. Für den runderen Geschmack noch etwas in Schmalz angebratene Zwiebeln und Speck dazu und alles gut eine Stunde dünsten lassen. Das ist auch etwa die Zeit, die frisches Leberkäsbrät vom Biometzger braucht, um zu einem richtigen Leberkäse zu werden. Die Wartezeit vertreibt man sich mit einem Biobier, ein zweites gibt es zum Essen.

Kohlrabi

Der schmeckt gut als Rohkostdip, da er roh seinen vollen Geschmack behält. Ökokohlrabi sind manchmal etwas kleiner, aber sie schmecken dafür doppelt so gut.

Rosenkohl
Er wird im Freiland erst sehr spät nach dem ersten Frost geerntet. Anders als andere Kohlsorten wird er ausschließlich gekocht verwendet. Er ist reich an Vitamin C.

Weißkraut
Weißkraut kommt meist als Sauerkraut auf den Tisch, man sollte es aber unbedingt einmal roh probieren. Man schneidet aus dem Krautkopf dünne Winkel (wie Orangenstückchen), die man dann dippen kann. Das milchsauer vergorene Sauerkraut entkalkt nicht nur jeden Kochtopf, sondern regt auch die Darmflora an und unterstützt das Immunsystem.

Wirsing
Ein zartes Wintergemüse, das man gern mit Spiegelei und Bratkartoffeln verspeist. Besonders köstlich sind aber auch unkonventionelle Kreationen wie Wirsing mit gratiniertem Ziegenkäse oder Wirsingrouladen mit Gorgonzola.

Blattgemüse

Mangold
Mangold hat nach seiner Wiederentdeckung durch die Biobauern einen Boom erlebt. Die Stiele werden in dünne Streifen geschnitten und gemeinsam mit den Blättern in Olivenöl, Zitronensaft und Knoblauch gedünstet. Ein Gedicht!

Spinat
Er enthält nicht besonders viel Eisen, allerdings fallen immer noch viele auf den Fehler in einer alten Ausgabe des Deutschen Lebensmittelbuches herein, in dem das Komma bei der Spinateisenangabe um eine Stelle nach rechts verrutscht war. Spinat ist aber reich an B-Vitaminen, z. B. Folsäure. Biospinat wächst im Freiland, deshalb ist die Nitratbelastung geringer als bei Gewächshausspinat.

Algen

Algen sind das Gemüse des Meeres. In Japan spielen sie eine große Rolle, werden aber auch in Bioläden immer mehr nachgefragt. Man geht davon aus, dass Algen in Asien schon seit Jahrtausenden auf dem Speiseplan stehen. In Europa haben die Kelten Algen verzehrt, auch die Ureinwohner Afrikas, Amerikas und der Südseeregionen haben Algen nicht verschmäht. Man unterscheidet drei Arten von Meeresgemüsen: Grünalgen, die nahe der Wasseroberfläche wachsen, Braunalgen, die kurz darunter gedeihen, und Rotalgen, die in tieferem Wasser zu Hause sind. Meeresalgen sind ungewöhnlich reich an Mineralstoffen, Spurenelementen und Vitaminen. Darüber hinaus enthalten sie hochwertige Eiweiße und Faserstoffe und sind nahezu fettfrei. Eine halbe Tasse Hijiki-Algen enthält beispielsweise mehr Kalzium als eine Tasse Milch und mehr Eisen als zwei Eier. Algen entgiften den menschlichen Organismus. Das liegt unter anderem an der Alginsäure, die im Darm Schwermetalle und andere giftige Substanzen bindet, die dann ausgeschieden werden. Außerdem können Algen dazu beitragen, den Bluthochdruck zu regulieren und den Cholesterinspiegel zu senken, sie wirken zudem antibiotisch und tumorhemmend. Allgemein stärken Algen die Immunabwehr und das Nervensystem und können damit dazu beitragen, das allgemeine Wohlbefinden zu steigern.

In der Küche lassen sich Algen sehr vielseitig verwenden. Sie bereichern Suppen, Salate, Gemüse-, Getreide-, Tofu- oder Fischgerichte und können entweder als Hauptmahlzeit, Beilage oder würzende Zutat eingesetzt werden. Die Intensität des Meeresaromas ist je nach Algenart verschieden. In der Regel müssen die Algen vor dem Kochen gereinigt und eingeweicht werden. Die Einweichzeit schwankt je nach Alge zwischen fünf und 30 Minuten. So wie bei Nudeln die Kochzeit auf der Packung steht, so bei Algen die Einweichzeit.

Die Qualität der heute angebotenen Algen ist leider sehr unterschiedlich. Manche Algen werden künstlich angebaut oder wuchern in schmutzigen Gewässern. Bioalgen wachsen in der Regel in sauberen Gewässern wild und werden nach traditionellen Verfahren geerntet. Zu einem Zeitpunkt, wo das jeweilige Aroma seine größte Entfaltung besitzt, werden die Algen bei Ebbe geschnitten, anschließend gereinigt, an der Luft getrocknet und schließlich abgepackt. Da der Jodgehalt von Algen die Werte der deutschen Lebensmittelgesetzgebung vielfach übersteigt, durften Algen im Biohandel eine Zeit lang nicht als Lebensmittel, sondern nur als »Badezusatz« verkauft werden.

Im Bioladen gibt es eine breite Palette verschiedenster Algen. Die braune Meeresalge »Arame« schmeckt zart, »Wakame« sieht ähnlich aus, ist aber würziger. »Mekabu« ist der blühende Teil der Wakame, er schmeckt kräftig und würzig. Auch »Hijiki« ist eine braune Meeresalge, sie hat ein intensives Aroma. Die wichtigste braune Meeresalge Japans jedoch heißt Kombu oder Kelp, sie schmeckt kräftig und würzig. Die rote Meeresalge »Nori« mit dem zart-würzigen Aroma muss vor dem Verarbeiten über einer Gasflamme oder anderen Hitzequelle leicht geröstet werden. Wir kennen Nori als gepresste dünne Blätter für Sushi-Rollen – sie schmecken auch »pur«. Ebenfalls eine rote Meeresalge ist die milde »Dulse«, die weder eingeweicht noch gekocht werden muss. Zum Schluss noch etwas aus dem Schulunterricht. Erinnern Sie sich an den Nährboden in den Petrischalen des Biologielehrers? Genau: Agar Agar, der Extrakt aus Rotalgen, der sich hervorragend als Binde- und Geliermittel eignet.

Frühsalate

Brunnenkresse

Sie wächst tatsächlich im Wasser und hat einen leicht bitter-scharfen Geschmack. Brunnenkresse eignet sich gut zu Quarkdressings, aber auch als Salatzutat.

Eichblattsalat

Seine Blätter erinnern an das Eichenblatt, er ist sehr widerstandsfähig und dunkelgrün mit rot gefärbten Blatträndern. Er wertet jeden Salat optisch stark auf und hat einen sehr feinen, ganz leicht sauren Geschmack.

Grüner Kopfsalat

Der grüne Kopfsalat ist der bekannteste und gebräuchlichste der Kopfsalate und ist in Bioqualiät tiefgrün und äußerst schmackhaft, fast süß.

Löwenzahn

Ein »Beikraut« kommt hier zu Salatehren, Löwenzahnblätter schmecken leicht zitronig-herb. Sie wachsen am Wegrand, am besten schmecken sie ganz jung.

Lollo Rosso

Auch ein »Schöner« unter den Salaten. Krause dunkelgrüne Blätter, die an den Rändern leicht gerötet sind.

Portulak

Die Stängel werden wie Spinat zubereitet, die zarten oberen Blätter wie Brunnenkresse. Portulak schmeckt würzig-erfrischend, fast ein bisschen salzig. Er ist appetitanregend, neutralisiert überschüssige Magensäure.

Posteleinsalat

Dies ist ein äußerst feines Gewächs: kleine hellgrüne, fast herzförmige Einzelblätter an dünnen Stielen. Der Geschmack ist fast süßlich, und man kann ihn auch – vorsichtig angemacht mit wenig Essig und Öl – pur essen.

Romanasalat

Der rote Romanasalat hat glatte Blätter, die zart sind und wunderbar auf der Zunge zergehen.

Rucola

Auch Rauke oder Ölrauke genannt. Er hat sich in den letzten Jahren erfolgreich durchgesetzt. Seine löwenzahnähnlichen zarten Blätter schmecken fein und nussig, werden aber von Tag zu Tag schärfer. Die Schärfe schwindet, wenn man die Blätter z. B. in einem Kartoffelgratin verarbeitet.

Schnittlauch

Er gehört zu der Zwiebelfamilie und zählt zu den wichtigsten Gewächsen in unseren Gärten. Jeder sollte auf seiner Terrasse oder in seinem Vorgarten einen Topf stehen haben, um mit frischem Schnittlauch am Morgen das Spiegelei zu bestreuen, ihn in das Rührei einzurühren oder ihn am Nachmittag auf den frischen Ziegenkäse zu geben. Schnittlauch ist winterhart. Er hat wunderschöne lila Blüten.

Wintersalate

Chicorée

Diese interessante schöne Pflanze hat einen eher herb-bitteren Geschmack, man kann die einzelnen Blätter als Rohkostsalat zum Dippen verwenden oder aber auch den ganzen Chicorée dünsten oder grillen. Dann schmeckt er eher süßlich.

Feldsalat

Noch ein Bestseller der Salatfamilie – da er so beliebt ist, ist er auch ein Objekt der Agrarindustrie. Der Gang in den Bioladen lohnt sich – schon rein geschmacklich. Die winzigen Feldsalat-Setzlinge werden von Hand in die Furche gepflanzt. Feldsalat braucht viel Pflege, viele Nährstoffe und ist anfällig für Bei- bzw. Unkräuter. Am schmackhaftesten wird er, wenn man ihn kurz vor dem ersten Frost im Freiland pflanzt und dann sorgfältig den Winter über mulcht. Biofeldsalat ist oft sehr klein, dafür aber viel besser als der schnell und künstlich hochgepäppelte konventionelle Bruder. Er schmeckt weich und butterig und passt gut zu Rucola und anderen Blattsalaten.

Radicchio
Die sehr stark gewölbten Blätter dieses Salatgemüses sind tiefrot mit weißen Rispen. In der Salatschüssel bilden sie einen wunderbaren Kontrast zu den grünen und hellgrünen Salatsorten. Radicchio kann man auch in feine Streifen schneiden und zu Nudeln geben. Man kann ihn auch grillen.

Sauerampfer
Ein Beikraut, das leider von den meisten Wegesrändern längst verschwunden ist. Die zarten Blätter des mehrjährigen Sauerampfers schmecken nach Zitrone. Sauerampfer passt hervorragend zu Kartoffelsuppe. Sauerampfer wächst auch im eigenen Garten, wo es sonnig und windstill ist, also dort, wo auch die Tomaten wachsen.

Gemüsefrüchte

Auberginen
Sie haben ein zartes, mildes Fruchtfleisch und lassen sich auf vielfältige Art und Weise verarbeiten. Sie passen in Aufläufe, lassen sich in Scheiben geschnitten anbraten, mit frischen Tomaten und Kräutern und geschnittenem frischem Knoblauch bestreuen oder mit geriebenem Käse oder Mozzarella überbacken.

Paprika
Eines der vielseitigsten Gemüse überhaupt. Paprika ist auch Gewürz, man kann sie braten, zu Saucen oder Suppen pürieren, dünsten oder grillen. Es gibt sie in verschie-

denen Formen, Größen, Farben, von himmlisch süß bis höllisch scharf. Paprikas eignen sich gut zum Füllen. Gefüllt wird mit Risotto oder Ziegenfrischkäse, einer gewürzten Hackfleischfüllung mit Tomaten oder einer Füllung aus weißen Bohnen und Pinienkernen – der Fantasie sind keine Grenzen gesetzt. Die dicken roten Schoten haben eine feste Haut, die man nach kurzem Rösten abziehen kann. Paprika enthält Kapsaizin, einen Stoff, der schädliche Bakterien im Darm zerstört. Je schärfer die Paprika ist, desto mehr Kapsaizin hat sie. Deswegen wird in vielen Dritte-Welt-Ländern auch sehr scharf gegessen. Paprika ist außerdem eine Vitamin-C-Bombe. Biopaprikas sind sehr teuer, weil sie in Ökoqualität sehr aufwändig zu ziehen und pflegen sind.

Tomaten

Die allerschlimmsten Zeiten, als alle Tomaten garantiert aus Holland kamen, über innere Blässe, aber dafür keinerlei Geschmack verfügten, scheinen allen Göttern sei Dank vorbei zu sein. Heute bekommt man überall Tomaten aus südlichen Ländern, Strauchtomaten, Eiertomaten und andere halbwegs schmackhafte Sorten. Während sich das Supermarktangebot meist auf zwei oder drei Tomatensorten beschränkt und sich kleine Kirschtomaten schon deshalb teuer verkaufen lassen, weil sie nach Tomate schmecken, findet man im Bioladen die wahre Tomate. Nicht immer rund und gleichmäßig rot, dafür aber gesund, schmackhaft, voller Vitamin A und C. Leicht giftig sind allerdings Blätter, Stängel und unreife Früchte. Die Tomate ist ein echtes Grundnahrungsmittel. Reife Tomaten mit einer Prise Salz schmecken wunderbar, Tomaten gehören in jede Nudelsauce, auf jede Pizza, in jeden Salat.

Frische Tomaten mit Mozzarella und Basilikum sind ein Vorspeisenklassiker der italienischen Küche. Die Qualität dieser Caprese genannten Köstlichkeit steht und fällt mit Frische und Geschmack der verwendeten Tomaten – mit altem Balsamico und fruchtigem Olivenöl ein Gedicht!

‥⟩ Eigentlich müsste man die Tomate besingen, ihr Oden schreiben oder doch wenigstens zugeben, dass bei Capri die rote Tomatensonne im Meer versinkt. Tomaten sind etwas Wunderbares – naja, wenigstens Biotomaten. Tomatenzeit ist im Spätsommer und Herbst, dann ist die Welt voller Tomaten in allen Sorten, Geschmacksrichtungen und Farben. Tomaten mit Mozzarella und Basilikum, gutem Olivenöl – das ist Italien! Wer eine »eingeborene« Tomate an einer südlichen Wegkreuzung gegessen hat, der wird keine Industrietomate mehr anrühren wollen. Der etwas höhere Preis der Biotomaten ist eine Investition in Genuss und Lebensfreude, bei einer Normaltomate ist jeder Pfennig verschwendet. Im Süden wachsen fast das ganze Jahr Biococktailtomaten, die einem eine Gänsehaut über Zunge und Rücken jagen. Ganz besonders gut: eine dicke Scheibe Weißbrot toasten, Tomatenstückchen drauf, mit Olivenöl beträufeln, Salz und frischen Knoblauch dazu und sofort essen. *Georg Schweisfurth*

Pilze

Die Speisepilze lassen sich in zwei Gruppen teilen: die gesammelten und die gezüchteten. Gesammelte wilde Pilze sind selten geworden. Manche fürchten auch nach wie vor das Radioaktivitätsrisiko nach der Reaktorkatastrophe in Tschernobyl, das uns noch Jahrzehnte begleiten wird. Viele Pilze werden aber auch in ökologischer Qualität gezüchtet. Es geht dabei darum, auf welchen Böden die Pilze wachsen. Im konventionellen Bereich werden die Böden mit Eiweiß aus Schlachtabfällen angereichert, außerdem werden reichlich Antischimmelmittel eingesetzt. In der Ökozucht muss das Substrat möglichst aus ökologischer Herkunft kommen und darf nur natürlich gedüngt werden. Ein Fehler, und die ganze Ernte wird von Schimmeln aufgefressen. In Bioqualität gibt es Champignons, Pfifferlinge, Steinpilze, Austernpilze und natürlich Shiitakepilze (siehe rechts).

Shiitakepilze

Der Shiitake ist ein südostasiatischer Waldpilz, der auf abgestorbenen Eichen, Buchen, Birken und Kastanien wächst. In Japan wird er schon seit 2000 Jahren kultiviert. »Shii« ist eine japanische Eichenart, »take« heißt Pilz.

In der traditionellen Shiitakezucht werden Eichenknüppel dutzendfach angebohrt und mit dem Pilzmyzel geimpft, danach wird das Loch mit einem Stück Rinde verschlossen und mit Wachs versiegelt. Etwa zweimal im Jahr können die Pilze »gepflückt« werden – und das vier bis fünf Jahre hintereinander. In der industriellen Shiitakezüchtung werden die Pilze auf mit synthetischen Nährstoffen getränkten Sägemehlblöcken gezüchtet.

Der Shiitake hat ein delikat-würziges, vollmundiges und leicht exotisches Aroma, es gibt ihn frisch oder getrocknet. Er kann wie andere Pilze als Beilage zu Gemüse-, Getreide-, Fisch- oder Fleischgerichten sowie als würzende Zutat für Suppen oder Soßen verwendet werden. Die getrockneten Pilze müssen vor ihrer Verwendung mindestens eine Stunde eingeweicht und von den harten Stielen befreit werden. Das Einweichwasser kann als Grundlage für Suppen oder Saucen weiterverwendet werden. Für die Premiumqualität der Shiitake werden die jungen und zarten Pilze verwendet.

Der Shiitake verfügt über alle acht essenziellen Aminosäuren, darunter ist ein hoher Anteil an dem seltenen Lysin. Außerdem kommen alle Vitamine der B-Gruppe, einschließlich des seltenen Vitamin B 12, vor. Shiitake senkt Cholesterinspiegel und Blutdruck, wirkt antibiotisch und antibakteriell, hemmt das Tumorwachstum und steigert die Abwehrkräfte.

Saisonkalender für Obst und Gemüse

Ökologisch arbeitende Gärtner haben keine beheizten Gewächshäuser, die ja bekanntlich viel Energie benötigen, sondern Folientunnel. Ansonsten wächst alles im Freiland. In Italien und Spanien ist das nicht anders als in Mittel- oder Westeuropa. Nun, deshalb hat alles wieder seine rechte Zeit.

Obst – und wann es im Bioladen angeboten wird					
	Jan.	Feb.	März	April	Mai
Äpfel	○	○	○	○	○
Aprikosen					
Birnen					
Brombeeren					
Erdbeeren					○
Heidelbeeren					
Himbeeren					
Johannisbeeren					
Kirschen					
Nektarinen					○
Pfirsiche					
Preiselbeeren					
Quitten					
Rhabarber			○	○	○
Stachelbeeren					
Weintrauben					
Zwetschgen					

	Juni	Juli	Aug.	Sept.	Okt.	Nov.	Dez.
			o	o	o	o	o
	o	o	o	o	o		
			o	o	o	o	o
		o	o	o	o		
	o	o					
		o	o	o			
	o	o	o	o			
			o	o	o	o	
	o	o	o	o			
	o	o	o	o	o		
	o	o	o	o	o		
			o	o	o		
				o	o		
	o	o					
	o	o	o				
			o	o	o	o	
		o	o	o	o		

Biogemüse – und wann es im Bioladen zu haben ist					
	Jan.	Feb.	März	April	Mai
Blumenkohl					O
Broccoli					
Chicorée	O	O	O	O	
Endiviensalat	O	O	O	O	
Feldsalat	O	O	O	O	
Fenchel					
Gurken					O
Kohlrabi				O	O
Karotten	O	O			
Kopfsalat				O	O
Kürbis					
Lauch	O	O			
Radieschen		O	O	O	O
Rettich				O	O
Rote Bete	O	O	O		
Rotkohl	O	O	O		
Sellerieknollen	O	O	O		
Spargel				O	O
Spinat			O	O	O
Staudensellerie					
Tomaten					
Zucchini					
Zwiebeln	O	O	O	O	O

Juni	Juli	Aug.	Sept.	Okt.	Nov.	Dez.
●	●	●	●	●	●	
	●	●	●	●		
					●	●
		●	●	●	●	●
			●	●	●	●
	●	●	●	●	●	
●	●	●	●			
●	●	●				
●	●	●	●	●	●	●
●	●	●	●	●		
	●	●	●	●		
	●	●	●	●	●	●
●	●	●	●			
●	●	●	●	●	●	●
			●	●	●	●
	●	●	●	●	●	●
	●	●	●	●	●	●
●						
●	●	●	●	●		
			●	●	●	
	●	●	●	●		
●	●	●	●			
●	●	●	●	●	●	●

Nährwerttabelle für Obst
Die Angaben beziehen sich jeweils auf 100 Gramm netto

	KJ/kcal	Eiweiß	Fett	Kohlen-hydrate
Ananas	246/59	0,5 g	0,2 g	13 g
Apfel	217/52	0,3 g	0,4 g	11 g
Apfelsine	197/47	1 g	0,2 g	9 g
Aprikose	177/42	1 g	0,1 g	9 g
Avocado	909/217	2 g	23,5 g	1 g
Banane	398/95	1 g	0,2 g	21 g
Birne	219/52	0,5 g	0,3 g	12 g
Brombeere	125/30	1 g	1 g	3 g
Dattel (getrocknet)	1174/280	2 g	0,5 g	65 g
Erdbeere	134/32	1 g	0,4 g	6 g
Erdbeere (tiefgefroren)	141/34	1 g	0,4 g	6 g
Feige	264/63	1 g	0,5 g	13 g
Granatapfel	326/78	1 g	0,6 g	17 g
Grapefruit	209/50	1 g	0,2 g	9 g
Heidelbeere	176/42 12,42 pt	1 g	0,6 g	7 g
Himbeere	142/34	1 g	0,3 g	5 g

Ballast-stoffe	Vitamin C	Eisen	Kalium	Enthält viel ...
1 g	19 mg	0,4 mg	140 mg	–
2 g	12 mg	0,5 mg	144 mg	–
2 g	50 mg	0,4 mg	177 mg	Folsäure (0,04 mg)
2 g	9 mg	0,7 mg	300 mg	Mangan (2,7 mg)
3 g	13 mg	0,6 mg	503 mg	Vitamin D (0,005 mg)
2 g	12 mg	0,6 mg	400 mg	Magnesium (36 mg)
3 g	5 mg	0,3 mg	126 mg	–
7 g	17 mg	0,9 mg	200 mg	Magnesium (65 mg)
9 g	3 mg	1,9 mg	650 mg	Kalzium (65 mg)
2 g	65 mg	1,0 mg	150 mg	–
2 g	55 mg	1,0 mg	150 mg	–
2 g	3 mg	0,6 mg	240 mg	Kalzium (54 mg)
2 g	7 mg	0,5 mg	300 mg	–
1 g	44 mg	0,3 mg	200 mg	–
5 g	30 mg	0,7 mg	70 mg (0,8 mg)	Mangan
7 g	25 mg	1 mg	170 mg	Vitamin E (0,9 mg)

Nährwerttabelle für Obst

Die Angaben beziehen sich jeweils auf 100 Gramm netto

	KJ/kcal	Eiweiß	Fett	Kohlen-hydrate
Johannisbeere (rot)	181/43	1 g	0,2 g	7 g
Johannisbeere (schwarz)	239/57	1 g	0,2 g	10 g
Kaki	297/71	1 g	0,3 g	16 g
Kirsche (sauer)	241/58	1 g	0,4 g	11 g
Kirsche (süß)	265/63	1 g	0,3 g	13 g
Kiwi	255/61	1 g	0,6 g	11 g
Litschi	319/76	1 g	0,3 g	17 g
Mandarine	210/50	1 g	0,3 g	10 g
Mango	252/60	1 g	0,5 g	13 g
Mirabelle	286/64	1 g	0,2 g	14 g
Nektarine	238/57	1 g	0,1 g	12 g
Papaya	54/13	0,5 g	0,1 g	2 g
Pfirsich	170/41	1 g	0,1 g	9 g
Pflaume	197/47	1 g	0,2 g	10 g
Quitte	162/39	0,4 g	0,5 g	7 g
Stachelbeere	184/44	1 g	0,2 g	9 g
Weintraube	297/71	1 g	0,3 g	16 g
Zitrone	235/56	1 g	0,6 g	8 g

Ballast-stoffe	Vitamin C	Eisen	Kalium	Enthält viel ...
7 g	36 mg	0,9 mg	240 mg	Mangan (0,2 mg)
7 g	189 mg	1,2 mg	340 mg	Mangan (0,3 mg)
3 g	16 mg	0,4 mg	170 mg	Vitamin A (0,3 mg)
1 g	12 mg	0,60 mg	120 mg	–
2 g	15 mg	0,4 mg	200 mg	–
4 g	71 mg	0,8 mg	300 mg	Magnesium (24 mg)
2 g	39 mg	0,5 mg	200 mg	–
2 g	30 mg	0,3 mg	200 mg	–
2 g	39 mg	0,4 mg	200 mg	Vitamin A (0,5 mg)
1 g	7 mg	0,5 mg	230 mg	–
2 g	8 mg	0,5 mg	200 mg	–
2 g	82 mg	0,4 mg	200 mg	Magnesium (41 mg)
2 g	10 mg	0,5 mg	200 mg	–
2 g	5 mg	0,4 mg	200 mg	–
6 g	13 mg	0,6 mg	200 mg	–
3 g	35 mg	0,8 mg	200 mg	–
1 g	4 mg	0,5 mg	200 mg	–
1 g	53 mg	0,5 mg	150 mg	Magnesium (28 mg)

Nährwerttabelle für Gemüse
Die Angaben beziehen sich jeweils auf 100 Gramm netto

	KJ/kcal	Eiweiß	Fett	Kohlen-hydrate
Artischocke	93/22	2 g	0,1 g	3 g
Aubergine	72/17	1 g	0,2 g	3 g
Blumenkohl	95/23	3 g	0,3 g	2 g
Bohnen (grün)	106/25	2 g	0,2 g	3 g
Broccoli	110/26	3 g	0,2 g	3 g
Champignons	64/15	3 g	0,2 g	1 g
Chicorée	72/17	1 g	0,2 g	2 g
Endivie	46/11	2 g	0,2 g	0,3 g

Ballast-stoffe	Vitamin C	Eisen	Kalium	Enthält viel ...
11 g	8 mg	1,5 mg	350 mg	Kalzium (53 mg) Fluor (0,1 mg)
3 g	5 mg	0,4 mg	200 mg	Kalzium (13 mg) Mangan (0,2 mg)
3 g	73 mg	0,6 mg	330 mg	Kalzium (20 mg) Magnesium (17 mg)
3 g	20 mg	0,8 mg	250 mg	Kalzium (57 mg)
3 g	115 mg	1,3 mg	370 mg	Kalzium (105 mg) Zink (0,6 mg)
2 g	5 mg	1,2 mg	400 mg	Kalzium (11 mg) Vitamin D (0,002 mg)
1 g	9 mg	0,7 mg	200 mg	Kalzium (27 mg) Folsäure (0,04 mg)
1 g	10 mg	1,4 mg	350 mg	Kalzium (54 mg) Vitamin A (0,3 mg)

Nährwerttabelle für Gemüse

Die Angaben beziehen sich jeweils auf 100 Gramm netto

	KJ/kcal	Eiweiß	Fett	Kohlen-hydrate
Erbsen (grün)	342/82	7 g	0,6 g	12 g
Feldsalat	60/14	2 g	1,4 g	1 g
Fenchel	103/25	2 g	0,3 g	3 g
Gurke	51/12	0,6 g	0,2 g	2 g
Kartoffel	298/71	2 g	0,1 g	15 g
Knoblauch	593/142	6 g	0,1 g	28 g
Knollen-sellerie	81/19	2 g	0,3 g	2 g
Kohlrabi	103/25	2 g	0,1 g	4 g
Kopfsalat	49/12	1 g	0,2 g	1 g

Ballast-stoffe	Vitamin C	Eisen	Kalium	Enthält viel ...
5 g	25 mg	1,8 mg	300 mg	Kalzium (24 mg) Zink (0,8 mg)
2 g	35 mg	2 mg	400 mg	Kalzium (35 mg) Jod (0,04 mg)
4 g	93 mg	2,7 mg	500 g	Kalzium (109 mg) Vitamin E (6 mg)
1 g	8 mg	0,5 mg	140 mg	Kalzium (15 mg)
2 g	17 mg	0,4 mg	400 mg	Kalzium (6 mg) Magnesium (20 mg)
2 g	14 mg	1,4 mg	530 mg	Kalzium (38 mg)
4 g	8 mg	0,5 mg	320 mg	Kalzium (68 mg)
2 g	64 mg	0,9 mg	400 mg	Kalzium (68 mg) Magnesium (43 mg)
2 g	13 mg	1 mg	200 mg	Kalzium 37 mg Mangan (0,2 mg)

Nährwerttabelle für Gemüse
Die Angaben beziehen sich jeweils auf 100 Gramm netto

	KJ/kcal	Eiweiß	Fett	Kohlen-hydrate
Kürbis	56/13	1 g	0,2 g	2 g
Löwenzahn (Blätter)	228/54	3 g	0,6 g	9 g
Meerrettich	266/64	3 g	0,3 g	12 g
Möhren	108/26	1 g	0,2 g	5 g
Paprika	85/20	1 g	0,3 g	3 g
Porree	107/26	2 g	0,3 g	3 g
Radieschen	61/15	1 g	0,2 g	2 g
Rettich	266/64	3 g	0,3 g	12 g
Rhabarbar	55/13	1 g	0,1 g	1 g

Ballast-stoffe	Vitamin C	Eisen	Kalium	Enthält viel ...
1 g	11 mg	0,2 mg	140 mg	Kalzium (18 mg) Mangan (0,2 mg)
3 g	30 mg	3,1 mg	440 mg	Kalzium (158 mg) Vitamin A (1,3 mg)
8 g	114 mg	1,4 mg	550 mg	Kalzium (105 mg)
4 g	7 mg	2,1 mg	300 mg	Kalzium (41 mg) Jod (0,02 mg)
4 g	139 mg	0,8 mg	200 mg	Kalzium (11 mg) Vitamin E (2,3 mg)
3 g	24 mg	1 mg	240 mg	Kalzium (87 mg) Magnesium (18 mg)
2 g	29 mg	1,5 mg	260 mg	Kalzium (34 mg) Fluor (0,1 mg)
8 g	29 mg	1,4 mg	550 mg	Kalzium (105 mg)
2 g	10 mg	0,5 mg	270 g	Kalzium (52 mg)

Nährwerttabelle für Gemüse
Die Angaben beziehen sich jeweils auf 100 Gramm netto

	KJ/kcal	Eiweiß	Fett	Kohlen-hydrate
Rosenkohl	151/36	5 g	0,3 g	3 g
Rotkohl	95/23	2 g	0,2 g	4 g
Spargel	74/18	2 g	0,2 g	2 g
Spinat	73/17	3 g	0,3 g	1 g
Tomate	73/17	1 g	0,2 g	3 g
Weißkohl	104/25	1 g	0,2 g	4 g
Zucchini	80/19	2 g	0,4 g	2 g
Zuckermais	374/89	3 g	1,2 g	16 g

Ballast-stoffe	Vitamin C	Eisen	Kalium	Enthält viel ...
4 g	112 mg	1,1 mg	400 mg	Kalzium (31 mg) Magnesium (22 mg)
3 g	50 mg	0,5 mg	270 mg	Kalzium (35 mg) Folsäure (0,03 mg)
1 g	20 mg	0,7 mg	200 mg	Kalzium (26 mg) Kupfer (0,2 mg)
3 g	52 mg	4 mg	630 mg	Kalzium (126 mg)
1 g	25 mg	0,5 mg	240 mg	Kalzium (14 mg) Folsäure (0,02 mg)
3 g	46 mg	0,5 mg	200 mg	Kalzium (46 mg) Magnesium (23 mg)
1 g	16 mg	1,5 mg	200 mg	Kalzium (30 mg) Magnesium (22 mg)
3 g	12 mg	0,6 mg	300 mg	Kalzium (6 mg) Vitamin B2 (0,1 mg)

Vitamine

Vitamine sind Gruppen komplexer organischer Substanzen, von denen bereits geringste Mengen genügen, um die Funktionsfähigkeit des Organismus aufrechtzuerhalten. Mit Ausnahme von Vitamin D kann der Körper die Vitamine nicht selbst herstellen, so dass sie über die Nahrung aufgenommen werden müssen.

Vitamine sind entweder fett- oder wasserlöslich. Die wasserlöslichen Vitamine C, B1, B2, B6, B12, Pantothensäure, Biotin, Niazin und Folsäure beschleunigen bestimmte Reaktionen im Körper, während die fettlöslichen Vitamine A, D, E und K den Stoffwechsel beeinflussen. Im Gegensatz zu den wasserlöslichen Vitaminen werden die fettlöslichen Vitamine im Körper gespeichert und können deshalb auch überdosiert werden.

Vitamin A

⸺▸ Vitamin A regt den Aufbau roter Blutkörperchen an, fördert den Eiweiß- und Fettstoffwechsel in der Leber, sorgt für ein gesundes Zellwachstum von Haut und Schleimhäuten, stärkt die Widerstandsfähigkeit gegen Infektionen, ist am Aufbau des Knochengewebes beteiligt und hält die Nerven in Gehirn und Rückenmark gesund. Es spielt eine wichtige Rolle bei der Umwandlung von Licht zu Nervenimpulsen im Auge, so dass bei einem Vitamin-A-Mangel die Augen schneller ermüden und es sogar zu Nachtblindheit kommen kann. Durch Vitamin A kann auch das Risiko einer Erkrankung am grauen Star vermindert werden.

⸺▸ Vitamin A wird therapeutisch eingesetzt bei Arteriosklerose, bei Asthma kann es die Symptome mindern.

⸺▸ Zu einem Vitamin-A-Mangel kommt es durch Stress, Entzündungen und Operationen, Rauchen, Sonnenlicht, Leberfunktionsstörungen, manche Medikamente (z. B. cholesterinsenkende Mittel, Abführmittel), Diabetes mellitus, Schilddrüsenunterfunktion und hohen Alkoholkonsum.

⋯⋯> Zu viel Vitamin A (in Tablettenform) führt zu Kopf- und Muskelschmerzen, Haarausfall und Funktionsstörungen von Leber und Haut. Werdende Mütter sollten Vitamin A bzw. Beta-Karotin nicht einnehmen, da eine Überdosierung für Missbildungen des Embryos verantwortlich gemacht wird. Natürliches Vitamin A bzw. Beta-Karotin ist dagegen nicht gesundheitsschädlich, da ein Überschuss ausgeschieden wird.

⋯⋯> Damit Vitamin A und Beta-Karotin vom Organismus verwertet werden können, ist etwas Fett erforderlich.

⋯⋯> Der empfohlene Tagesbedarf liegt bei 1,0 Milligramm.

Vitamin B1 (Thiamin)

⋯⋯> Vitamin B1 wird vom Körper für viele Nerven- und Muskelfunktionen benötigt und ist zusammen mit Magnesium ein lebenswichtiges Koenzym für die Energieproduktion.

⋯⋯> Es ist an der Übermittlung von Nervenimpulsen in Gehirn und den peripheren Nervenzellen beteiligt sowie am Stoffwechsel mehrerer Neurotransmitter (Botenstoffe). Es hat eine stimmungsaufhellende Wirkung und hilft gegen Reiseübelkeit.

⋯⋯> Es gehört auch zum Aufbau von Kollagen. Bei einem Thiaminmangel ist deshalb die Wundheilung eingeschränkt.

⋯⋯> Therapeutisch wird Vitamin B1 bei Anämie (Blutarmut), Herzversagen, chronischer Müdigkeit oder allgemeiner Erschöpfung, nervösen Störungen und Störungen des zentralen Nervensystems angewendet.

⋯⋯> Durch Alkohol, Zucker und Nikotin sowie bei starkem Stress wird es verstärkt abgebaut, ebenso bei intensivem körperlichem Training, Fieber, Verbrennungen oder Schilddrüsen- und Lebererkrankungen.

⋯⋯> Der empfohlene Tagesbedarf liegt bei 1,5 Milligramm.

Vitamin B2 (Riboflavin)

⋯⋯> Vitamin B2 ist wichtig beim Stoffwechsel von Kohlenhydraten, Fettsäuren und Eiweißen (Proteinen), wirkt oxidationshemmend und schützt vor freien Radikalen. Es ist für das gesunde Wachstum der Zellen notwendig und fördert feste Nägel, gesunde Haut, gutes Sehvermögen und weiche, glatte Lippen.

···› Therapeutisch wird es zur Entgiftung der Leber von Chemikalien, Pestiziden und anderen Umweltgiften eingesetzt, ebenso bei ständiger Müdigkeit und Depressionen.

···› Der Tagesbedarf liegt bei 1,5 Milligramm.

Niazin (Vitamin B3)

···› Niazin ist die Bezeichnung für eine Gruppe wasserlöslicher Vitamine, zu der u. a. Nikotinsäure und Niazinamid zählen.

···› Niazin hat eine cholesterin- und bluthochdrucksenkende Wirkung, schützt vor Migräne und reguliert den Blutzuckerspiegel im Blut. Niazin senkt den Fettspiegel im Blut und fördert das »gute« HDL-Cholesterin. Außerdem unterstützt Niazin die Funktion von mehr als 200 Enzymen und hält Haut, Muskeln, Nerven und das Verdauungssystem gesund.

···› Therapeutisch wird Niazin bei Arteriosklerose, Arthritis und Diabetes mellitus eingesetzt. Selbst bei starken Kopfschmerzen und Migräne kann Niazin helfen.

···› Schokolade, Süßigkeiten, Antibiotika, hoher Alkoholkonsum, hohes Fieber und Verbrennungen führen zu einem deutlich höheren Niazinbedarf.

···› Die Tagesdosis liegt bei 18 bis 25 Milligramm.

Vitamin B6 (Pyridoxin)

···› Vitamin B6 fördert den Eiweißstoffwechsel und stimuliert die Immunabwehr, hält den Blutzuckerspiegel im Gleichgewicht, ist entscheidend am Fettstoffwechsel beteiligt und wird zur Bildung verschiedener Neurotransmitter (Botenstoffe) benötigt.

···› Therapeutisch wird Pyridoxin bei Anämie (Blutarmut), Arteriosklerose, Arthritis und Asthma eingesetzt, ebenso wird Vitamin B6 auch zur Behandlung von Nervenentzündungen, Diabetes, Nierensteinen, Parkinsonkrankheit und bestimmten psychischen Störungen verwendet.

---» Ein Mangel kann zu Asthma, Herz-Kreislauf-Erkrankungen, Diabetes, Nierenversagen und rheumatischen Krankheiten führen. Achtung: Hormonpräparate, Nikotin, Alkohol und Kaffee können die Mangelerscheinungen verstärken.

---» Der Tagesbedarf liegt bei 2 bis 3 Milligramm.

Vitamin B12 (Kobalamin)

---» Vitamin B12 ist für den Fettabbau in den Zellen notwendig und unterstützt zusammen mit Folsäure die Zellteilung. Ohne Vitamin B12 kann allerdings keine Folsäure aktiviert werden, so dass es bei einem B-12-Mangel auch zu einem Folsäuremangel kommt. Außerdem stärkt Vitamin B12 das Nervensystem, ist an der Blutbildung beteiligt, hilft bei Nervenverletzungen und -erkrankungen, wirkt appetitanregend und scheint eine Schutzfunktion gegen Krebs zu haben.

---» Therapeutisch wird Vitamin B12 bei Dauerstress, Allergien und Arteriosklerose eingesetzt.

---» Erkrankungen von Magen, Darm und Leber, hoher Alkoholkonsum, Rauchen und manche Medikamente (Hormonpräparate) können einen Mangel verursachen, bei dem es zu psychischen Störungen, Depressionen und Konzentrationsschwächen kommen kann.

---» Die empfohlene Tagesdosis liegt bei 5,0 Mikrogramm bzw. bei 0,005 Milligramm.

Biotin

Biotin, das ebenfalls zum Vitamin-B-Komplex gehört, wird größtenteils über die Nahrung aufgenommen.

---» Biotin ist Hauptbestandteil von Enzymen, die am Zellstoffwechsel beteiligt sind, ist für die Fettsäuresynthese zuständig, hält den Blutzuckerspiegel konstant und verhindert Unterzucker. Es stärkt Haare und Nägel, hilft bei Muskelverspannungen und Hautausschlägen.

---» Der empfohlene Tagesbedarf beträgt 0,15 Milligramm.

Folsäure

⫶⫶⫶> Folsäure ist wichtig für die Zellteilung und Zellneubildung, besonders für die Bildung roter und weißer Blutkörperchen. Sie verhindert gewisse Formen der Anämie (Blutarmut). Folsäure wirkt schmerzstillend, appetitanregend und soll das Herz schützen.

⫶⫶⫶> Therapeutisch wird Folsäure bei Arteriosklerose, zur Steigerung der Immunabwehr, zur Unterstützung gegen Lungenkrebs bei Rauchern und bei Depressionen, Reizbarkeit und Konzentrationsschwäche eingesetzt.

⫶⫶⫶> Zu einem Mangel kann es durch hohen Alkoholkonsum, synthetische Askorbinsäure (Vitamin C), manche Medikamente wie Aspirin, die »Pille« und Hormonpräparate sowie bei chronischen Erkrankungen und starken Rauchern kommen.

⫶⫶⫶> Der tägliche Bedarf liegt bei 0,2 bis 0,4 Milligramm.

⫶⫶⫶> Orangen, Rotkohl und Tomaten enthalten viel Folsäure. Viele Ärzte haben in jüngster Zeit die Folsäure wieder in den MIttelpunkt der Aufmerksamkeit gestellt, wenn es um ausgewogene Ernährung geht.

Vitamin C

⫶⫶⫶> Vitamin C, das wichtigste Antioxidans, schützt die Zellen vor der Oxidation durch freie Radikale und aktiviert Folsäure und Vitamin E. Auch der Abbau von Cholesterin ist abhängig von Vitamin C, ebenso die Entgiftung von Medikamenten und chemischen Stoffen.

⫶⫶⫶> Vitamin C unterstützt die Bildung der Schilddrüsenhormone und wirkt Stress entgegen, fördert das Bindegewebe und reguliert den Histaminspiegel im Blut (der fördert Allergien und Magengeschwüre).

⫶⫶⫶> Vitamin C stimuliert das Immunsystem. In hohen Dosen von täglich 2 bis 3 Gramm wirkt es gegen Infektionskrankheiten und Allergien und schützt vor Arteriosklerose.

⫶⫶⫶> Vitamin C unterstützt den Abbau von Fett und neutralisiert zellschädigende freie Radikale, die durch Umweltbelastung, Stress, UV-Strahlen und Nikotin entstehen.

⸱⸱⸱⸱→ Vitamin C scheint außerdem bei Bluthochdruck eine blutdrucksenkende Wirkung zu haben. Normale Blutdruckwerte werden dagegen nicht beeinflusst.

⸱⸱⸱⸱→ Zu einem Mangel kommt es vor allem durch Kaffee, Zigaretten und Hormonpräparate.

⸱⸱⸱⸱→ Der Tagesbedarf liegt bei etwa 100 Milligramm.

Vitamin D

Vitamin D wird bei Sonnenlicht über die Haut aus Cholesterin synthetisiert. Nach der Aufnahme durch die Haut oder aus Lebensmitteln wird es in der Leber gespeichert und bei Bedarf aktiviert.

⸱⸱⸱⸱→ Vitamin D ist für den Kalzium- und Phosphathaushalt zuständig, sorgt für die Kalziumeinlagerung in den Knochen, stärkt die Zähne und das Immunsystem und aktiviert die weißen Blutkörperchen bei Infektionen.

⸱⸱⸱⸱→ Es verhindert das unkontrollierte Wachstum von anormalen Zellen und unterstützt die Bildung gesunder Zellen.

⸱⸱⸱⸱→ Therapeutisch wird es bei Knochenproblemen, zur Vorbeugung von Krebs, bei Schuppenflechte und allgemein zur Stärkung des Immunsystems verwendet.

⸱⸱⸱⸱→ Bei chronischen Störungen des Verdauungstraktes, der Leber und der Nieren kann es zu einem Vitamin-D-Mangel kommen. Ein Zuviel an Vitamin D verursacht Kopfschmerzen, Appetitlosigkeit, Übelkeit und manchmal auch Depressionen.

⸱⸱⸱⸱→ Der empfohlene Tagesbedarf beträgt 5,0 Mikrogramm bzw. 0,005 Milligramm.

Vitamin E

Vitamin E steht für eine Gruppe verwandter Verbindungen, am bekanntesten ist das Alpha-Tokopherol. Natürliches Vitamin E ist fast doppelt so wirksam wie synthetisches.

⸱⸱⸱⸱→ Tokopherol ist ein wichtiges Antioxidans, fördert die Funktion der Keimdrüsen und der Nerven und unterstützt die Muskulatur.

⸱⸱⸱⸱→ Es schützt das Herz, wirkt vorbeugend gegen Krebs, stärkt das Immunsystem, schützt die Zellen, fördert die

Durchblutung, verlangsamt den Alterungsprozess und hilft geschädigten Körperzellen bei ihrer Wiederherstellung.

⸻▷ Der Tagesbedarf liegt bei 12 bis 15 Milligramm, kann aber bei schwerer körperlicher Arbeit oder Leistungssport bis auf 100 Milligramm steigen.

Vitamin K

⸻▷ Vitamin K ist vor allem für die Blutgerinnung zuständig und bei der Vorbeugung und Behandlung von Osteoporose wichtig.

⸻▷ Durch längerfristige Einnahme von Antibiotika, Azetylsalizylsäure (ASS; z. B. in Aspirin) und Abführmitteln kann es zu einem Mangel kommen. Die Folge ist eine verlängerte Gerinnungszeit des Blutes, und auch der normale Knochenaufbau kann beeinträchtigt werden. Auch bei starkem Alkoholkonsum kann die Leber nur noch erschwert Blutgerinnungsfaktoren produzieren, die auf Vitamin K angewiesen sind.

⸻▷ Überdosiertes Vitamin K kann giftig wirken.

⸻▷ Die empfohlene Tagesration beträgt 1,5 Milligramm.

Pantothensäure

⸻▷ Pantothensäure wird im Organismus in das so genannte Koenzym A umgewandelt, das an über hundert Reaktionen beteiligt ist, die den Abbau von Kohlenhydraten und Fetten bewirken und damit an der Entstehung der Zellenergie beteiligt sind.

⸻▷ Es wird zur Produktion von Kortisol benötigt, einem Hormon, das in Stresssituationen ausgeschüttet wird, und ist wichtig für die Bildung von Cholesterin und die Synthese von Vitamin D.

⸻▷ Pantothensäure wird therapeutisch eingesetzt bei Anämie, Arthritis und chronischen Entzündungen, ebenso bei schneller Ermüdung und Taubheitsgefühl in den unteren Gliedmaßen.

⸻▷ Der empfohlene Tagesbedarf liegt bei 8 bis 10 Milligramm.

Mineralstoffe und Spurenelemente

Mineralstoffe wie Kalzium, Kalium, Natrium und Magnesium sorgen für einen ungestörten Stoffwechsel und sind für viele Funktionen im Körper verantwortlich. Auch Spurenelemente sind Mineralstoffe, kommen im Körper aber nur in geringsten Mengen, also in Spuren vor und sind ebenfalls an den unterschiedlichsten Körperfunktionen beteiligt.

Kalzium

⤍ Kalzium ist wichtig für den Aufbau und Erhalt des Knochengerüsts, die reibungslose Muskelfunktion und für die Blutgerinnung. Kalzium ist außerdem wichtig für die Informationsweiterleitung innerhalb der Übertragung zwischen den Nervenzellen, so dass es bei einem Mangel zu Nervosität und Unruhe kommen kann.

⤍ Milch und Milchprodukte als Kalziumlieferanten gelten mittlerweile als ungeeignet, weil das Kalzium vom Körper nur schwer verwertet werden kann. Gute Kalziumquellen sind dagegen alle grünen Gemüse, Nüsse, Samen und Trockenfrüchte. Auch zu viel Phosphor und Magnesium, Mittel gegen Sodbrennen (Antazida) und Abführmittel sowie zu viel Kaffee und mangelnde Bewegung stören das Kalziumgleichgewicht.

⤍ Der tägliche Kalziumbedarf liegt bei 800 bis 1200 Milligramm.

Magnesium

⤍ Magnesium ist an vielen Reaktionen im Stoffwechsel beteiligt, wird beim Knochenaufbau benötigt und reguliert die Arbeit der Muskeln. Es beruhigt die Nerven, mildert Stress und Aggressionen und fördert die Konzentration. Es hilft gegen Erschöpfung und Lustlosigkeit. Magnesium sorgt dafür, dass die Zellen besser mit Sauerstoff versorgt werden, so dass Gehirn, Organe und Muskeln besser arbeiten.

⤍ Therapeutisch wird Magnesium bei nächtlichen Wadenkrämpfen, Migräne und Stress sowie bei Bluthochdruck eingesetzt, bei Herzerkrankungen kann es Rhythmusstörungen entgegenwirken.

⤳ Zu einem Mangel kann es durch Alkohol, Störungen im Magen-Darm-Bereich, durch Kortison und Abführmittel, einen Vitamin-B-Mangel und ein Übermaß an tierischem Eiweiß kommen, was zu Muskelzittern oder -krämpfen (nächtlichen Wadenkrämpfen), Reizbarkeit, Schlaflosigkeit, Störungen der Herzfunktion und des Immunsystems führen kann.

⤳ Wichtige Magnesiumlieferanten sind Vollkornbrot, Gemüse, Hülsenfrüchte, Bananen, Nüsse, Sojamehl, Reis und Schokolade.

⤳ Die empfohlene tägliche Menge liegt bei 350 bis 400 Milligramm.

Natrium

⤳ Natrium, Bestandteil des Kochsalzes (Natriumchlorid), reguliert den Wasserhaushalt wie das Gleichgewicht von Säuren und Basen und ist wichtig für die Übertragung und Weiterleitung von Reizen in den Nerven und bei der Muskelentspannung. Daneben ist Natrium für den Transport und die Aufnahme von Glukose und anderen Nährstoffen nötig.

⤳ Zu einem Mangel kommt es bei starkem Schwitzen sowie bei Leber- und Nierenerkrankungen, er führt zu niedrigem Blutdruck, Schwindel und Krämpfen.

⤳ Die tägliche empfohlene Menge liegt bei 3 bis 4 Gramm, die jedoch meist um das Doppelte und mehr überschritten wird.

Kalium

⤳ Kalium ist der Gegenspieler des Natriums und reguliert wie dieses den Wasserhaushalt, das Säure-Basen-Gleichgewicht, die Reizleitung in den Nerven und die Muskelfunktion. Zusammen mit Natrium liefert Kalium wichtige Nährstoffe in alle 70 Billionen Körperzellen. Bei Kaliummangel bzw. Natriumüberschuss bricht dieser Zellmechanismus zusammen.

⤳ Zu einem Mangel kommt es schnell bei Diäten oder einseitiger Ernährung, durch zu viel Alkohol und Salz, bei Stress und nach der Einnahme von Abführmitteln. Chronische Müdigkeit, Störungen der Darmtätigkeit, Herzrhythmusstörungen, niedriger Blutdruck und ein niedriger Blutzuckerspiegel können die Folge sein.

⤳ Gute Kaliumlieferanten sind beispielsweise Sojabohnen, Linsen, Bananen, Obst und Gemüse, Nüsse, Fisch und Kartoffeln.

⤳ Der tägliche Kaliumbedarf liegt bei etwa 4 Gramm.

Zink

⤳ Zink ist an der Synthese und den Funktionen von mehr als 200 Enzymen beteiligt, unterstützt die Zellteilung und schützt die Zellen vor freien Radikalen und Schwermetallen.

⤳ Zink spielt eine wichtige Rolle beim Stoffwechsel von Schilddrüsen-, Geschlechts- und Wachstumshormonen sowie bei Insulin.

⤳ Bei Zinkmangel kann es zu Infektanfälligkeit, Störungen im Säure-Basen-Haushalt oder psychischen Störungen kommen. Erkrankungen der Bauchspeicheldrüse, Entzündungen im Verdauungstrakt, Diabetes, Infektionen, rheumatische Krankheiten, Krebs und Blutarmut sind meist mit einem Zinkmangel verbunden.

⤳ Therapeutisch wird Zink bei Operationen oder anderen Verletzungen zur schnelleren Wundheilung (Zinkverband), bei Diabetes und einem geschwächten Immunsystem sowie bei Hauterkrankungen wie Akne oder Schuppenflechte verwendet.

⤳ Zink ist vor allem in Rind- und Kalbfleisch, Austern, Eiern, Weizen, Linsen, weißen Bohnen, Mais und Haferflocken enthalten, wobei Zink aus tierischen Produkten leichter verwertbar ist als Zink pflanzlicher Herkunft. In unserer Nahrung ist Zink häufig nicht mehr ausreichend vorhanden.

⤳ Als täglich empfohlene Zinkmenge gelten 15 Milligramm.

Eisen

⤑ Eisen ist wichtiger Bestandteil bestimmter Enzyme und wichtig für die Blutbildung sowie den Sauerstofftransport mit Hilfe des Hämoglobins (roter Blutfarbstoff).

⤑ Zu einem Eisenmangel kommt es häufig bei starken Blutungen oder im Leistungssport, bei Schwermetallvergiftungen und bei hohem Kaffee- und Teegenuss. Ein Mangel führt zu verminderter Leistungsfähigkeit, ständiger Müdigkeit und Abgeschlagenheit.

⤑ Eisen ist in Gemüse, Hülsenfrüchten, Vollkornprodukten, Fleisch und Fisch enthalten und wird am besten zusammen mit Vitamin C verwertet.

⤑ Die empfohlene tägliche Dosis liegt bei 12 bis 18 Milligramm.

Mangan

⤑ Mangan wird für den Glukose- und Fettstoffwechsel sowie für den Aufbau von Cholesterin benötigt. Es wirkt antioxidativ und schützt so vor freien Radikalen, hilft bei Allergien, unterstützt den Aufbau von Kollagen, fördert die Aktivität der Neurotransmitter (Botenstoffe) und ist an der Blutgerinnung beteiligt.

⤑ Therapeutisch wird Mangan bei Asthma, Diabetes, Osteoporose und Arthrose oder bei Rückenbeschwerden eingesetzt.

⤑ Eine hohe Kalziumzufuhr, starker Alkoholkonsum und die Einnahme mancher Psychopharmaka über einen langen Zeitraum können zu einem Mangel führen.

⤑ Die empfohlene tägliche Dosis liegt bei 2 bis 5 Milligramm.

Jod

⤑ Jod ist lebensnotwendig bei der Bildung von Schilddrüsenhormonen. Als ein wichtiges Antioxidans schützt es vor freien Radikalen, aktiviert bestimmte Immunreaktionen und unterstützt den Fettstoffwechsel.

⤑ In Deutschland leiden fast zehn Prozent aller Menschen an Jodmangel, der zur Kropfbildung führt, einer Vergrößerung der Schilddrüse, sowie Antriebslosigkeit, Gewichtszunahme bei gleichbleibender Ernährung, Kälteempfindlichkeit, erhöhten Cholesterin- und Blutfettwerten und Depressionen. Bei lang anhaltendem Jodmangel kann es zu krebsartigen Veränderungen in der Schilddrüse kommen.

⋯⟩ Therapeutisch arbeitet man mit Jod bei rheumatischen Erkrankungen und bei Arteriosklerose.

⋯⟩ Wichtig für eine ausreichende Jodversorgung ist jodiertes Speisesalz sowie regelmäßiger Fischkonsum.

⋯⟩ Die empfohlene tägliche Dosis beträgt 180 bis 200 Mikrogramm bzw. 0,18 bis 0,2 Milligramm.

Kupfer

⋯⟩ Kupfer schützt vor Herz-Kreislauf-Erkrankungen und Arthritis und unterstützt das Immunsystem. Es ist wichtig für die Bildung von Melanin, einem Farbpigment der Haut, und fördert indirekt die Elastizität von Knochen, Sehnen, Knorpeln, Bindegewebe und Blutgefäßen, unterstützt die Bildung von Myelin (Nervenhüllen) und schützt so vor Parkinsonkrankheit.

⋯⟩ Einseitige Ernährung, Stoffwechsel- und Nierenfunktionsstörungen können einen Kupfermangel bewirken, der zu Blutarmut, Störungen der Nervenzellen, Arteriosklerose, Infektanfälligkeit, Bluthochdruck und Appetitmangel führt.

⋯⟩ Die empfohlene tägliche Dosis liegt bei 2 bis 4 Milligramm.

Fluor

⋯⟩ Fluor wird wegen seiner Wirkung auf den Zahnschmelz zur Kariesprophylaxe in vielen Ländern dem Trinkwasser zugesetzt.

⋯⟩ Therapeutisch gibt man Fluor zur Kariesvorbeugung und gelegentlich noch bei Osteoporose.

⋯⟩ Fluor ist vor allem in Meeresfischen, Fleisch, Eiern und Tee enthalten.

⋯⟩ Die empfohlene tägliche Dosis beträgt 1 Milligramm.

67

Milch &
Käse

Von glücklichen und anderen Kühen

Es gibt sie tatsächlich, die heile Welt der Werbung. Mit Almbauer und Sennerin, mit Bergwiesen und glücklichen Kühen. Mit alten Männern, die das Geheimnis kennen, wie man aus guter Milch hervorragenden Käse macht, und die sich nur vor einer Sache fürchten: der Ehefrau, die vom Buttern derart starke Oberarme hat, dass es einem Angst und Bange werden kann. Der Unterschied zur Fernsehwerbungswelt: Die Kühe sind nicht lila. Doch diese Welt muss man inzwischen mit der Lupe suchen. Ihre Produkte aber, ob Milch, Quark, Joghurt oder Käse, die findet man im Bioladen.

Im Supermarkt finden wir die Dinge, die uns die andere, die Welt der Milchseen und Butterberge beschert: Milch von Hochleistungsmilchvieh, mit »leistungssteigernden« Futterzusätzen gefüttert. Bis zum Jahr 2000, bis zur BSE-Katastrophe, bekamen sie oft sogar die zu Mehl verarbeiteten Kadaver ihrer Artgenossen vorgesetzt, obwohl das zu diesem Zeitpunkt schon verboten war. Ihre Euter sind nicht selten entzündet, mit Antibiotika versucht die Agrarindustrie nicht etwa den Schmerz zu lindern, sondern eher den Produktionsausfall. Dafür kostet der Liter Milch dann auch nur halb so viel wie ein Liter Benzin.

In diesem Kapitel geht es um Milch und Milchprodukte aus der zuerst beschriebenen Welt – der heilen, der besseren, der schmackhafteren. Der Welt der besten Qualität, im Einklang mit der Natur. In der Regel ist von Kuhmilch die Rede, Schafs- oder Ziegenmilch wird besonders hervorgehoben.

Milch ist nicht gleich Milch. Eine Biomilch vom Bauern hat mit einer Industriemilch aus dem Supermarkt ungefähr so viel zu tun wie eine Scheibe frisch aufgeschnittener Parmaschinken mit einer eingeschweißten Presswurst. Biomilch schmeckt schon einmal ganz anders. Ihre Aromanote variiert sogar im Lauf des Jahres. Biomilchkühe fressen

Gras und Heu, ergänzt durch Kartoffel-, Getreide- oder Fruchtkuchenprodukte aus der Biokelterei. Nur im Winter, wenn Grünfutter und Heu knapp werden, gibt es etwas Grassilage dazu. Das ist eine völlig andere Ernährungsgrundlage als das Futter in der Milchindustrie.

Die ökologische Milchproduktion ist wesentlich aufwändiger als die industrielle. Biokühe sind vitaler und widerstandsfähiger: durch frisches Futter, frische Luft, viel Bewegung. Dann müssen auch keine Medikamente gefüttert werden, dann kommt der Viehdoktor ohne Spritze aus. Und wenn doch mal etwas passiert – dann ist erst mal Pause. Ab dem Augenblick, in dem eine Biomilchkuh ein Antibiotikum bekommen muss, gilt eine lange Wartezeit – damit die Biomilch wirklich Biomilch bleibt. Außerdem arbeiten Biokühe nicht im Akkord, sondern ganz geruhsam. Ein Biobauer wird seine Resi oder seine Lisa eher danach beurteilen, wie viel Milch sie in ihrem Leben gibt – nicht am Tag. Hochleistungsmilchkühe sind leider schon nach fünf Jahren »ausgepowert«.

----> Milch brennt beim Kochen leicht an und hinterlässt einen braunen Bodensatz im Topf. Das lässt sich leicht vermeiden, wenn man den Topf mit kaltem Wasser ausspült, bevor man die Milch hineingibt. Einer Haut beugt man am besten vor, indem man die Milch langsam und unter Rühren erwärmt.

Da aber auch Biomilch einigermaßen bezahlbar bleiben muss, legt der Biobauer kaum noch Hand ans Euter, auch er nutzt moderne Technik. Aber dort, wo Hochleistungsställe an Industriebetriebe erinnern, ist der Biohof allenfalls die Manufaktur. Mit jedem Verarbeitungsschritt entfernt sich die Milch immer weiter von ihrem Ursprung, bis hin zur ultrahocherhitzten H-Milch. Folgende Verarbeitungsstufen gibt es:

Ziegen- und Schafsmilch

Mehr als 90 Prozent der verarbeiteten Milch ist Kuhmilch. Dennoch gibt es noch anderes Milchvieh, das besonders für Käsefreunde und Allergiker eine immer größere Rolle spielt. In Europa sind das Schaf und Ziege. Yaks und Kamele, Esel und Zebus spielen keine Rolle.

Der Anteil der Ziegen- und Schafsmilch ist unter anderem deshalb so gering, weil sich diese Tiere nicht vom Menschen einsperren lassen. Eine Massentierhaltung in lichtlosen Ställen, angekettet, mit abgesägten Hörnern – die gibt es nicht. Wenn Ziegen und Schafe nicht auf die Wiese oder wenigstens in einen Laufstall mit Freiauslauf kommen, gehen sie in den passiven Widerstand, werden krank und sterben. Deshalb ziehen noch immer Schafherden über die Wiesen, deshalb gibt es keine Massenproduktion von Ziegen- und Schafsmilch. Dabei sind die Tiere eigentlich leicht zu halten – sie sind genügsam, fressen selbst die Dinge, die eine Kuh auf der Wiese stehen lässt.

Ziegen- und Schafsmilch ist sehr natürlich – das wissen auch viele Allergiker. Weil denaturierte Industriemilch oft Überreaktionen des Immunsystems auslöst, findet man in Bioläden wie Reformhäusern immer mehr Ziegen- und Schafsmilch. Kuhmilch ist für Babys ungeeignet, viele Babys vertragen sie auch gar nicht. Wer keine »künstliche« Babynahrung kaufen will, sollte es nach dem 6. Monat mal mit Ziegenmilch probieren. Selbst Kleinkinder, die noch kein voll entwickeltes Verdauungssystem haben, vertragen sie sehr gut.

Aus Ziegen- und Schafsmilch lassen sich alle Dinge herstellen, die man auch aus Kuhmilch machen kann. Die Auswahl an guten Käsen steigt von Jahr zu Jahr!

Rohmilch

ist die ursprünglichste Milch überhaupt. Direkt aus dem Euter ins Glas schmeckt sie köstlich. Rohmilch ist der Rohstoff für besten Käse, den Rohmilchkäse. Aber: Viele Fachleute glauben, dass Rohmilch gefährlich ist. Sie raten zumindest Schwangeren, stillenden Müttern und Kindern von Rohmilch ab. Das Argument dieser Hygieniker: Rohmilch ist ein guter Nährboden für zum Teil tückische Bakterien. Dieses Argument sollte man kennen, auch wenn man es nicht übernimmt.

⋯⋯⋗ Meine Zeit bei den Herrmannsdorfer Landwerkstätten hat mich in vielfacher Hinsicht geprägt. Viel habe ich in der Rohmilchkäserei bei Käsermeister Hans Wöstner gelernt. Er vertritt die Haltung, dass die Hygieniker mit ihrer Angst vor Keiminfektionen von Milch und Käse übertreiben und falsch denken. Der Kampf gegen die Bakterie mit Hitze und Chemie sei falsch. Man solle nicht, wie das Karnickel auf die Schlange, auf das Bakterium starren, sondern sich fragen, in welchem Milieu ein Bakterium wachsen oder nicht wachsen kann. In einer toterhitzten Milch sei das bakteriologische Gleichgewicht zerstört und die Gefahr der Vermehrung eines Keimes viel höher. Gefahr sei immer nur von hochverarbeiteten Industrieprodukten ausgegangen, nie von Naturerzeugnissen. Ein Beispiel: Rohmilch wird zu Dickmilch und hält so ziemlich lange. Pasteurisierte Milch dagegen kippt nach ein paar Tagen gleich völlig um. Ich selbst habe mich nach langem Abwägen dieser Haltung angeschlossen. Ich schätze seit dieser Zeit die rohe Milch und alle Rohmilcherzeugnisse, die nach traditionellen handwerklichen Verfahren hergestellt sind, weil sie besser schmecken und – vorausgesetzt die ökologische Wirtschaftsweise auf Feld, im Stall und in der Molkerei ist gewährleistet – auch sehr wahrscheinlich gesünder sind. *Georg Schweisfurth*

73

Vorzugsmilch

Vorzugsmilch ist Rohmilch mit drei Hygienesternchen. Auch sie kommt sozusagen direkt aus der Kuh. Vorzugsmilch wird auf amtlich streng überwachten Bauernhöfen unter extremen hygienischen Bedingungen erzeugt und verpackt. Wie bei Rohmilch bleibt ihre Fett- und Eiweißstruktur ursprünglich erhalten. Vorzugsmilch ist selten und teuer. Es gibt in ganz Deutschland nur ein knappes Dutzend an Betrieben, die Vorzugsmilch herstellen.

Pasteurisierte Milch

Einen Verarbeitungsschritt weiter finden wir die pasteurisierte Milch, benannt nach dem Chemiker und Bakteriologen Louis Pasteur. Der fand im 19. Jahrhundert heraus, dass Bakterien nicht hitzebeständig sind, und wies nach, dass Wein nicht sauer wird, wenn man ihn kurz auf 69 bis 75 °C erwärmt. Damit war die »Pasteurisierung« erfunden – und das was damals für den Wein galt, gilt heute für die Milch. Eiweiß und Vitamine bleiben weitgehend erhalten, auch das Fett, das den Geschmack der Milch trägt, wird kaum verändert. Auch Biomolkereien müssen dem Gesetz entsprechend ihre Milch pasteurisieren, gehen dabei aber so schonend wie möglich vor – nach der Devise: Temperaturen und Zeiten genau einhalten!

Homogenisierte Milch

Hier geht's schon mehr zur Sache: Die kleinen Fetttröpfchen in der Milch werden unter hohem Druck zerschlagen, damit die Milch nicht mehr aufrahmt. Viele Verbraucher erwarten heute von ihrer Milch, dass sie bis zum letzten Tropfen in gleicher Konsistenz aus der Packung kommt, und lehnen rahmende Milch ab.

Ultrahocherhitze Milch, H-Milch

Sekundenlang auf über 135 °C erhitzt, viele Organismen sind getötet, einige Nährstoffe sind verloren. Die Milch schmeckt im Vergleich zu pasteurisierter Milch flach und leicht sü?lich. Sie kann nicht mehr gerinnen, d. h. sie ist

zur Produktion von Sauermilchprodukten oder Käse ungeeignet. H-Milch ist eigentlich eine Erfindung des Handels,
der in seinen »Großformen« manchmal mit dem Handel
von verderblichen frischen Produkten seine Probleme hat.

····▷ Verzichten Sie auf H-Milch! Sie ist nicht nur reichlich
denaturiert, sondern birgt auch eine Gefahr: Man
erkennt nicht gleich, wenn sie schlecht wird. Dann ist
sie ein Nährboden für allerlei Bakterien.

H-Milch und Kondensmilch sind streng genommen tote
Lebensmittel, die diesen Namen nicht verdienen. Wenn
Kuhmilcheiweißallergiker aber für die Zeit, in der keine frische Ziegenmilch verfügbar ist (nämlich dann, wenn die
Lämmer geboren sind), auf Ziegen-H-Milch umsteigen –
o.k. Übrigens: Nicht nur H-Milch, auch frische Vollmilch
lässt sich aufschäumen, wenn man's richtig macht!

Milch begegnet uns in verschiedenen Fettstufen: als Vollmilch mit mindestens 3,5 Prozent Fett, als fettarme Milch
mit mindestens 1,5 Prozent Fett und als Magermilch mit
höchstens 0,3 Prozent Fett. Wie fett die Milch ist, entscheidet nicht die Kuh, sondern der Molkereimeister. Er regelt
über die Geschwindigkeit der Milchzentrifuge, wie viel Fett
aus der Milch herausgeschleudert wird, um z. B. Butter zu
erzeugen.

In einigen wenigen Biobetrieben ist man so konsequent,
dass man selbst auf die Zentrifugierung verzichtet. Hier
ruht die Milch in großen Bottichen, bis sie rahmt, der
Rahm wird abgeschöpft. Diese sehr vorsichtige Vorge-
hensweise ist besonders für kleine Spezialkäsereien wichtig, da sie einen positiven Einfluss auf die Konsistenz des
Produktes hat. In der Regel führt aber auch im Biobetrieb
an der Zentrifuge kein Weg vorbei, da reine Handarbeit
Milch zu einem sehr exklusiven und teuren Produkt macht.

Sauermilch

Sauermilch wird mit Hilfe von Milchsäurebakterien hergestellt. Mit ihnen wird warme Milch zum Gerinnen gebracht.
Sobald der gewünschte Säuregrad erreicht ist, wird die
Milch gekühlt, um die Bakterien »anzuhalten«. Die Säure
ist auch ein Konservierungsmittel, darum bleiben Sauermilchprodukte lange haltbar.

Zur Gruppe der Sauermilchprodukte zählt man: Buttermilch, Crème fraîche, Joghurt, Kefir, Sauerrahm, Schmand,
Schwedenmilch, Trinkmolke und Trinksauermilch.

······⫸ Sauermilchprodukte sind schlecht, wenn sich der
Deckel nach oben wölbt. Dann haben die Bakterien
wieder ihre Arbeit aufgenommen. Ausnahme ist der
Kefir. Da darf sich der Deckel wölben. Wenn sich der
Deckel auch noch Wochen nach Ablauf des Mindest-
haltbarkeitsdatums nicht hebt, haben Sie ein Indiz für
ein ziemlich totes Produkt und sollten einen anderen
Hersteller wählen.

Buttermilch

Ist oft ein Industrieprodukt. Der Fabrikant setzt Magermilch Bakterienkulturen zu. Dies ist die Buttermilch, die
man kennt – eine Art flüssiger Magerjoghurt.

Echte Buttermilch

Die echte Buttermilch ist selten, man findet sie fast nur
auf Bauernhöfen und in Bioläden. Sie fällt beim Buttern
an, es ist die leicht säuerliche Molke mit wenig Fett und
viel Eiweiß.

Crème fraîche, Schmand, Sauerrahm

sind Bezeichnungen für Saure Sahne mit verschiedenem
Fettgehalt (32/20/10 Prozent). Saure Sahne ist genau das,
was ihr Name verspricht: sauer gewordene Sahne.

Kefir
Wird mit einem Hefepilz aus dem Kaukasus erzeugt.

Schwedenmilch
Schwedenmilch ist ein gesäuertes Frischmilchprodukt in bester handwerklicher Qualität. Man findet sie fast nur im Bioladen.

····⟩ Dickmilch selbst gemacht. Rohmilch in einen flachen Suppenteller geben und bei Zimmertemperatur über Nacht stehen lassen. Die Milchsäure- und Hefekulturen, die in der Rohmilch vorhanden sind, lassen die Milch zu Dickmilch gerinnen. Mit etwas Zucker schmeckt Dickmilch fantastisch, bringt den Kreislauf in Schwung und gibt Kraft für den Tag. Mit pasteurisierter Milch klappt das aber nicht!

Süße Sahne
Süße Sahne oder Rahm ist das Fett der Milch, Sahne fällt an, wenn man den Rahm von der Milch trennt. Früher ließ man die Milch einfach stehen, bis sich der Rahm an der Oberfläche absetzte, heute wird meist zentrifugiert. Rahm setzt sich auch auf nicht homogenisierter Biomilch ab. Er eignet sich zum Verfeinern von Speisen, nicht aber zum Schlagen.

Schlagsahne
Sie hat mindestens 30 Prozent Fett. Ist sie nicht homogenisiert, lässt sie sich besser schlagen. Wenn man den Küchenquirl allzu lange laufen lässt, wird aus der Sahne Butter.

Butter
Sie gehört zu den einfachsten und feinsten Lebensmitteln überhaupt – und zu den ältesten. Im Alten Testament heißt es in den Sprüchen Salomons: »Wenn man Milch stößt, so

macht man Butter daraus«, womit Butter vor etwa 3000 Jahren zum ersten Mal schriftlich erwähnt wurde – und auch der Produktionsvorgang beschrieben ist. Butter ist deshalb so schmackhaft, weil sie zu mehr als 80 Prozent aus Fett besteht – und Fett der Geschmacksträger par excellence ist.

Geschlagen wird Butter noch immer, nur das »wie« hat sich verändert. Das Bild in den Köpfen ist meist das historische. Da sieht man ein hohes, schmales Butterfass mit einem gelochten Deckel, aus dem die Schlagstange ragt, davor die Bäuerin mit kräftigen Oberarmen.

Ähnlich geht es noch auf manchen Almen und in kleinen Käsereien zu. Dort wird die Butter auch in Holzfässern geschlagen, die Kraft liefert ein Bergbach über ein Wasserrad und einen Transmissionsriemen. Ob sich das Holzfass aber halten kann ist fraglich, Hygienevorschriften könnten auch dieser Tradition den Garaus machen.

Industriebutter kommt aus riesigen Edelstahlbehältern, sie wird maschinell geschlagen.

Süßrahmbutter stammt ursprünglich aus Süddeutschland, hat sich aber im Lauf der Zeit im ganzen Land durchgesetzt. Sie wird aus frischer Sahne hergestellt. Im Gegensatz zur Sauerrahmbutter wird sie ohne den Zusatz von Bakterien hergestellt. Die Sauerrahmbutter wird aus gesäuerter Sahne hergestellt. Süßrahmbutter schmeckt frischer, sahniger und milder. Sauerrahmbutter hat ein eher nussiges Aroma.

Mit einer feinen Nase und etwas Fantasie kann man aus einer guten Butter die Kräuter des Frühsommers, die wilden Erdbeeren oder auch die Blumen herausriechen, die eine Kuh auf der freien Weide verspeist hat, da der hohe Fettgehalt der Butter die feinsten Aromastoffe zur Geltung bringt.

In der Kühltheke gibt es auch Dinge wie Salzbutter, Kräuterbutter oder Gewürzbutter, diese »Bequembuttern« sind aber meist Industrieprodukte. Viel besser schmeckt es, wenn man Butter zu Hause selbst verfeinert.

----> Zu den intensivsten und lustvollsten Lebensmittelgenüssen gehört ein Kanten frisches Brot, etwas Salz und etwas Butter. Fragen Sie mal Ihre Freunde: Diesem archaischen Genuss kann sich fast niemand verschließen, obwohl's so einfach ist.

Joghurt

Joghurt ist das von Fooddesignern wohl am stärksten deformierte Milchprodukt. Versetzt mit Aromastoffen aus Schimmelkulturen und jeder Menge Zucker, stehen Dutzende Sorten im Regal. Der Industrie ist es sogar gelungen, durch massive Werbekampagnen zu suggerieren, bestimmte Kulturen in Zuckerpampe seien fast so gesund wie Sport und förderten das Immunsystem. Naturjoghurt hingegen ist weiß und säuerlich, hat 3,7 Prozent Fett und ist stichfest. Joghurt braucht das, was die Industrie am wenigsten hat: Zeit. Deshalb werden auch chemisch hergestellte Bindemittel verwendet. Im Biobereich gibt es keine chemischen Zusatzstoffe und keine chemisch erzeugten Aromen, die sich als »naturidentisch« tarnen. Auch die Fruchtzutaten müssen aus Biofrüchten gewonnen werden. Neben dem normalen Joghurt gibt es noch gerührten Naturjoghurt, mageren Naturjoghurt mit 1,5 Prozent Fett und Magermilchjoghurt mit 0,1 Prozent Fett.

----> Das Rezept für Biofruchtjoghurt ist übrigens eines der einfachsten der Welt: Nehmen Sie Biofrüchte und Biojoghurt und rühren Sie die Zutaten mit etwas Biohonig an.

Quark

Quark beziehungsweise Topfen ist außerhalb des deutschen Kulturraumes relativ unbekannt. Machen Sie den Test: Schlagen Sie in Ihrem »Taschenwörterbuch Englisch« nach, wie man Quark übersetzt. Ein üblicher Vorschlag: Cottage Cheese. Auch Versuch zwei scheitert meist. Im Lexikon findet man die Aussage, dass Quarks 1961 entdeckt wurden und als kleinste Bauteile des Atoms gelten. Doch das ist natürlich alles Quark.

Quark ist ein Frischkäse aus Kuhmilch. Er ist im Grunde die Vorstufe zu allen anderen Käsesorten und wird in verschiedenen Stufen von Magerquark bis zum vollfetten Quark angeboten. Vereinzelt bieten Biohöfe auch Quark aus Schafs- oder Ziegenmilch an. Die Milch wird bei etwa 30 °C mit Kälberlab und Milchsäurebakterien eingedickt, dann grob zu Brocken geschnitten und in Tücher gefüllt, damit die Molke ablaufen kann. Danach wird der Quark wieder aus der Form genommen und verpackt. Er ist weiß, weich und cremig.

Handgeschöpfter Sahnequark

Zunächst wird die Vollmilch mit Milchsäurebakterien geimpft sowie etwas Lab zur Gerinnung zugesetzt. Wenn die Milch fest geworden ist, wird die mit der sogenannten Schneideharfe gebrochen, der Bruch in Tücher gewickelt und gepresst. Dabei tritt Molke aus. Den Bruch lässt man so lange ruhen, bis die gewünschte Konsistenz erreicht ist. Da er nicht durch feine Siebe passiert wird, behält er seine grobkörnige Struktur. Er gilt als König des Quarks, ist eine Delikatesse und recht selten. Der Fettgehalt liegt bei über 50 Prozent. Eine besondere Leckerei ist auch der »Fromage blanc Battu«, ein 20-prozentiger gerührter und fein geschlagener Quark.

Magerquark

Ist die Grundlage aller Industriequarks, die nur noch durch die Zugabe von Sahne auf die jeweiligen Fettstufen von

Speisequark und Sahnequark gebracht werden. Quark wird in vielen Versionen angeboten, als Kräuterquark, Früchtequark usw.

⸺⸻> Vor Jahren hatte ich einmal die Gelegenheit, auf einer Milchviehalm hoch droben unter den Alpengletschern einige Tage mitzuarbeiten. Seitdem weiß ich, wie hart und schön zugleich das Leben in der Natur und mit den Tieren ist. Manche Städter gehen sogar für eine ganze Saison vom Almauftrieb bis zum Almabtrieb hinauf in die absolute Einsamkeit, um körperlich schwer, aber im Einklang mit Natur und Schöpfung zu arbeiten. Sie treiben die Kühe, melken, buttern und käsen, sie erleben dabei unmittelbar den Wert eines Bergkäses. Meine Schwester Anne hat dies zehn Sommer lang getan, auf 2000 Metern Höhe im Engadin, und sie bereut keine Sekunde davon. Tausende Deutsche reisen um die halbe Welt, um einmal intakte Natur und ursprüngliche Kultur zu erleben – dabei reichen ein paar hundert Kilometer. Für mich war die kurze Zeit auf der Alm ein unglaublich intensives Erlebnis, das ich nie vergessen werde. *Georg Schweisfurth*

Käse

Mit dem Quark beginnt eine große und spannende Welt – die Welt des Käses. Das Spektrum des Käses ist mindestens so groß wie das Spektrum des Weins, und es gibt noch mehr Parallelen. Beste Rohstoffe, feinste Verarbeitung und sorgfältige Lagerung machen den Käse zu dem was er ist: eine Delikatesse ersten Ranges. Hier begegnen wir auch der Rohmilch wieder, sie ist der Stoff, aus dem Käseträume gemacht werden. Natürlich gibt es auch beim Käse die Niederungen der Industrie – blitzgereifter Käse, in Folie geschweißt, vakuumverpackt, geschmacksneutral. Käse gibt es seit Jahrtausenden. 800 Jahre vor der Zeitrechnung schrieb Homer nicht nur über Odysseus, sondern auch dessen Liebe zu Käse: »Mit zwölf entschlossenen Gefährten durchstreifte Odysseus die unwirtbare Küste und fand endlich eine geräumige Höhle, welche viel junges Vieh und große Vorräte von Milch, Butter und Käse enthielt. Er beschloss die Rückkehr der Hirten abzuwarten und schmauste indes mit den Gefährten«. Neben dem Genuss wird auch Odysseus das Kalzium der frischen Milchprodukte sehr geschätzt haben, da die Seefahrt für die Knochen anstrengend ist.

Die Römer trieben einen schwunghaften Käsehandel, und im Mittelalter wandten sich die Klostermönche nicht nur dem Bierbrauen, sondern auch dem Käsen zu. Karl der Große, so munkelt man, hat einen Teil seines Namens verloren, er hieß eigentlich Karl der große Käseesser. Er ließ sich Käse aus dem Kloster von St. Gallen bringen, eine Delikatesse, die auch den langen Transport überstand.

⋯⋯> Als Faustregel kann gelten: Die Käseindustrie leistet sich Fernsehwerbung, der Käseliebhaber leistet sich Beratung an der Käsetheke.

Der einzig ernst zu nehmende Käsegegner in der Literatur ist der Kobold Pumuckl. Käse, so erklärt er, ist doch faule Milch. Womit er nicht ganz Unrecht hat und auf die berühmteste Käsegeschichte überhaupt anspielt:
Der Roquefort entstand, als ein Hirte sein Abendessen, eine Scheibe Brot und ein Stück Käse, in einer Höhle liegen ließ, um sich lieber fleischlichen Genüssen in Form eines jungen Mädchens zuzuwenden. Danach war er derart verwirrt, dass er seine Brotzeit vergaß. Als der Hirte nach mehreren Tagen wieder an die selbe Stelle zurückkam, waren Brot und Käse verschimmelt. Das Brot war ungenießbar, der Käse aber, durchzogen von blauen Fäden und Adern, eine Delikatesse.

┄┄⟩ Jeder Käse, der einmal auf 2 °C herunter gekühlt wurde, wird nie mehr sein volles Aroma entfalten. 12 °C sind kalt genug! Der Käse direkt aus der Reifekammer der Käserei schmeckt deshalb am besten. Zu Hause bewahrt man Käse unter einer Käseglocke in der Speisekammer oder einem anderen kühlen Ort auf. High-Tech-Kühlschränke haben manchmal eine Temperaturzone mit 12 bis 15 °C – da darf der Käse natürlich hin. Einzig und allein der Frischkäse soll und muss in den Kühlschrank – bei 2 bis 4 °C.

Das Land der Käseesser ist Frankreich. Mehr als 20 Kilogramm Käse schafft der gemeine Franzose im Jahr und kann dabei unter rund 500 verschiedenen Käsesorten wählen. Beim Käse gehören die Franzosen auch zu den leidenschaftlichsten Kämpfern für natürliche Produktion. Der Grundgedanke, dass beste Qualität nur mit besten Rohstoffen und nicht in industrieller Massenfertigung erreicht werden kann, existierte von Anfang an. Hier spielt die Herkunftsregion eine große Rolle, das Futter der Kühe, das Klima der Dörfer und die Tradition der Käser.

Im Käseland Frankreich haben die rund 40 Käsesorten mit kontrollierter Herkunftsbezeichnung »A. O. C« (Appellation d'Origine Contrôlée) eine besondere Bedeutung. Die kontrollierte Herkunftsbezeichnung garantiert u. a. die Herkunft des Käses aus einer ganz bestimmten Region Frankreichs und die Produktion nach dem traditionellen Verfahren.

Ausgezeichneter Biokäse kommt aber natürlich auch aus der Schweiz, aus Deutschland, Holland und Italien.

Käse ist jedesmal anders, man kann ihn streichen oder schneiden, man kann ihn brechen, reiben oder nach der deutschen Käseordnung klassifizieren. Die kennt Frisch-, Weich-, Sauermilch-, halbfesten Schnitt-, Schnitt- und Hartkäse, der dann noch einmal in Doppelrahm-, Rahm-, Vollfett-, Fett-, Dreiviertelfett-, Halbfett-, Viertelfett- und Magerstufe eingeteilt wird. Die deutsche Käseordnung erfreut also jeden Mathematiklehrer, der sofort zur Potenzrechung greift und folgert: sechs Wassergehaltsstufen hoch acht Fettgehaltsstufen macht knapp 1,7 Millionen Käseeingruppierungsmöglichkeiten. Da dies aber eindeutig Käse ist, stellen wir lieber einige Dutzend der wichtigsten Käse vor, vom Frischkäse bis hin zum Hartkäse.

Frischkäse

Als Frischkäse gelten alle Käse, die ohne Reifung verzehrfertig sind. Das Spektrum reicht vom Quark bis zum Mozzarella. Frischkäse ist nicht lange haltbar und wird im Gegensatz zu allen anderen Käsearten nahe dem Gefrierpunkt gelagert und kalt verzehrt.

Mascarpone und Ricotta
Die beiden »Geschwister« werden aus Molke hergestellt und kommen ursprünglich aus Italien.

Mozzarella
Er ist einer der bekanntesten Frischkäse. Ursprünglich wurde er nur aus Büffelmilch hergestellt, heute wird er in der Milchindustrie aus Kuhmilch gemacht. Mozarella ist auch in Bioqualität aus Büffelmich zu bekommen. Die eingelabte Käsemasse wird durch warme Edelstahlrohre gesaugt, damit sich das Eiweiß zu langen Fäden formt. Danach wird er von Hand in Tüchern zu Kugeln geformt.

Chavroux und Saint-Pierre
Die beiden werden aus Ziegenmilch gekäst und sind deshalb für Allergiker besonders interessant. Sie werden in etwa 10 Zentimeter hohen Pyramiden angeboten. Die Konsistenz ist cremig, der Geschmack kräftig.

Der Kampf gegen die Eurokraten

Vielen Käsern in Frankreich, der Schweiz, Italien und Österreich stößt die Reglementierungswut der Euro-beamten sauer auf. Brüssel versuchte immer wieder und gerade beim Rohmilchkäse, unsinnige Hygienevor-schriften durchzusetzen. Der berühmteste Kämpfer für den französischen Rohmilchkäse ist übrigens ein Brite: Prinz Charles. Der unterstütze schon 1992 den französi-schen Käsepapst Bernard Antony bei dessen Kampf gegen die Pasteurisierung der Milch. Als dies EU-Gesetz werden sollte, hielt Prinz Charles in Paris eine flammen-de Rede. Die Franzosen, so Charles, sollten für ihre edlen Käse kämpfen. Der Kampf endete mit einem Sieg.

Dieser Bernard Antony ist auch stets die erste Adresse, wenn Drei-Sterne-Restaurants nach einem ganz beson-deren Gaumenkitzler suchen. In drastischen Worten hat er einmal beschrieben, wie schlimm die Pasteuri-sierung von Käse ist – mindestens so schlimm wie die Kastration eines Mannes. Er weigert sich übrigens, seine Käse im Frachtraum eines Flugzeuges transpor-tieren zu lassen: dort sei es viel zu kalt, dort würde das feine Aroma, der unvergleichliche Schmelz oder die herzhafte Würze vergehen – einen zu Tode gekühl-ten Käse, so ist er überzeugt, kann man ebenso wenig wiederbeleben wie einen verwelkten Strauß Blumen.

Prinz Charles ist für Anthony seit dessen Auftritt in Paris mehr als ein guter Kunde, in ihm sieht er längst einen Kämpfer für die gemeinsame Sache: besten Käse. Char-les selbst hat auch längst seinen Hofstaat und dessen Protokollbeamte instruiert, wie mit dem besten Käse der Welt und dessen Lieferanten umgegangen werden soll – deshalb gab es auch ein Anthony-Büfett, als die Windsors gemeinsam mit der bürgerlichen französi-schen Regierung den Kanaltunnel einweihten.

85

Cœur de Paîlle

Ist ein gereifter Frischkäse, der in der Herstellung mit Edelpilzkulturen besprüht wird. Sein Name bedeutet »Herz aus Heu« und so duftet er auch.

Weichkäse

Camembert

Kein Weichkäse ist so berühmt wie dieser, manche nennen ihn sogar liebevoll »Bert« – so wie sie seinen entfernten Verwandten (Jo) »Kurt« rufen. Camembert gibt es in Bioläden oft mit dem oben beschriebenen Gütesiegel als Camembert de la Normandie A.O.C. Dann ist er unverkennbar aromatisch und cremig. Die Rohstofflieferanten dieses Käses stehen fast das ganze Jahr auf frischen Wiesen und liefern den Biobauern und Käsern beste Milch.

Brie

Auch hier empfiehlt sich ein Frankreichimport. Der Brie de Meaux A.O.C. ist eine Spezialität aus Nordfrankreich, aus der Heimat der Quiche. Und genau wie die ist er geformt: flach und rund. Der Brie de Meaux wird aufwändig mit speziellen Brieschaufeln hergestellt, der Käserohling wird trockengesalzen und nicht ins Salzbad gelegt, er reift bis zu acht Wochen. Wenn der Käse eine leichte rote Schmiere ansetzt, dann ist seine Qualität auf dem Höhepunkt.

Munster

Er kommt aus dem Elsass und wird dort seit über 1000 Jahren hergestellt. Rotschimmelkulturen geben dem reifen Munster einen herzhaft-kräftigen Geschmack. Der junge Munster ist quarkig-locker.

Sainte Maure

Stammt aus den Pyrenäen und wird in reiner Handarbeit aus roher Ziegenmilch hergestellt. Nach dem Abtropfen werden die Rohlinge mit Salz und Pappelasche bestreut, dadurch entsteht eine dünne Rinde, die den Käse vor zu schneller Austrocknung bewahrt. Zu dieser Delikatesse gehört unbedingt eine Flasche Sancerre von der Loire.

Zu den Weichkäsen gehören auch der Feuille De Dreux Chaource, Kuhfeta, Ziegenfeta, Gorgonzola, Limburger, Romadour, Rougette, Vacherin, Briquette, der Brique und einige weitere Schimmelkäse. Die meisten Blau- und Edelschimmelkäse sind aber schon so fest, dass man sie zu den Schnittkäsen zählen kann.

Schnittkäse

Reblochon de Savoie A.O.C.
Die Legende besagt, dass die Bauern in Savoyen ihren Lehnsherren, den Mönchen, hohe Abgaben bezahlen mussten, die sich aus der Menge der gemolkenen Milch ergaben, und deshalb molken sie ihre Kühe nur zum Teil. Der Rest der Milch wurde später heimlich nachgemolken und aus dieser Milch bei Nacht und Nebel der Reblochon gekäst. Im savoyischen Dialekt heißt »reblochir« »zum zweiten Mal melken«.

Reblochon ist ein sehr edler Käse. Die Rohmilch wird auf 36 °C erwärmt und eingelabt. Die gedickte Milch wird dann auf Reiskorngröße zerkleinert, von Hand in Formen gefüllt und etwa acht Sunden lang gepresst. Nach dem Salzbad geht es dann für eine Woche in den Trockenraum. Die Reifung dauert etwa vier Wochen bei 12 °C, dabei wird der Käse täglich gewendet und die Rinde geschmiert.

Roquefort A.O.C.
Er wird aus Schafsrohmilch mit Lämmerlab hergestellt – ein Leckerbissen, auch für Kuhmilchallergiker! Er ist einer der wenigen Blauschimmelkäse, der nicht mit Schimmel besprüht wird, sondern diesen in den feuchten Kalksteinhöhlen der Pyrenäen erhält. Der Schimmelpilz penicillium

roqueforti hat sich dort seit langem eingenistet und bestimmt das Klima. Ein Hirtenjunge, so die Legende, der vor Jahrhunderten liebestrunken ein Stück Schafskäse in einer Höhle liegenließ, entdeckte nach einer Woche seinen Käse mit einem neuen Geschmack!

Vacherin
Ein Klassiker aus dem Schweizer Jura. Gemeinsam mit dem Gruyère, dem heimlichen König der Schweizer Käse, ergibt er – mit einem Schuss Fendant – ein ausgezeichnetes Käsefondue. In Biokäsereien wird der Vacherin noch aus Rohmilch hergestellt.

Morbier
Den Morbier erkennt man sofort – mitten durch den Käselaib zieht sich eine Ascheschicht, denn dieser Käse wird in zwei Etappen produziert: Aus der Morgenmilch wurde die untere Hälfte des Käses hergestellt und mit Holzkohlenasche aus dem Kamin bestreut, damit die Fliegen fern bleiben. Aus der Abendmilch wurde dann die obere Hälfte des Morbier gemacht. Der Bio-Morbier kommt aus der Auvergne und aus der Region Doubs im Französischen Jura.

Raclette
Berühmt ist er vor allem in der Schweiz. Es gibt aber auch Bio-Raclette aus den Vogesen, dem Jura und Zentralfrankreich. Er hat eine leicht feuchte bis trockene braune Rinde.

Appenzeller
Das singt so mancher beim Käsekauf: »Mein Vater ist ein Appenzeller, er aß den Käs' mitsamt dem Teller«. Er (der Käse, nicht der Vater) ist elfenbeinfarben bis hellgelb und hat ein typisches nussiges Kräuteraroma.

Tomme d'Auvergne
Er stammt aus Frankreichs Vulkangebieten. Grau-lila der Mantel, fest und gelb das Innenleben, wird er aus teilentrahmter und nicht erhitzter Milch hergestellt.

····> Käse gehört im ganzen Stück auf den Tisch, nicht in Scheiben. Ist der Käse geschnitten, bietet er der Luft zu viel Angriffsfläche, das Fett dringt aus dem Käse oder die Käsescheibe trocknet aus. Das Argument der Bequemlichkeit zählt ebenfalls nicht: Mit einem scharfen, kleinen, glatten und flachen Messer ist das Schneiden kein Problem.

Ribaupierre
Wird aus Ziegenmilch hergestellt, es gibt ihn aber auch aus Kuhmilch. Er wird mit Rotschimmelkulturen und Elsässer Weißwein nachbehandelt.

Taleggio
Kommt aus Italien und wird nach alter Tradition aus Kuhvollmilch hergestellt. Er hat eine rauhe rosafarbene Rinde und einen feinen, milden Geschmack, manchmal mit trüffelartigem Aroma. Tipp für Kenner: mit Rotwein einreiben und in Stroh in der Speisekammer bei 17 °C weiter reifen lassen.

Bleu d'Haute Livradoit
Ein fester Blauschimmelkäse, gerade erst von den Bios wiederentdeckt, weniger brüchig als Roquefort, etwas härter als Gorgonzola, dunkel gelbbraun, ergibt mit einem frisch gebrochenen Brot und einer Karaffe Wein eine köstliche Mahlzeit.

Zu den Schnittkäsen gehören auch Blue Stilton, Esrom, Fontina, Sennkäse und Saint-Nectaire. Ferner: Edamer, Fontal, Gouda, Tilsiter, Weinkäse, Ziegengouda und Schafsgouda, und aus Italien Fontal, Galosella piccola und Lombardino. Ein Hit für Biokids ist der Gelbe-Rüben-Käse: Der junge Gouda mit Möhrensaft ist knallorange und schmeckt etwas süßlich.

89

Hartkäse von den Bergen bis zur See

Es gibt zwei typische Herstellungsmethoden für hochwertigen Hartkäse, je nach dem, ob sie von den Bergen oder aus den Tälern stammen. Die Keller in den Bergen sind feucht und kühl, die Keller im Tal dagegen vergleichsweise wärmer und trockener. Der Emmentaler (schließlich heißt er nicht Emmenberger) kommt sogar für eine Weile in eine Schwitzkammer. In den Bergen werden die Käselaibe mit in Lake getauchten Bürsten täglich bearbeitet, deshalb ist die Rinde auch feucht und schmierig. Die Talkäse werden mit einem fettigen Tuch abgerieben und glänzen fettig. Beide Bearbeitungen haben den gleichen Zweck: Die feinen Haarrisse des langsam trocknenden Laibes werden geschlossen, damit unerwünschte Keime nicht in den Laib eindringen können. Biokäserinden sind absolut natürlich und verzehrbar und unterscheiden sich auch dadurch von den künstlichen Tauchrinden der Industrie.

Dem Hartkäse nähert man sich wie einer wunderbaren Frau: voll Leidenschaft, voll Begehren, aber auch voller Respekt und dem Know-how von Generationen von Herzens- beziehungsweise Käsebrechern. Wenn es dem Hartkäse zu Laibe gehen soll, kann man sich zahlreicher Spezialwerkzeuge bedienen. Es gibt Käsemesser, Käsespaten oder Käsehobel, den Parmesanstecher, um ganze Brocken aus dem Laib zu brechen, oder Käseraspeln, um Käse in Flocken zu raspeln.

Unter Kennern ist es frevelhaft, sich den Hartkäse im Laden aufschneiden zu lassen wie einen Bierschinken. Ein schöner Gruyère-Brocken hingegen auf dem Tisch erfreut Auge und Gaumen, und daneben liegt ein schönes Messer. Scheibletten sind eine rein deutsch-praktische Erfindung und in den Käseländern Italien, Frankreich und der Schweiz nicht zu finden.

Hartkäse

Gruyère

Der Name wird von dem kleinen Örtchen Greyerz im Kanton Fribourg in der Schweiz nahe der deutsch-französischen Sprachgrenze abgeleitet. Es gibt den Hartkäse sowohl aus der Schweiz als auch aus Frankreich. In der Regel ist aber die Schweizer Variante besser, sie hat den typischen und unverkennbaren herb-nussigen Geschmack und ist in ihrer braun-gelblichen Färbung dunkler als ihre französische Schwester.

···⟩ Hartkäse aus den Bergen – also der mit der feuchten braunen Rinde – lässt sich zu Hause gut weiterreifen. Ein großes Stück mit viel Rinde wird in ein mit Salzwasser oder Weißwein getränktes Leinentuch gewickelt und in der Speisekammer oder an einem anderen kühlen Ort aufbewahrt. Das Tuch muss immer feucht gehalten werden, damit die Rinde nicht austrocknet und reißt. An so einem Käse hat man über Wochen ein immer größeres Vergnügen.

L'Etivaz

Er ist dem Gruyère recht ähnlich. Es gibt ihn nur noch in Bioqualität. Hier hat die ganze Genossenschaft im Tal vor einigen Jahren auf biologische Viehhaltung umgestellt und produziert seitdem mehr als 300 Tonnen Bio-Etivaz pro Jahr. Käsefanatiker versuchen zwischen Berg- und Tal-Etivaz zu unterscheiden. Ein Käseforscher widmete sich im Jahr 1995 sogar dem Thema: »L'Etivaz: Statistisch signifikante Unterschiede in der chemischen Zusammensetzung der Fettsäuren, Triglyzeride, Spurenelemente und den flüchtigen Verbindungen wie Terpene, polyzyklischen aromatischen Kohlenwasserstoffe sowie im Geruch und Geschmack zwischen den Milchprodukten des Berg- und Talgebietes«. Während diese Forschungsarbeit im Regal ruht, wird der Käse am Berg wie im Tal täglich geschmiert und gewendet und nach einem Jahr ausgeliefert. Er schmeckt nussig, ohne scharf zu sein. Ein Glas Wein dazu ist Pflicht. Der Etivaz erinnert etwas an den spanischen Manchego, den es aber noch nicht in Bioqualität gibt.

Parmigiano Reggiano

Ist der berühmteste Hartkäse der Welt. Und auch der am meisten kopierte: Schlechte Nachbauten landen in kleinen Tüten und verschwinden in den Supermarktregalen. Leisten Sie sich lieber eine Käsereibe und achten Sie auf die geschützte Bezeichnung: »Parmigiano Reggiano« darf der Käse erst nach zwei Jahren Lagerung genannt werden. Der Käsehändler bekommt ihn im 40-Kilo-Laib und setzt dann sein spezielles Parmesan-Brechwerkzeug an. In italienischen Dörfern und auch in manchen Bioläden ist das die Attraktion der Woche, vielleicht vergleichbar mit dem Anzapfen eines 100-Liter-Banzens (Holzbierfass) in einer bayerischen Traditionsgaststätte.

Montello

Er ist der kleine Bruder des Parmigiano. Er ist nicht so alt, deshalb im Teig feuchter und lässt sich noch leicht mit dem Messer in Stücke schneiden. Montello eignet sich deshalb hervorragend für Gratins.

Alter Herrmannsdorfer

So heisst der sbrinz-ähnliche Biokäse aus den Herrmannsdorfer Landwerkstätten bei München. Große karamellbraune Käselaibe, die 30 Kilo und mehr wiegen, reifen mindestens zwei Jahre in unterirdischen Gewölben. Sie haben einen höheren Fettgehalt als der Parmigiano, brechen aber ganz ähnlich wie diese. Die Herrmannsdorfer Reifegewölbe sind den Reiferäumen in den Bergen und denen im Tal nachempfunden. Es gibt dort auch einen unterirdischen Bach, und seine feuchte, ionenreiche und kühlende Luft wird zur natürlichen Klimatisierung gebraucht.

Ur-Emmentaler

»Ur« darf er sich nur nennen, wenn er mindestens ein Jahr gereift ist. Er hat deshalb nichts mit den schnell reifenden Industrie-Emmentalern zu tun. Ur-Emmentaler stammt aus Biokäsereien im Berner Oberland, hat neben den großen Löchern einen leichten Braunstich im Teig und natürlich die dem Emmentaler so typische milde Schärfe, die mit der Reifezeit zunimmt. Als Bio-Emmentaler wird er fast ausschließlich aus Rohmilch hergestellt und hat 45 Prozent Fett in der Trockenmasse, lässt sich daher auch gut schneiden. Richtig guten Emmentalergeschmack kennen wir heutzutage schon fast nicht mehr.

Remeker

Dies ist ein Spitzenkäse aus einer speziellen Milch einer besonderen Kuh, der Jersey-Kuh. Sie ist eine der letzten noch nicht ausgerotteten leichten Milchviehrassen, die Tiere sind klein, zierlich, wiegen nicht mehr als fünf Zentner und sehen neben einer »normalen« Zehn-Zentner-Kuh aus wie ein Pony neben einem Pferd. Die Jersey-Kuh gibt nur wenig Milch, die ist dafür unglaublich schmackhaft und fett. Der Remeker kommt aus Holland und kann problemlos mit dem bekannteren Spitzenprodukt niederländischer Käserkunst konkurrieren. Remeker schmeckt intensiver, sahniger und ist cremiger als alter Gouda.

Tommette d'Yenne

Kommt wie der Reblochon aus den Savoyer Alpen und ist die kleinere Ausgabe des Tomme. Tommette wird gerne gebacken. Man spickt ihn mit Knoblauchzehen, bäckt ihn bei 180 °C so lange, bis er geschmolzen ist, die Rinde aber noch steht. Dann kommt er mitten auf den Tisch, der »Deckel« wird entfernt und der Käse gemeinsam ausgelöffelt. Zum Schluss wird die Rinde verspeist.

Weitere Hartkäse

Urberger, Allgäuzeller (eine Art Appenzeller-Emmentaler aus dem Allgäu), Imberger Bauernkäse, Cheddar.

Nährwerttabelle für Milchprodukte
Die Angaben beziehen sich jeweils auf 100 Gramm netto

	KJ/kcal	Eiweiß	Fett	Kohlen-hydrate
Vollmilch (3,5%)	269/64	3,3 g	3,5 g	5 g
Fettarme Milch (1,5%)	203/48	3,4 g	1,5 g	5 g
Magermilch (0,1-0,3%)	151/36	3,5 g	0,10 g	5 g
Saure Sahne (30%)	1204/288	3 g	30 g	3 g
Saure Sahne (20%)	855/204	3 g	20 g	3 g
Sahne (30%)	1207/288	3 g	30 g	3 g
Crème fraîche (30%)	1204/288	3 g	30 g	2 g
Kondensmilch (7,5%)	557/133	7 g	7,5 g	10 g
Buttermilch	150/36	3,5 g	0,5 g	4 g
Dickmilch (3,5%)	266/64	3,5 g	3,5 g	4 g
Joghurt (3,5%)	275/66	3,5 g	3,80 g	4 g
Joghurt (1,5%)	193/46	3,4 g	1,5 g	4 g
Kefir (3,5%)	277/66	3,3 g	3,5 g	4 g
Molke (3,5%)	104/25	0,8 g	0,2 g	5 g
Appenzeller (50%)	1617/386	25 g	32 g	0 g

Vitamin A	Vitamin B2	Eisen	Kalzium	Zink	Enthält viel ...
0,03 mg	0,2 mg	0,1 mg	120 mg	0,4 mg	–
0,01 mg	0,2 mg	0,1 mg	123 mg	0,4 mg	–
- mg	0,2 mg	0,1 mg	120 mg	0,4 mg	–
0,4 mg	0,2 mg	0,1 mg	80 mg	0,3 mg	–
0,2 mg	0,2 mg	0,1 mg	100 mg	0,4 mg	–
0,4 mg	0,2 mg	0,1 mg	80 mg	0,3 mg	–
0,4 mg	0,2 mg	0,1 mg	80 mg	0,3 mg	–
0,1 mg	0,3 mg	0,1 mg	240 mg	0,7 mg	–
0,01 mg	0,2 mg	0,1 mg	110 mg	0,5 mg	–
0,04 mg	0,2 mg	0,1 mg	120 mg	0,4 mg	–
0,03 mg	0,2 mg	0,1 mg	130 mg	0,5 mg	–
0,02 mg	0,2 mg	0,1 mg	130 mg	0,4 mg	–
0,01 mg	0,2 mg	0,1 mg	120 mg	0,4 mg	–
0 mg	0,1 mg	0,1 mg	60 mg	0,1 mg	–
0,4 mg	0,4 mg	0,6 mg	800 mg	5 mg	–

Nährwerttabelle für Milchprodukte
Die Angaben beziehen sich jeweils auf 100 Gramm netto

	KJ/kcal	Eiweiß	Fett	Kohlen-hydrate
Bergkäse (45%)	1607/384	29 g	30 g	0 g
Greyerzer (50%)	1699/406	29 g	32 g	0 g
Emmentaler (45%)	1604/181	29 g	30 g	0 g
Parmesan (40%)	1706/407	34 g	30 g	0 g
Provolone (50%)	1522/364	26 g	29 g	0 g
Blauschimmel-käse (50%)	1500/358	22 g	30 g	1 g
Roquefort	1512/361	21 g	31 g	0 g
Butterkäse (45%)	1250/299	22 g	24 g	0 g
Edamer (45%)	1482/354	25 g	28 g	0 g
Gouda (45%)	1527/365	26 g	29 g	0 g
Tilsiter (45%)	1482/354	26 g	28 g	0 g
Bavariablu (60%)	1462/349	18 g	31 g	0 g
Brie (70%)	1707/408	13 g	40 g	0 g
Camembert (45%)	1204/288	21 g	23 g	0 g

Vitamin A	Vitamin B2	Eisen	Kalzium	Zink	Enthält viel ...
0,4 mg	0,3 mg	0,3 mg	1100 mg	5 mg	Jod (0,04 mg)
0,4 mg	0,3 mg	0,4 mg	1000 mg	4 mg	Kupfer (0,2 mg)
0,3 mg	0,3 mg	0,3 mg	1100 mg	5 mg	Jod (0,04 mg)
0,4 mg	0,5 mg	0,6 mg	1200 mg	4 mg	Jod (0,04 mg)
0,3 mg	0,3 mg	0,5 mg	881 mg	4 mg	Jod (0,04 mg)
0,3 mg	0,5 mg	0,1 mg	540 mg	5 mg	Jod (0,04 mg)
0,5 mg	0,6 mg	0,5 mg	662 mg	2,5 mg	Phosphor (392 mg)
0,3 mg	0,3 mg	0,4 mg	750 mg	4 mg	–
0,3 mg	0,3 mg	0,3 mg	800 mg	4 mg	Kupfer (0,1 mg)
0,30 mg	0,30 mg	0,30 mg	800 mg	4 mg	–
0,3 mg	0,4 mg	0,4 mg	750 mg	4 mg	–
0,5 mg	0,3 mg	300 mg	3 mg	0,6 mg	–
0,5 mg	0,4 mg	0,2 mg	250 mg	2 mg	–
0,4 mg	0,5 mg	0,3 mg	500 mg	3 mg	–

Nährwerttabelle für Milchprodukte
Die Angaben beziehen sich jeweils auf 100 Gramm netto

	KJ/kcal	Eiweiß	Fett	Kohlen-hydrate
Frischkäse (70%)	1579/377	10 g	37 g	3 g
Quark (40%)	598/143	9 g	10 g	3 g
Quark (10%)	315/75	14 g	0,2 g	4 g
Ricotta (30%)	506/121	11 g	8 g	0,8 g
Schmelzkäse (60%)	1372/327	13 g	30 g	1 g
Schafskäse	990/236	17 g	19 g	0 g
Ricotta (30%)	506/121	11 g	8 g	0,8 g
Schafskäse	990/236	17 g	19 g	0 g

Fett als Qualitätsmerkmal?

Das Fett in der Milch ist nicht nur der wichtigste Geschmacksträger, sondern spielt auch für die Verarbeitungseigenschaften der Milch und der Käse eine entscheidende Rolle. Für diejenigen, die sich fettarm ernähren wollen, hat der Gesetzgeber vorgeschrieben, dass alle Milcherzeugnisse mit ihrem Fettgehalt gekennzeichnet werden. Das ist bei Bio auch nicht anders.

Während bei Frischmilchprodukten wie Milch, Sahne, Frischkäse und Butter der absolute Fettgehalt angegeben wird (siehe unten), wird bei Käse ein relativer Fettgehalt ermittelt, der »F.i.T.«, der Fettgehalt in der Trockenmasse. Während der Lagerzeit verdunstet eine größere Menge Wasser, so dass der prozentuale Anteil an Trockenmasse

Vitamin A	Vitamin B2	Eisen	Kalzium	Zink	Enthält viel ...
0,4 mg	0,2 mg	0,3 mg	80 mg	0,5 mg	–
0,1 mg	0,3 mg	0,1 mg	110 mg	1 mg	–
0 mg	0,3 mg	0,4 mg	120 mg	1 mg	–
0,3 mg	0,2 mg	0,4 mg	272 mg	1 mg	Kupfer (0,8 mg)
0,3 mg	0,4 mg	1,2 mg	600 mg	3 mg	–
0,2 mg	0,3 mg	0,7 mg	450 mg	2 mg	–
0,3 mg	0,2 mg	0,4 mg	272 mg	1 mg	Kupfer (0,8 mg)
0,2 mg	0,3 mg	0,7 mg	450 mg	2 mg	–

und Fett größer wird. Der Anteil an Fett in der Trockenmasse hingegen verändert sich nicht. Unter Trockenmasse versteht man demnach die Masse, die übrig bleibt, wenn man dem Käse das Wasser entzieht. Sie besteht aus Fett, Eiweiß, Milchzucker, Milchsäure, verschiedenen Salzen Enzymen, und Vitaminen.

Der Fettgehalt bei Frischmilchprodukten liegt bei einem bis 40 Prozent. So enthält z. B. Rohmilch 3,8 %, Vollmilch 3,5 %, fettarme Milch 1,5 bis 1,8 %, entrahmte Milch (Magermilch) 0,3 %, Kaffeesahne 10 %, Schlagsahne 30 %, Buttermilch 1 %, Sauermilch 3,6 %, Kefir 0,1 bis 10 %, Joghurt 0,1 bis 10 %, Sauerrahm/saure Sahne 10 bis 30 %, Schmand 20 %, Crème fraîche 30% bis 40% und Crème double 40% Fett.

Eier

Das Ei gehört zu den ganz großen kleine Dingen, die die Natur für den Menschen bereithält. Gäbe es keine Eier, dann müssten sie wohl schnellstens erfunden werden. Das Ei ist ein Symbol der Fruchtbarkeit, es spielt in religiösen Riten ebenso eine Rolle wie in der Architektur. Jeder kennt das bunt bemalte Osterei, und wer sich einmal die mächtigen Kuppeln von Kirchen und Museen angesehen hat, der weiß, wo sich die Baumeister der Vergangenheit ihre Anregungen geholt haben – beim Ei.

Eier werden von Vögeln und Reptilien gelegt, wenn in diesem Kapitel von Eiern die Rede ist, dann geht es natürlich um Hühnereier, nicht um die von Krokodilen oder Enten.

Das Ei ist ein derart wichtiges und vorzügliches Lebensmittel, dass es sogar die Umgangssprache geprägt hat. »Das Gelbe vom Ei« bezeichnet das Beste, vom Eiweiß sprechen nicht nur Köche, sondern auch Wissenschaftler. Neben Kohlenhydraten und Fett gehört das tierische und das pflanzliche Eiweiß zu den zentralen Bestandteilen der Ernährung.

Das Ei ist leider auch in Verruf geraten. Manche fürchten das Cholesterin des Eis und verzichten lieber auf ein Ei als auf fette und salzige Kartoffelchips. Unsachgerecht verarbeitetes Eiweiß hat in schwülen Sommermonaten schon ganze Altersheimbelegschaften mit Salmonellenvergiftung ins Krankenhaus gebracht. Die unmenschlichen Haltungsbedingungen in den so genannten Legebatterien haben das Ei zwar billig, aber auch beliebig und ethisch umstritten gemacht.

Die Lösungen für die angesprochenen Probleme sind bekannt. Das Cholesterin des Eis ist kaum ein Problem, solange man nicht zu viele Eier isst. Man verzehrt ja auch nicht jeden Tag einen Schweinebraten. Die Salmonellengefahr geht deutlich zurück, wenn man die üblichen Hygienerichtlinien befolgt, und die ethische Diskussion

muss der nicht führen, der sich bewusst für das Bioei entscheidet und für die paar Pfennig mehr mit einem deutlich
größeren Genuss belohnt wird.

Da die Horrorbilder aus Legebatterien die Menschen nach-
haltig aufgeschreckt haben, wird bereits heute ein großer
Teil der Eier unter Bezeichnungen oder Gütesiegeln verkauft, die zwar gut klingen, aber kritisch zu hinterfragen
sind. Gut bedient ist man mit den Zeichen der bekannten
Anbauverbände wie Demeter, Bioland, Biokreis, Naturland
usw. Beim Ei gibt es auch noch KAT: Die Vereinigung »Kontrollierte alternative Tierhaltungsformen/KAT« vergibt ihr
Prüfsiegel nur an Eierproduzenten, die den höchsten Standards genügen. Der Merksatz kann hier lauten: Eier kauft
man wie Autos: besser mit KAT.

·····⫶ In der Regel sind Verpackungs- und Mindesthaltbarkeitsdatum auf der Eierschachtel angegeben. Was aber
tun, wenn man eine Eierschachtel ein zweites Mal
benutzt? Dann hilft ein Hausfrauentrick, mit dem man
das Alter eines Eis ungefähr einschätzen kann. Je älter
ein Ei ist, desto mehr Wasser verdunstet durch die
poröse Schale, desto größer wird die Luftblase. Entsprechend verhält sich das Ei in einem Glas oder Topf
mit Wasser. Das frische Ei sinkt zu Boden, ein etwa eine
Woche altes Ei hebt sich am stumpfen Ende an, ein
altes Ei steht senkrecht, mit dem stumpfen Ende nach
oben, im Wasser. Eier können in der Speisekammer
zwei Wochen aufbewahrt werden, im Kühlschrank bis
zu sechs Wochen. Da sie Gerüche sehr leicht anneh-
men, empfiehlt es sich, sie in der Packung zu lassen.

Bioeiproduzenten richten sich nach dem aktuellen Stand
der Forschung. Schon vor 20 Jahren wurde nachgewiesen,
dass sich die industrielle Massentierhaltung negativ auf
die Tiergesundheit auswirkt. Schon seit mehr als zehn Jah-

ren forscht man, wie man die Eierproduktion so optimiert, dass sowohl Tier als auch Mensch den größten Nutzen daraus ziehen, ohne dass die Hühner tierquälerisch ausgebeutet werden. Als einigermaßen bis völlig »hühnergerecht« gelten Bodenhaltung, Freilandhaltung, Wintergarten, Grünauslauf und Volierenhaltung. Aber Achtung: Auch hier steckt der Teufel im Detail, manchmal ist gut gemeint das Gegenteil von gut gemacht. Neben der Haltung der Tiere ist auch deren Ernährung und tiermedizinische Behandlung von Gewicht.

⸺⸺⸺⸺⸺⸺> Die Farbe der Eierschale hat nichts mit der Haltung des Huhns, sondern mit dessen Rasse zu tun. Braune Eier haben aber in der Regel eine etwas festere Schale und zerbrechen deswegen nicht so leicht. Die Größenbezeichnungen von Eiern entsprechen der Größenbezeichnung von T- und Sweat-Shirts. Es gibt Eier in S, M, L und XL (small/klein, medium/mittelgroß, large/groß und extralarge/ganz groß).

Eierfabriken

Sie sind die Hölle auf Erden. Das Huhn ist zur Legemaschine degradiert, es muss auf engstem Raum Höchstl-Eistungen vollbringen, wird mit Antibiotikamischungen gedopt und mit billigem Kraftfutter vollgestopft. Damit das Eierlegen in immer rasanterem Tempo vor sich geht, wird dem armen Viech mit künstlicher Beleuchtung auch noch vorgegaukelt, dass die Tage viel schneller vergehen. Das ganze geschieht bei »Optimaltemperatur« und »optimaler Luftfeuchtigkeit«. Das ist aber nur für die Produktion optimal, nicht für das Huhn. Es dauert ungefähr ein Jahr, dann ist das Tier am Ende, völlig ausgepowert, während Freilandhennen die vierfache Zeit leben können. Dabei sind Hühner unglaublich zäh. Versuche haben bewiesen, dass sogar eine gepeinigte Käfighenne noch zu »resozialisieren« ist, wieder zu einem glücklichen Landhuhn werden kann. Wer Eier aus der Eierindustrie kauft, der sollte sich im Klaren darüber sein: Mit Tierquälerei und Antibiotika kann es keine artgerechte Qualität geben. Mit dem Kauf eines »Käfigeis« geben wir den Auftrag für die Produktion des nächsten »Käfigeis«! Das müssen wir uns immer vergegenwärtigen.

Bodenhaltung

Mit dem Begriff »Bodenhaltung« arbeiten inzwischen auch schon Eierfabriken, die weit davon entfernt sind, biologisch zu produzieren. Bodenhaltung kann leider auch bedeuten: Hühner laufen zu Tausenden in riesigen fensterlosen Hallen, unter künstlicher Beleuchtung, es gibt zu wenig Platz zum artgerechten Scharren, es fehlt an Raum zum Nestbau. Besser sieht es da in Bodenhaltungsbetrieben aus, die ein Biosiegel zu Recht tragen. Auch hier werden die Tiere nicht in Käfigen, sondern in großen Ställen gehalten, dazu kommt häufig die Kombination mit Grünauslauf und Wintergärten. Die Ställe sind geräumig, etwas erhöht gibt es Sitz- und Ruheplätze. Das ist wichtig für die Hühner, die sich in ihrem schlichten Geist stets durch Marder und Fuchs bedroht glauben, sie fühlen sich an einem erhöhten Platz einfach sicherer. Schön, wenn es dann mit Stroh ausgelegte Nester gibt, wenn der Hühnerdreck durch ein Gitter fällt und abtransportiert wird, wenn den Hühnern auf diesen Plätzen biologisch einwandfreies Futter und Wasser angeboten wird. Zum »First-class-Luxushotel« wird der Biostall dann noch durch Tageslicht, eine begrenzte Zahl an Tieren und viel Platz.

Freilandhaltung

Selbstverständlich gibt es in Europa auch für Eier eine ganz klare Norm, ob und wann sie »aus Freilandhaltung« heißen dürfen. In den letzten Jahren hat sich aber gezeigt, dass es in der Anwendung der gesetzlichen Vorschriften deutliche Unterschiede gibt, weil die Hühner bestimmte Freilandhaltungsformen einfach nicht akzeptieren und aus der Freilandhaltung dann eine ganz normale Bodenhaltung wird. Gemeinsam ist allen Freilandhühnern, dass sie mehr als zehn Quadratmeter Auslauffläche pro Tier haben. Dann ist mit den Gemeinsamkeiten aber auch schon Schluss. Das Huhn nutzt seine Freiheit nämlich nur, wenn es auch Sträucher gibt, unter denen man sich verstecken kann und das Tor zum Stall so groß ist, dass im Falle einer Hühnerpanik die Hennen einigermaßen gleichmäßig schnell ins Innere flüchten können. Hühner sind einfach vorsichtig und vermeiden den Kampf mit Raubvögeln, deshalb braucht es fünf Quadratmeter Torfläche pro 1 000 Hennen und reichlich Büsche und Sträucher in nächster Nähe.

Wintergarten

Der Wintergarten ist keine eigene Haltungsform, sondern im Biobereich ein »Zusatznutzen« für Mensch und Huhn. Der Wintergarten ergänzt Freiland- und Grünauslauf, damit die Tiere auch dann frei laufen können, wenn es regnet. Hühner sind nämlich nicht nur vorsichtig, sondern auch wasserscheu. Sie sollten bei Regen Unterschlupf finden und nicht aus Pfützen trinken, denn hier könnten sich Keime ansammeln.

Grünauslauf

Hier ist das Hühnerleben so, wie man es sich gerne vorstellt. Viel Natur pur fürs Tier, viel zu picken und reichlich Rückzugsraum, Büsche mit geringen Abständen. Das Wort »Grünauslauf« ist ein Hinweis auf einen Eierproduzenten, der sich wirklich Mühe mit seinen Tieren gibt.

Volierenhaltung

Volierenhaltung ist eine Weiterentwicklung der Bodenhaltung. Da gackert das Huhn vor Begeisterung. Schließlich haben die Geflügelforscher herausgefunden, was dem Huhn wirklich gefällt. Es ist genau das, was den entfernten Verwandten wie Papagei oder Adler in den Zoos längst angeboten wird: die Voliere. Wie in einem Baum gibt es mehrere Etagen, in denen sich die Hühner aufhalten können, schließlich sind sie Vögel und leben eigentlich in allen drei Dimensionen. Dass diese naturnahe Haltungsform den Tieren ganz besonders gut gefällt, erkennt man an ihrem sehr entspannten Verhalten. Sie sind wesentlich ruhiger und ausgeglichener als ihre Artgenossen. Wenn man also ein Ei aus biologischer Volierenhaltung kauft, kann man sich sicher sein, dass es sich um Spitzenqualität handelt. Wenn die Ernährung des Huhns stimmt!

····⟩ Auf der Eierpackung stehen in der Regel das Verpackungs- und das Mindesthaltbarkeitsdatum. Außerdem findet sich häufig ein Hinweis, ab wann das Ei im Kühlschrank aufbewahrt werden sollte. Das Verpackungsdatum ist meist auch das Legedatum, Eier werden am Legetag oder einen Tag später verpackt. Zusätzlich finden sich auch immer häufiger auf den Eiern mehr oder weniger rätselhafte Zahlencodes. Im Idealfall kann man acht Informationen herauslesen. Den Namen des Hennenhalters, die KAT-Betriebsnummer, die Kennung des Verbandes, das Wörtchen »Bio«, das Herkunftsland, die Nummer des Legebetriebs, eine interne Kontrollnummer und das Verpackungsdatum. Auf der sicheren Seite ist man meist, wenn das Ei als KAT-Ei ausgewiesen ist.

Das Futter
Erst vor kurzem wurde in Industrieeiern wieder einmal das Seveso-Gift Dioxin nachgewiesen. Dioxin gehört zu den schlimmsten Giften der Welt, es ist fettlöslich, und deshalb liegt die Vermutung nahe, dass es über billige Futteröle ins Huhn und dessen Eier geraten ist. Das ist ein Risiko, das in Biobetrieben weitgehend ausgeschlossen werden kann. Hier wird der Großteil des Futters selbst angebaut, hier weiß man, was in Huhn und Eier hineinkommt. Biohühnerfutter muss zu zehn Prozent aus Körnern bestehen, nur 15 Prozent der Inhaltsstoffe dürfen gegen Biorichtlinien verstoßen, und dies auch nur dann,

wenn einzelne Futterbestandteile nicht in Bioqualität zu haben sind. Das Futter darf keine Leistungssteigerer, keine synthetischen Dotterfarbstoffe und keine Antibiotika enthalten, außerdem sind tierische Eiweißträger verboten, da diese die Salmonellengefahr erhöhen.

Die EU-Bioverordnung zur Legehennenhaltung
Diese Verordnung macht den Einäugigen zum König unter den Blinden. Sie ist nicht schlecht, sie beschreitet aber nur einen Teil des eigentlich zu gehenden Weges. Es fehlen einige Aspekte der artgerechten Tierhaltung, deshalb kann es vorkommen, dass ein EU-Bioei doch unter eher schlechteren Bedingungen produziert worden ist als ein von einem Anbauverband oder gar der KAT zertifiziertes Ei. Ungeregelt sind die Fragen der Entmistung, der Mindestanteil von Körnern im Hühnerfutter, die Beleuchtung der Ställe und die Mindestgrößen von Futter- und Tränkeplätzen. Bei allen Bioverbänden wie Demeter, Bioland, Biokreis, Naturland usw. sowie der KAT gelten schon lange wesentlich höhere Standards. Die EU-Bioverordnung lässt den Bauern mit sehr großen Hühnerbeständen zudem lange Übergangsfristen. Sie müssen ihre Megaställe mit mehr als 3000 Tieren erst bis 2010 umbauen. Natürlich ist ein EU-Bioei immer noch um Klassen besser als ein Ei einer Batteriehenne – als Verbraucher ist man aber auf jeden Fall gut beraten, wenn man den altbekannten Gütesiegeln vertraut.

·····⟩ Als meine Kinder noch klein waren, gab es manchmal Papas Zauberdrink mit viel, viel Energie. Ein rohes Eigelb, der Saft einer frischen Zitrone, einen gestrichenen Teelöffel dunkler Rohrzucker und eine Prise Salz gut mit einer Gabel durchquirlen – und fertig. Das schmeckt und gibt Kraft, obwohl sich auch hier die Hygieniker mit Grausen abwenden dürften. Meinen Kindern hat es nie geschadet, ich glaube an die Kombination Eiweiß und Vitamin C.   *Georg Schweißfurth*

Zubereitung

Natürlich werden Eier, ihr Eigelb und ihr Eiweiß zu verschiedensten Lebensmitteln verarbeitet, das Ei ist aber auch als »Ei pur« ein Genuss. Weich, halbfest und hart gekochte Eier kennt jeder, hier muss nur die richtige Kochdauer getroffen werden.

Vier- bis Fünf-Minuten-Eier sind am bekömmlichsten. Das Eiweiß ist geronnen und wird so leichter verdaut. Hart gekocht liegen Eier dagegen fühlbar schwerer im Magen. Pochierte oder auch verlorene Eier sind ebenfalls leicht bekömmlich. Dazu lässt man das aufgeschlagene Ei z. B. mit einem großen Löffel oder einer Schöpfkelle in kochendes Essigwasser gleiten. Nach drei Minuten ist das Eiweiß gestockt, der Dotter noch flüssig, und man kann das Ei vorsichtig wieder aus dem Essigbad schöpfen. Besonders schwer verdaulich sind aber auch die so genannten Austerneier – Hühnerei roh wie die Auster nur mit Pfeffer, Salz, Zitronensaft – diesen Genuss sollte man aber wirklich nur wagen, wenn man die Herkunft des Eis sicher kennt.

Zu den einfachsten Eierspeisen gehören Spiegel- und Rührei. Im englischen Sprachraum hören die Spiegeleier auf die schöne Bezeichnung »sunny side up« – mit der Sonnenseite nach oben, oder »sunny side down«. Ein absolut perfektes Spiegelei ist ein kleines Kunstwerk: Der Dotter sollte noch flüssig sein, nur das Eiweiß wird gesalzen. In Hotels ist diese Zubereitungsart aufgrund der Angst vor Salmonellen verboten – das ganze Ei muss durchgekocht sein ... sehr wahrscheinlich zu Recht, denn man weiß ja in Hotels nie, woher die Eier kommen.

Dass man die Eier am stumpfen Ende ansticht, damit die sich ausdehnende Luft der Eiblase nicht die Schale sprengt, ist auch allen klar. Einen etwas in Vergessenheit geratenen Tipp gibt es dennoch: Etwas Essig oder Salz im Wasser lassen das Eiweiß sofort gerinnen, wenn die Schale dann doch mal platzt.

Klassen-Gesellschaft

Beim Einkauf von Eiern werden Güteklasse und Größe unterschieden. Die Güteklasse gibt die Frische der Eier an. Im Bioladen finden neben den KAT-Eiern fast ausschließlich Eier der Güteklasse A .

Güteklasse A bedeutet frische Eier
···> mit unverletzter, nicht gewaschener oder gereinigter Schale
···> die Luftkammer darf nicht größer als 6 Millimeter sein
···> sie haben ein durchsichtiges, glibbriges Eiweiß
···> sie haben einen zentral liegenden Dotter
···> sie zeigen keine fremden Einlagerungen
···> sie sind nicht bebrütet
···> sie haben keine untypische Form

Eier der Güteklasse B sind haltbar gemachte Eier
···> Sie werden durch Kühlung haltbar gemacht und müssen
···> einen roten Stempel tragen
···> eine unverletzte Schale aufweisen
···> die Luftkammer darf nicht größer als 9 Millimeter sein
···> es dürfen keine fremden Einlagerungen enthalten sein
···> es darf keine Bebrütung stattgefunden haben
···> sie dürfen keine untypische Form aufweisen

Eier der Güteklasse C werden aussortiert und industriell verarbeitet.

Ausgenommen von dieser Regelung sind Eier, die direkt ab Hof, also lose vom Legehennenbetrieb erworben werden oder Eier, die auf Bauern- oder Wochenmärkten angeboten werden.

Die Größe der Eier richtet sich nach ihrem Gewicht:
Eier über 73 Gramm: XL
Eier zwischen 63 und 73 Gramm: L
Eier zwischen 53 und 63 Gramm: M
Eier unter 53 Gramm: S

Zum Kochen und Backen verwendet man am besten Eier der Größe M. Die oft als Frühstückseier angebotenen Eier sind die der Größe XL.

Eier enthalten aber auch hochwertige Eiweiße, die Vitamine A, B1, B2, B12, D und E und die Mineralstoffe Kalium, Kalzium, Phosphor und Eisen.

Mit dem Auge nicht zu erkennen – Salmonellen

Salmonellen sind Bakterien, die sich in Fisch, Fleisch und Geflügel ansiedeln. Die Verbreitung von Salmonellen hat mit großer Wahrscheinlichkeit etwas mit den furchtbaren Haltungsbedingungen in den Käfigbatteriebetrieben zu tun. Befallen können sowohl die Eierschale als auch das Eiinnere sein. Nur ein Erhitzen auf über 70 °C tötet die Salmonellen ab, Temperaturen unter 10 °C verhindern ein Wachstum. Salmonellen lösen beim Menschen schwere Durchfälle aus, die bei Risikopatienten tödlich sein können.

Und so schützen Sie sich vor Salmonellen

- Waschen Sie sich nach dem Berühren von rohen Eiern gründlich die Hände
- Rohes Ei auf der Arbeitsplatte mit Papiertüchern (nicht mit dem Spüllappen!) abwischen
- Angerührten Kuchenteig nicht zu lange in der warmen Küche stehen lassen
- Eier erst kurz vor dem Verzehr aufschlagen, Schalen sofort in den Abfall werfen
- Ältere Menschen, Säuglinge und alle, deren Immunsystem noch nicht so stabilisiert ist, sollten auf Speisen mit rohen Eiern verzichten
- Für Mayonnaise, Tiramisu, Rühreier, Spiegeleier und Cremes nur frische Eier (bis zu 6 Tagen) verwenden
- Wenn Eier einmal gekühlt waren, nicht wieder für längere Zeit ins Warme stellen, da Kondenswasser Keime durch die Schale ins Eiinnere verfrachten könnte.
- Beschädigte Eier nicht kaufen, ist die Schale z. B. beim Transport angeknackst, Eier sofort verwenden.

Fleisch
&
Wurst

Ob bayerischer Schweinebraten, fränkische Bratwürste oder thailändisches Saté (Fleischspießchen mit Erdnusssauce), ob amerikanischer Hamburger, griechisches Souvlaki oder türkischer Döner, ob Prager Braten, mexikanisches Chili con Carne oder Nawabi Seekh Kebab (indisches Lammhack am Spieß aus dem Tandoor-Ofen); all diese Spezialitäten sind Fleischgerichte, die ihren Siegeszug um die Welt angetreten haben, vielleicht ein Indiz dafür, wie beliebt und wertvoll Fleisch als Lebensmittel ist – oder war? Die Skandale der letzten Jahre haben es gezeigt – ob Rinderwahnsinn, Schweinepest oder Maul- und Klauenseuche: Die industrielle Fleischproduktion ist zur Jahrtausendwende an ihrem qualitiativen und ethischen Tiefpunkt angekommen.

Gibt es aus diesem Dilemma einen Ausweg, ohne Vegetarier werden zu müssen? Die Antwort ist ein klares Ja. Selbstverständlich ist Fleisch ein Stück Lebenskraft, natürlich gehört es zu den großen Genüssen, wenn, ja wenn es mit Liebe und Verstand produziert, verarbeitet und verzehrt wird. Hier hilft ein Blick zurück. In die Zeit, als Puten noch nicht so fleischige Zuchtbrüste trugen, dass sie vornüber fallen, als Schweine noch wussten, was ein Koben ist und Rinder auch noch Wiesen kannten.

Tiere waren gute Futterverwerter und standen nicht in Massenställen oder mussten das Kadavermehl ihrer Artgenossen fressen, es gab freitags Fisch und am Sonntag Fleisch. Produzenten und Konsumenten hatten noch Achtung vor Natur und Schöpfung, und kein Landwirtschaftsminister der Welt wäre auf die Idee gekommen, hunderttausende gesunder Tiere zu schlachten und zu verbrennen, damit der Fleischmarkt stabilisiert wird.

Wer die Tiere achtet, sie nicht als beliebiges Billigprodukt betrachtet und eine langfristige, vielseitige und ökologische Landwirtschaft den agroindustriellen Komplexen vorzieht, der kann mit gutem Gewissen genießen.

Der Mensch ist ein Fleischfresser

Wer aus Überzeugung Vegetarier ist, dem sei das Überblättern dieses Kapitels empfohlen, Obst und Gemüse findet er ab Seite 16. Ein wirkliches Argument gegen Fleischverzehr gibt es aber nicht. Der Mensch ist als Fleischfresser geboren, sein Organismus ist für den (mäßigen) Fleischverzehr ausgelegt, und der Beweis prangt mitten im Gesicht: Die Eckzähne des Menschen sind nichts anderes als etwas verkümmerte Reißzähne – und die sind dem Menschen nicht gewachsen, weil er Bohnenstauden oder Karotten erlegen musste.

Auch wenn es manchen Makrobioten gruseln mag, der Mensch ist Sammler *und* Jäger, der menschliche Organismus, der ganze Metabolismus ist auf tierisches Eiweiß angewiesen, wirklich qualitativ gleichwertige Ersatzprodukte gibt es eigentlich nicht. Das heißt natürlich nicht, dass jeder jeden Tag ein großes Wiener Schnitzel verzehren sollte – ebenso wenig wie er jeden Tag ein Kilo Bohnen essen muss. Wer aus einer tief empfundenen Überzeugung zum Veganer wird, also auch auf Tierprodukte wie Milch oder Eier verzichtet, der kann und soll das tun. Es gibt ausführliche Literatur darüber, wie man die möglicherweise daraus resultierenden Mangelerscheinungen mindert.

Eines sollten sich aber alle, die vollständig auf tierisches Eiweiß verzichten, zu Herzen nehmen: Entscheiden Sie nicht über den Kopf von denen hinweg, die noch nicht selbst entscheiden können. Kommen Sie nicht auf den aberwitzigen Gedanken, Ihre Kinder zu Vegetariern zu erziehen. Milch muss sein, Fleisch auch, sonst wird sich Ihr Kind nicht so entwickeln wie Sie es sich wünschen. Denken Sie daran: Auch Muttermilch enthält »tierisches« Eiweiß, niemand käme auf den Gedanken, einen Säugling mit Tee oder Sojamilch groß zu ziehen.

Das Problem dabei ist nur: Die wenigen Biobauern sind bei den regelmäßigen Fleischskandalen nicht in der Lage, wirklich so viel gesundheitlich, ökologisch und ethisch verträgliches Fleisch zu liefern, wie sie absetzen könnten. Eine solche Fleischproduktion braucht Zeit, ist teuer und kann nicht auf kurzfristige Ausschläge der öffentlichen Meinung reagieren. Es ist also zu empfehlen, einmal grundsätzlich über seinen Fleischkonsum nachzudenken, die richtige Entscheidung zu treffen und dann zum Stammkunden seines Biometzgers zu werden.

Aber – und das ist unbestreitbar – Biofleisch ist wesentlich teurer als Industriefleisch. Man wird schnell doppelt oder sogar dreimal so viel Geld los wie an der Supermarktkasse. Der Grund sind die inzwischen völlig unterschiedlichen Wege, die ein Biovieh und ein Industrietier von der Geburt bis zur Pfanne zurücklegen.

Schweinefleisch

Ein industriell gezüchtetes und gemästetes Schwein erreicht mit Masthilfen in gut drei Monaten sein Schlachtgewicht. Man kann ihm dazu auch nur gratulieren. Das Elend hat dann wenigstens ein schnelles Ende: Das Vegetieren mit den mutierten Gesäßbacken für riesige Schinken, mit den zusätzlichen Rippen für zusätzliche Koteletts, die Schmerzen in den jungen Knochen, die unter dem unnatürlichen Gewicht leiden. Ein Bioschwein erlebt etwas völlig anderes: Es hat neun Monate Zeit, bekommt natürliches Futter, hat ein Strohbett, viel Platz und frische Luft, lebt mit seiner Familie, der Schweinerotte, ist wesentlich entspannter, stressresistenter und gesünder.

Diesen Unterschied erkennt man spätestens in der Bratpfanne – Biofleisch kann man nicht fälschen! Es ist nicht so blass, weich und Wasser ausschwitzend wie das industrielle PSE (pale, soft, exudative)-Fleisch, sondern in der Regel wesentlich dunkler, mit hellen Fettäderchen durchzogen. Und während ein PSE-Schnitzel in der Pfanne zusammenschmurgelt, wird ein Bioschnitzel sogar noch etwas größer, ist fester und muss nicht durchgebraten werden, sondern darf in der Mitte noch leicht rosa sein. Dann schmeckt es am besten. In diesem entscheidenden Augenblick, wenn das Fleisch in der Pfanne liegt, wird auch die große Preisdifferenz noch einmal verständlich. Was seine Größe beibehält und dreimal so gut schmeckt, das muss eben auch doppelt so teuer sein. Viele Biobauern liefern direkt an einzelne Biometzger, um die Handelswege möglichst kurz zu halten – nach dem Motto: »Ein vernünftiger Abnahmepreis für den Hersteller, ein vernünftiger Abgabepreis für den Kunden und keine überflüssigen Zwischenhändler«. Ein zusätzlicher Nutzen dieser Regionalität: Die Wege sind kurz, es gibt keine endlosen, quälenden und stressigen Tiertransporte, und die Umwelt wird ebenfalls geschont.

Schweinefleisch wird gebraten, geschmort, gekocht und gegrillt. Schweinebraten ist bayerisches Nationalgericht, und gelegentlich – nicht täglich – erfasst einen der Heißhunger auf einen guten, knusprigen und saftigen Braten.

⋯⋯> Für den Schweinebraten bieten sich fast alle Fleischteile mit Schwarte an, auch und vielleicht besonders der Bauch. Das Fleisch sollte für ein besseres Ergebnis zwei Stunden vor dem Braten aus dem Kühlschrank genommen werden. Die Schwarte rautenförmig einschneiden und darauf achten, die Schwarte ganz durchzuschneiden, das Fett gut einsalzen, gemeinsam mit Kartoffeln, ganzen Zwiebeln und Knoblauch, frischen Kräutern und was einem sonst noch dazu einfällt bei 210 °C in den Backofen. Kurz vor Ende Bier über die Schwarte gießen, und ganz zum Schluss die Röststoffe am Pfannenboden mit Bier lösen und zu einer dickflüssigen Sauce einkochen. Bon apetit!

Die Sau muss aufgeh'n

Ein Schwein besteht aus viel mehr als aus Schnitzel, Kotelett und Lendchen – würde man nur die »Hits« der Sau vermarkten, bliebe ein großer Teil übrig. Seit Urzeiten kennen die Metzger daher die Regel »Die Sau muss aufgeh'n«, sprich: Es soll so wenig wie möglich übrig bleiben. Die Tierindustrie hat ihren Ausweg gefunden: Was man nicht so leicht an der Theke verkauft, wandert nach der Weiterverarbeitung in mittelprächtige Halbfertig- und Fertigprodukte.

Der Biometzger arbeitet da anders: Bei ihm geht die Sau auf, weil er gelernt hat, auch unbekanntere Fleischteile gut zu verarbeiten. Einige Tipps zur Zubereitung gibt es in diesem Buch. Die Sau muss aufgeh'n im Sinne einer ökologischen, nachhaltigen und verantwortungsvollen Produktion.

Diese Nachhaltigkeit gibt es schon immer – wenn jemand versucht, den Kreislauf der Natur nicht zu zerschlagen. In aller Munde ist dieses Schlagwort aber erst seit 1987, als die Weltkommission für Umwelt und Entwicklung den Bericht »Our Common Future« (Unsere gemeinsame Zukunft) vorlegte. Man möge die Meere nicht überfischen, die Wälder nicht abholzen, nur so viel der Natur entnehmen, wie sie auch selbst wieder produzieren kann, hieß es da.

Damit sind wir auch wieder beim Biometzger, der es in der logischen Konsequenz als Ehre und Pflicht versteht, ein Tier zu ehren, indem er es komplett zu hochwertigen Produkten verarbeitet. Ob man den Bericht der Weltkommission für Umwelt und Entwicklung aus dem Jahr 1987 gelesen haben muss, um diese einfache Botschaft zu verstehen – dass die Sau aufgeh'n muss?

Halsgrat (Nacken)

Regelmäßig der Schlager der Grillsaison. Das Muskelfleisch ist von vielen Fettäderchen durchzogen, zwischen den mageren Teilen ist noch Fett, die sorgen für den guten Geschmack und machen es zum optimalen Grillfleisch. Aber auch für die Pfanne oder die Bratröhre eignet sich der Halsgrat. Perfektionisten nehmen den Halsgrat für den Backofen im Ganzen und für die Pfanne in Scheiben mit Knochen. Der Grund: Der Knochen hält den Saft. Vorsicht bei fertig gewürztem Grill-Halsgrat aus dem Supermarkt! Oft sollen die Gewürze nur den schlechten Eigengeschmack des qualitativ minderwertigen Fleisches überdecken. Nur Fleisch, das ungewürzt gut aussieht, ist auch nach dem Grillen noch appetitlich.

Haxe (Eisbein)

Sollte man beim Biometzger rechtzeitig bestellen, sonst macht er Schinken daraus. Als Ganzes schmeckt sie gegrillt, gebraten oder geschmort.

Schulter

Wird als Bratenfleisch gerne verwendet. Das beste Rezept kommt aus Franken, dort heißt es dann »Schäufala«. Der Begriff ist eine Ableitung von Schulterschaufel. Das Fleischstück wird im Rohr knusprig gebraten und meistens mit rohem Kloß und Krautsalat serviert.

Schlegel

Aus der Oberschale oder der Nuss schneidet man Schnitzel. Zum Braten eignet sich der Schlegel nicht so gut wie die Schulter, da er leicht austrocknet. Als Schnitzel in der Panade hält er bei vorsichtigem Braten den Saft. Doch Achtung: Das echte Wiener Schnitzel ist aus Kalbfleisch!

Kotelett

Kotelett ist ein Klassiker aus der Rippe, schmeckt gegrillt, gebraten und geschmort. Gepökelt heißt es Kassler Rippchen. Kotelett kann auch schön paniert werden.

Filet
Gehört zu den teureren Fleischteilen. Zuweilen wird es auch Lendchen genannt, hat aber nicht das Geringste mit der Lende zu tun.

Lende
Sie wird aus dem Rücken ausgelöst. Man kann die Lende als ganzen Braten zubereiten oder in Scheiben in die Pfanne geben, die heißen dann »Schweinemedaillons«.

Wammerl
Ist der bayerische Fachbegriff für Bauchspeck. Das rotweiß gestreifte Wammerl kann man im Rohr wie einen Schweinebraten kross braten, geräuchert im Sauerkraut mitkochen, würfeln, anbraten und unter den Feld- oder in den Kartoffelsalat mischen. Es gehört auch regelmäßig zur Schlachtplatte, wo die Sau eben aufgehen muss. Dort liegt es dann neben Öhrchen, Rüssel, Schwänzchen und Füßen und treibt so manchem in den Traditionsgaststätten den Angstschweiß auf die Stirn.

Weitere Schweinefleischteile
Beliebt sind vor allem Leber, Schweinehack, Schweineklein, Gulasch, Spareribs, Brustspitz.

⋯⋯⋗ In meiner Jugend war Bio noch kein Thema in meiner Familie, Qualität hingegen schon. Allmählich wurde uns aber klar, dass die höchste Qualität von Fleisch und Wurst die biologische Qualität sein musste. Da galt es, ganz unten anzufangen, also bei Ackerbau und Viehzucht. In den letzten beiden Jahrzehnten des 20. Jahrhunderts haben wir viel ausprobiert, wie man umwelt- und tiergerechte Produktion unter den heutigen Bedingungen überhaupt organisieren kann. Heute sage ich: Artgemäße Tierhaltung ist ein zentraler Bestandteil von Qualität. *Georg Schweisfurth*

Rindfleisch

Das Rind wird von den Menschen seit Jahrtausenden als Fleischlieferant gezüchtet, die ältesten Spuren gibt es auf dem Balkan und in Anatolien. Rund 30 Rinderrassen werden für die menschliche Ernährung gezüchtet. Das Rindfleisch wird unterteilt in: Kalbfleisch, Jungbullen-, Färsen-, Ochsen- und Kuhfleisch.

In der ökologischen Rinderhaltung stehen vielseitige Ernährung und der Verzicht auf Tiermehlprodukte im Vordergrund, ebenso der sparsame Einsatz von Medikamenten, freier Auslauf, frische Luft und Strohbetten statt Spaltenböden. Die modernen Rinderrassen – egal ob auf Fleisch- oder auf Milchleistung gezüchtet – sind »Prima-Donnen«, sie fressen nur vom Feinsten. So wird das Rind zum Nahrungskonkurrenten des Menschen – weltweit. Der ökologische Landbau bemüht sich seit Jahren um die Zucht und Verbreitung alter Rassen, die in ihrem Futterverhalten nicht so verwöhnt sind.

----> Rindfleisch muss reifen, der Fachausdruck lautet »gut abgehangen sein«. Nach 3 bis 6 Wochen hat eine leichte Säuerung die Muskelfaserhäutchen gleichmäßig angelöst, das Fleisch wird zarter und weicher und zergeht bei richtiger Zubereitung fast auf der Zunge. Da Rindfleisch teuer ist, empfiehlt es sich, genau zu überlegen, was man kochen will. Wenn es lange gekocht wird, kann man zu den preiswerteren Teilen greifen, für Kurzgebratenes empfehlen sich die zartesten Stücke.

In den Jahren 2000/2001 zogen die Verbraucher die Konsequenzen aus dem BSE-Skandal. Den Ökobauern wurden ihre Tiere schier aus den Händen gerissen. In Verdacht, BSE zu übertragen, gerieten die »Milchaustauscher«, eine Nahrung für Kälbchen, die zu einem gewissen Teil aus Tiermehl und Tierfett bestand.

Steaks

Man unterscheidet Lendensteak mit Fettrand, mageres Huftsteak, Rib-Eye-Steak aus der ausgelösten Hochrippe, Minutensteaks vom Hals, Kronfleisch, Filetsteak. Ein gutes Steak wird von jeder Seite nur einmal gebraten und kommt dann auf den Tisch, die einen mögen es blutig, die meisten medium und wieder einige ganz durchgebraten. Das Minutensteak braucht wirklich nur eine Minute: Das ein Zentimeter dicke Stück wird in heißem Fett von jeder Seite 10 Sekunden angebraten und dann 40 Sekunden warm gestellt – fertig. Eher unbekannt ist das Kronfleisch. Es ist der Zwerchfellmuskel, der sich sehr gut zum Kurzbraten eignet, wenn es rosa gebraten wird.

Braten

Im Prinzip lässt sich jedes Rindfleisch in einen Sonntagsbraten verwandeln, es muss ja nicht immer Lende oder Filet sein. Wenn's billiger gehen soll, nimmt man gern Hohe Rippe, Rib-Eye-Braten, runde und dicke Schulter, Unterschale oder die Rolle.

Schmorfleisch

Schmoren kann man im Backofen wie auf dem Herd, in der hohen Pfanne oder dem stählernen Schmortopf. Schmoren steht in der Kochtechnik genau zwischen dem Braten und dem Kochen. Das Schmorgut wird immer wieder aufgegossen, dann kocht es, bis die Flüssigkeit sich reduziert hat, dann brät es wieder – und der Kreislauf beginnt von vorn. Das berühmteste Schmorgericht ist ohne jeden Zweifel die Rinderroulade, das Fleisch wird aus der langfasrigen Oberschale aus den Hintervierteln geschnitten. Wade und flache Schulter schmecken ebenfalls köstlich, brauchen wegen der dicken Sehnen aber etwas Zeit. Das Kollagen der Sehnen wandelt sich dann in Gelantine um und ist sehr gesund für Haut und Gelenke. Eine große Schmorspezialität ist der Ochsenschwanz. Einen halben Tag Schmorprozedur darf man ihm schon gönnen, damit das Fleisch saftig vom Knochen fällt!

⤐ In den 1970er und 1980er Jahren, da war Bio gleich Öko, da waren junge Menschen aus politischer Überzeugung genauso gegen die Nato-Nachrüstung wie gegen das Schweineschnitzel. Obwohl ich das Handwerk des Metzgers erlernt hatte, habe ich dennoch einmal ausprobiert, wie das ist, sich vegetarisch zu ernähren. Ich stand in der Küche und rang um Grünkernaufläufe, Bohnengerichte, Salate und Obst – und gleich nebenan briet mein Vater Köstlichkeiten aus Fleisch. Von wegen »der Geist ist willig, aber das Fleisch ist schwach« – das Fleisch war viel zu stark. Natürlich bin ich umgefallen, natürlich hat das mit dem Vegetarismus nicht geklappt. Heute weiß ich: Gesunde Ernährung hat auch etwas mit Fleisch zu tun – in Maßen wohlgemerkt, und in Bioqualität.   *Georg Schweisfurth*

Gekochtes Fleisch
ist eine elegante Alternative zum Braten und liefert – richtig zubereitet – einen exquisiten natürlichen Rindfleischgeschmack. Es gibt in Europa ganz interessante Kochrezepte. Tafelspitz gehört dazu, ebenso das ganz ähnliche Bürgermeisterstück. Zum Kochen nimmt man auch Flache Schulter, Dicke Schulter, Runde Schulter, Hals und natürlich Suppenfleisch und die Brust.

Rohes Fleisch
Die beliebtesten Rohfleischvarianten sind Tartar und Carpaccio. Tatar ist ein mageres feines Hackfleisch, das mit Zwiebeln, Kapern, Senf und Paprika angerichtet werden kann. Carpaccio ist halbgefroren ganz dünn aufgeschnittenes Filet oder aus der »weißen Rolle« oder dem Maiserl. Männer essen lieber rohes Rindfleisch als Frauen. Vielleicht liegt es ja am Jagdtrieb. Es muss ganz frisch beim Metzger durchgedreht und am gleichen Tag noch verkauft und genossen oder durcherhitzt werden.

Köstlich, aber illegal

Seit BSE sind bestimmte Rindfleischvarianten zumindest offiziell aus den deutschen Metzgereien verschwunden – und es ist eine Schande! Weil Teile des zentralen Nervensystems BSE-Risikomaterial sind, darf nichts mehr in die Theke, was Spuren von Hirn oder Rückenmark enthalten könnte. Das ist das Aus für das T-Bone-Steak und das Porterhouse-Steak, für diverse Därme, die für Fleischwurst und Bauernschmaus seit Jahrhunderten verwendet wurden. Besonders schwer treffen die BSE-Schutzvorschriften aber die Freunde köstlicher Suppen und Saucen. Keine Fleischknochen mehr aus dem Hals!

Da die Deutschen sich sehr brav an Recht und Gesetz halten, ist es schwer geworden, eine echte Rinderkraftbrühe zu finden. Aber gleich nebenan, in Frankreich, da schert man sich weniger um derartige Vorschriften, da kümmert man sich um Köstlichkeiten. Eine solche ist zum Beispiel der gebackene Markknochen. In drei Zentimeter dicke Scheiben gesägt, wird er aufrecht im Backofen rosa gebacken, mit grobem Meersalz gewürzt und mit frischem Weißbrot serviert – und dann mit einem kleinen Löffel ausgelöffelt.

Wer einen netten Biometzger kennt, kann ja auch einmal überlegen, ob er mit diesem die Bildung einer kriminellen Vereinigung zum Zwecke der Herbeiführung köstlicher Suppen oder Erzeugung streng verbotener Spezereien z. B. aus Rindsinnereien gründen soll. Auf die Dauer bringt's das leider nicht. Darum bleibt nur die Hoffnung, dass der bewusste Verbraucher, der seinem Biometzger vertraut und wie dieser auf höchste Qualität achtet, bald wieder selbst entscheiden kann, was er essen darf und was nicht. Oder eben ins befreundete Ausland fährt.

Lammfleisch

Lammfleisch gilt in Zeiten von Rinderwahnsinn und Schweinepest als Alternative. Der Name täuscht etwas: Das Fleisch stammt nicht von Lämmchen, sondern von jungen Schafen, wer Lämmerfleisch will, muss nach Junglammfleisch fragen. Ein großer Teil des in Deutschland angebotenen Lammfleischs kommt aus Australien und Neuseeland. Die Lebensbedingungen der Tiere sind dort meist in Ordnung, ökologisch bedenklich im Sinne einer guten Ökobilanz ist das Fleisch wegen der extremen Transportstrecken. Schafe lassen sich nicht in Massenställen halten; wenn sie nicht auf die Wiese oder wenigstens in einen Laufstall mit Freiauslauf dürfen, werden sie krank. Bio heißt auch bei Schafen: qualitativ hochwertige Ernährung, artgerechtes Leben, wenig Medikamente.

Lammkotelett

Kennt jeder aus dem griechischen Restaurant. Es wird mit Kräutern gewürzt und in der Pfanne gebraten. Gutes Lammkotelett hat eine Fettschicht. Mageres Fleisch ist ein Indiz für ein älteres Tier, dann ist das Fleisch zäher und es schmeckt mangels Fett nicht so gut.

····> Die griechische und die türkische Küche sind berühmt für ihre Lammgerichte. Sollten Sie auf einer Speisekarte die Wahl zwischen Lamm- und Schweinesouvlaki haben, sollten Sie die Lammvariante vorziehen. In Städten mit hohem türkischen Bevölkerungsanteil lohnt sich auch der Gang zum türkischen Metzger. Da hier aus religiösen Gründen kein Schwein verkauft wird und der Kundschaft Rind zu teuer ist, gibt es hier oft wahre Lammspezialisten. Bio ist hier allerdings nicht die Regel.

Lammschulter

Die Schulter wird ohne Knochen ins Netz oder in eine Schnur eingebunden und gebraten. Nehmen Sie ein Stück, das fein mit Fett durchwachsen ist. Mit Rosmarin, Thymian und Knoblauch gelingt so eine Delikatesse.

Lammkeule
Wird mit oder ohne Knochen angeboten und meistens zum Braten verwendet.

Lammrücken oder Lammsattel
Hier sollte man unbedingt darauf achten, dass sich eine Fettauflage auf dem Sattel befindet, sie ist ein Zeichen für Zartheit und Geschmack. Die beiden unzertrennten Rückenstücke bilden den Lammsattel.

Lammhaxen und Lammschulter
Eignen sich vorzüglich zum Schmoren. Agnello alla cacciatore, Lamm auf Jägerart, heißt ein italienischer Eintopf, bei dem das Fleisch zwei Stunden mit Tomaten, Steinpilzen, Kartoffeln und vielen Kräutern geschmort wird.

Weitere Fleischsorten bzw. Gerichte
Lammgulasch, Lammleber, Lammrollbraten, Lammspareribs

⋯⋯> Ein Metzgerlehrling muss natürlich auch Tiere töten. Bei den Fließbandschlachtungen von Schweinen habe ich da eine eigenartige Erfahrung gemacht. Alles war hochmechanisiert, es ging fast automatisch, ich selbst funktionierte fast automatisch. Das »Wesen« des Tiers trat in den Hintergrund. Ganz anders bei den Rindern: Da war mir das »individuelle Schicksal« der Kälber, Jungbullen und Kühe viel gegenwärtiger. Heute stehe ich dafür, mit Ehrfurcht zu schlachten. Dem Tier dankbar zu sein für das, was es uns gibt. Schlimm war es für mich, als während der BSE-Krise tausende und abertausende Rinder getötet und verbrannt wurden, weil die EU die Rindfleischmärkte stabilisieren wollte. Ein abertausendfacher sinnloser Tod. *Georg Schweisfurth*

Geflügel

Es gibt wenige Tiere, denen der Mensch so grausam Gewalt angetan hat wie dem Geflügel. Es war das höchste deutsche Gericht, das Bundesverfassungsgericht, das 1999 ein Ende der Batteriehaltung forderte. Im selben Jahr haben die EU-Agrarminister eine neue Richtlinie zur Haltung von Legehennen beschlossen, die das Elend wenigstens mindert. Es wird aber bis 2012 dauern, bis die herkömmlichen Käfighaltung wirklich verboten ist. Bis dahin bekommt jedes Käfighuhn etwas mehr Platz, 550 statt derzeit 450 Quadratzentimeter. Die Konsequenzen sieht man schon heute: Jenseits der Grenzen werden neue Legebatterien gebaut. Besser, man greift gleich zum Biogeflügel. Denn selbst die Pute, die in Zeiten von BSE und Maul- und Klauenseuche gerne gekauft wird, ist ein Opfer der Massenproduktion geworden. Es ist den Züchtern gelungen, Puten mit derart dicken Brüsten zu züchten, dass die Tiere nicht mehr laufen können, sondern gnadenlos vornüberfallen.

Hähnchen und Hühnchen

Hähnchen, in Bayern auch Gockel oder Landgockel genannt, gibt es millionenfach aus Lagerhaltung und selten in Bioqualität. Ein gut gemästetes, nicht zu altes Biohähnchen ist eine Delikatesse und birgt zugleich eine große Gefahr: Andere Hähnchen werden Ihnen danach nicht mehr schmecken. Legehennen gibt es dagegen öfter in guter Bioqualität. Wegen der großen Nachfrage nach Eiern sind sie die Nummer eins unter dem Biogeflügel. Nach einem schönen langen Lege-Leben wandern sie dann in aller Regel in den Suppentopf. Masthühner, Masthähnchen oder Poularden werden besonders auf Biohöfen in Frankreich gezüchtet. Man greift hier auf lokal bewährte Rassen zurück und gönnt dem lieben Federvieh ein artgerechtes Leben. Bresse-Hühner zeichnen sich nicht durch einen Geschmack der Extraklasse aus, sie hatten schon früher das verbriefte Recht, mindestens vier Monate leben zu dürfen, auf zehn Quadratmetern zu stolzieren und mit maximal 500 Artgenossen ein Gehege zu teilen. Außerdem durften sie nur mit in Milch eingeweichtem Mais gefüttert werden. Daran hat sich für die Bio-Bresse-Hühner nicht viel geändert. Und das schmeckt man.

Truthahn

Der Truthahn und sein Weibchen, die Pute, sind sehr beliebt, da ihr Fleisch mager und relativ günstig ist. Es gibt es auch in Bioqualität. Der Truthahn ist aber eher in der angloamerikanischen Küche zu Hause, wo er insbesondere an Weihnachten auf den Tisch kommt. Charles Dickens räumte schon 1843 dem Truthahn in »A Christmas Carol« den ihm gebührenden Platz ein. Erst im Bratrohr, dann auf dem Tisch. Putenschnitzel, Putenkeule, Putenflügel und Putenrollbraten sind »Alltagsgenüsse«.

Ente und Gänse

Sind in Bioqualität nur schwer zu bekommen. Eine rentable ökologische Wassergeflügelzucht ist kaum aufzuziehen, man braucht zu viel Platz und einen immer sauberen Bach. Bioenten und -gänse leben eher wie im Bilderbuch. Einige leben auf dem Biobauernhof und werden irgendwann einmal geschlachtet. Wer einen Biogänsebraten versuchen möchte, sollte sich deshalb am besten direkt mit einem Biobauern verabreden. Doch das schaffen meist nur Stammkunden. Der Termin ist übrigens von der Natur festgelegt: Zwischen St. Martin und Weihnachten sind die Gänse schlachtreif, nachdem sie im Frühjahr geschlüpft und über den Sommer herangewachsen sind. Bei Enten ist es ähnlich: Nur eine gut gerupfte Ente ist eine gute Ente – und das klappt nur während der Mauser.

Tauben und Wachteln

Sehr vereinzelt züchten ökologische Höfe Tauben, doch sind diese meist der Gastronomie vorbehalten. Die kleinen am Boden lebenden Wachteln, die auch wegen ihrer Eier sehr geschätzt werden, sind ebenfalls sehr selten in Bioqualität zu finden.

Fisch

Kinder kennen Fisch meist nur viereckig mit Panade und aus der Tiefkühltruhe. Nach den Fischstäbchen kommt dann als nächste Erfahrung der Fishmac. Gerade fern der Küsten ist das Thema Fisch ein trauriges, es fehlt einfach die Fischkultur. Dazu kommt, dass auch beim Fisch die industrielle Massenproduktion mit all ihren Problemen längst Einzug gehalten hat. Wer heute noch glaubt, Forellen lebten im Bach oder der Lachs in freier Wildbahn, der irrt. In der Fischzucht sind Antibiotika und kleine Zuchtbecken das Problem.

Aber auch beim Fisch gibt es immer mehr ausgezeichnete Ökoangebote. Ökozuchtfisch unterliegt strengen Kontrollen, sowohl bei der Fütterung als auch beim Platzangebot. Es gibt sehr guten Ökozuchtlachs, Zuchtforellen, Saiblinge, Ökokarpfen usw. Allerdings sind die Mengen noch sehr gering, deshalb gibt es diese Fische meist nur in wenigen Bioläden oder direkt beim Züchter. In der nordirischen See gibt es seit kurzem ein genau definiertes Gebiet, in dem wilder Ökofisch gefangen wird – ansonsten sollte man beim Wildfang vorsichtig sein. Die Überfischung und Verseuchung der Meere tut das ihrige dazu, einem den Appetit zu verderben. Eine gute Alternative ist die so genannte Anglerware: Überfischung ist hier kaum ein Thema, der Fisch ist meist frisch und appetitlich. Dann ist auch keine Rede mehr von tierquälerischen Fangmethoden, übermäßiger Umweltbelastung, dann kommen sowohl Genuss- als auch Gesundheitsaspekte voll zum Tragen. Schließlich hat Fisch viel von den mehrfach ungesättigten Fettsäuren, die positiv auf das Herz-Kreislauf-System wirken und den Blutfettspiegel senken. Die Deutsche Gesellschaft für Ernährung empfiehlt sogar ein bis zwei Fischmahlzeiten pro Woche. Aber bitte in Bioqualität!

Wurst und Schinken

Kaum ein Lebensmittel deckt das ganze Spektrum von langweiligem Gerschmack bis hin zum perfekten Genuss so ab wie die Wurst. In industrieller Wurst wird all das verarbeitet, für das man sonst überhaupt keine Verwendung mehr findet, dazu wird noch ein Cocktail an Zusatzstoffen geschüttet. Will man aber Ökowurst produzieren, wird es schwierig. Sie sieht oft noch nicht so schön aus, weil hier noch viel ausprobiert wird. Das Angebot in einer Biotheke ist deshalb meist klein und überschaubar, aber es entwickelt sich von Jahr zu Jahr.

Eine Standardzutat der Industriewurst, das Nitritpökelsalz, darf in der Biowurstproduktion nur in geringen Mengen und nur in ganz bestimmten Produkten verwendet werden. Das Nitritpökelsalz rötet den Schinken und die Wurst und macht sie haltbar. Man sollte sich daher nicht wundern, wenn die Biowürste etwas grau und weniger rosa aussehen. In Form von Salpeter wird Pökelsalz seit mehr als 100 Jahren verwendet. Es ist nicht grundsätzlich schlecht, wird aber heute in der konventionellen Massenproduktion zu massiv eingesetzt. Die Dosis macht es aus.

Da das Nitritpökelsalz der Wurst und dem Kochschinken einen seit Jahrzehnten gelernten Geschmack »überstülpt«, schmecken Biowüste eigentlich fleischiger und natürlicher. Diesen guten Geschmack, unterstützt durch gute frischvermahlene Gewürze, nicht Fertigmischungen, die alle Würste landauf landab gleich schmecken lassen, müssen wir erst wieder kultivieren.

····⟩ Würste, die Nitritpökelsalz enthalten, dürfen niemals auf den Grill, da beim Grillen aus dem Nitritpökelsalz karzinogene Nitrosamine entstehen können. Solche Würste (z. B. Wienerle) sollte man im Wasserbad erhitzen oder kalt geniessen.

Es gilt die Faustregel: je länger es eine bestimmte Wurst-
oder Schinkenspezialität schon gibt, desto sicherer kann
man sein, dass das Rezept auch ursprünglich geblieben
ist. So gibt es traditionelle Produkte wie italienische Salami oder Parmaschinken, in den sich kein Nitritpökelsalz
und keine Emulgatoren finden, sondern nur Fleisch, Fett,
Gewürze, Salz – ganz einfach und dennoch sehr speziell.
Je frischer, desto besser! Je einfacher und traditioneller die
Erzeugnisse sind, desto schmackhafter und gesünder sind
sie auch. Handwerkliche Qualität schließt eine saubere
Zutatenauswahl, den Hang zum Verzicht auf Zusatzstoffe
und eine schonende Behandlung des Fleisches mit ein.

Schinken

Qualität braucht beste Zutaten – und viel Zeit. Der beste
Beweis für diese These ist der König der Schinken, der
Parmaschinken, den es auch in super Bioqualität gibt.

Die Herstellung hat sich über Jahrhunderte entwickelt, die
Schinkenmacher von heute arbeiten nach den alten Rezepten. Zunächst wird der Hüftknochen aus dem Schwei-
neschlegel entfernt, das Stück Fleisch samt Schwarte nach
dem Salzen am Fuß aufgehängt und an frischer Luft in einfachen, beidseitig geöffneten Holzhäusern getrocknet.
Später wird auch der Oberschenkelknochen herausgelöst.
Der Schinken wird traditionell mit Meersalz trocken gesalzen und kommt dann mindestens neun Monate in den
Reifekeller. Der Begriff »Parmaschinken« ist geschützt,
nur Schinken aus der Region Parma dürfen so heißen. Die
Formel »bestes Fleisch, gutes Salz, feinste Gewürze, kein
Rauch und lange Reifung« gilt aber für sämtliche Spitzen-
schinken.

Rohschinken kommt auch aus Tirol und dem Schwarz-
wald, es gibt Geräuchertes oder Rauchschinken, luftge-
trockneten Schweinebauch, geräucherten Schweinebauch
(Wammerl). Gute Schinken machen auch die Spanier, hier
gibt es aber leider noch keine zertifizierte Bioqualität.

131

Coppa Di Parma ist wie der Parmaschinken trocken gesalzen und lange gereift, stammt aber nicht aus dem Schlegel, sondern aus dem Halsgrat. Damit er seine Form erhält, wird er wie ein deutscher Rollbraten in ein Netz gegeben. Der Coppa Di Parma ist wesentlich fetter als der Parmaschinken und eine Delikatesse für alle, die Schinkenfett lieben.

Lachsschinken enthält genau so viel Lachs wie der Hundekuchen Hund. Lachsschinken ist ein ausgelöster Schweinerücken. Da dieses Fleisch relativ mager ist, wird es in eine dünne Speckhülle gewickelt. Lachsschinken wird ohne lange Reifung produziert. Deshalb hat er einen hohen Wassergehalt. Mit etwas Nitritpökelsalz sieht er schöner aus.

Bündnerfleisch wird ganz ähnlich produziert wie Parmaschinken. Es wird aber aus Rindfleisch hergestellt und kommt aus der Schweiz. Auch hier hat sich die Tradition der riesigen Reifekeller in den Höhlen der Zentralalpen erhalten.

Westfälischer Räucherschinken bekommt seine Haltbarkeit in der Räucherkammer. Er wird wie Parmaschinken aus dem Schlegel gefertigt, jedoch wird das Eisbein entfernt.

Kochschinken kommt in zwei Grundformen vor. Einmal als Schinken, der im ganzen Stück in einem Netz gekocht wird, oder als Formschinken, der aus verschiedenen Teilen in eine Form gepresst wird. Wenn der Biometzger völlig auf Nitritpökelsalz verzichtet, sieht der Biokochschinken allerdings eher etwas grau und nicht schön rosa aus. Es gilt also abzuwägen, ob nicht auch das Auge mitgenießen soll und man doch eine Prise des Nitritpöckelsalzes erdulden sollte.

Biokochschinken gibt es übrigens auch von der Pute und vom Rind, sieht aber nur mit Pökelsalz gut aus.

Kasseler Rippchen ist Schweinerücken, der samt Knochen nass gepökelt, dann gekocht und schließlich etwas geräuchert wird. Kasseler Rippchen ist eine uralte Speise, deshalb sehr ursprünglich.

····› Kasseler Rippchen mit geräucherten Würsten, frischem Sauerkraut und Kartoffeln aus dem Bioladen, dazu ein Biodinkelbier. Schauderhaft gut!

Honigschinken ist wie Wacholder- oder Lorbeerschinken ein Schinken, dem der Metzger ein zusätzliches Aroma verleiht. Die Gewürze kommen in die Lake, in der der Schinken als ganzes Stück einige Tage zieht. Nach dem Kochen wird die Oberfläche samt Speck leicht angebraten, um noch ein weiteres Aroma hineinzubekommen. Da der Biometzger auf Phosphat verzichtet, verliert der Schinken stark an Wasser, nicht aber an Geschmack. Industrieschinken sind da im Vergleich blasse, aufgeblasene und geschmacklose Schinken.

Rohwürste

Teewurst und Mettwurst sind streichfähige geräucherte Rohwürste. Der Rauch macht die Wurst haltbar, deshalb gibt es sie auch ohne Nitritpökelsalz. Schinkenmettwurst ist Mettwurst mit vielen kleinen mageren Schinkenstückchen.

Salami Auch die Salami gehört zu den Rohwürsten, es gibt sie in Bioqualität als Edelsalami, italienische Knoblauchsalami, Salami Picante, Pfeffersalami und Lammsalami. Salami kommt traditionell aus den südlichen Ländern, sie besteht aus magerem Fleisch, Fett, Salz, Gewürzen, einer Prise Zucker, oft einem Hauch Knoblauch und trägt auf der Haut eine Edelschimmelschicht. Gute Salami wird nicht geräuchert, sondern luftgetrocknet. Eine gute Salami ist nahezu wasserfrei und kann deshalb auch

133

nur vollständig austrocknen, nicht aber im klassischen Sinne schlecht werden. Gute Salami reift vier bis sechs Wochen. Hier greift mancher Salamimacher zu einem Trick, der Schnellreifekultur, die dem Wurstbrät beigemischt wird. Das klappt zwar, der Salami fehlt dann aber der typische leicht »kellerige« und volle Geschmack.

Feuer- und Pfefferbeißer sind scharf gewürzte, rohe und in 24 Stunden hergestellte Würstchen, die sich als »Wurst zwischendurch« oder als Beilage beim Picknick oder im Biergarten eignen.

Zu den Rohwürsten gehört auch die grobe Mettwurst, der Landjäger aus Schweine- oder Rindfleisch und die Schafsalami.

Kochwurst

Feine Leberwurst ist die bekannteste Kochwurst. In Kochwurst wird vor dem Brühen bei 72 °C bereits gekochtes Fleisch beigemengt. Das macht man, weil man so vermeidet, dass sich die Inhaltsstoffe binden und man sicherstellt, dass die Wurst sahnig-cremig und streichfähig wird. Kalbsleberwurst darf sie nur heißen, wenn auch wirklich Kalbsleber verarbeitet wird. Sie wird meist in Schweinedarm leicht getrocknet und sanft geräuchert.

Grobe Leberwurst stammt aus einer Zeit, als es noch nicht möglich war, ein feines, glattes Brät herzustellen. Man kam bei der Hausschlachtung mit einem Fleischwolf, einem Kessel und einer Feuerstelle aus. Frisches Fleisch und etwas Schweinespeck machen die grobe Leberwurst zu einer Delikatesse. Pfälzer Leberwurst oder grobe Landleberwurst stammen ebenfalls aus dieser Zeit.

Auch der Biometzger komponiert gerne ein wenig mit seinen Kochwürsten. Die in der industriellen Produktion gerne beigemengten Trüffel minderer Qualität sucht man aber meist vergebens. Ihre hohe Qualität macht sowieso jede Biowurst zur Extrawurst, da braucht es keine Lifestyle-Gimmicks. Der Biometzger beantwortet auch gerne die Frage, die man dem Industriemetzger lieber nicht stellen sollte: die Frage nach den Zutaten und Zusatzstoffen.

Zu den Kochwürsten gehören auch Kochsalami, Blutwurst, weißer und schwarzer Presssack, Bauernring, Bauern-schmaus, Aale Worst, Zwiebelleberwurst und Thüringer Rotwurst.

Brühwurst

Die Brühwurst fordert das ganze Können des Biometzgers, da das Werk nur gelingen kann, wenn absolut frische Roh-stoffe und größtes handwerkliches Geschick zusammen-kommen. Sonst fällt die Wurst schlicht und einfach ausein-ander. Der normale Metzger hat es da einfacher, die Chemie hält allerlei Bindemittel wie Emulgatoren parat, z. B. Phosphat. Brühwurst wird nicht gekocht, nicht geräu-chert und nicht gebraten, sondern gebrüht, bei genau 72 °C langsam gegart. Zum Würzen nimmt man Gewürze, etwas Zitrone und Salz, je nach regionaler Rezeptur.

Die bekanntesten Brühwürste sind: Wienerle, Fleischwurst, Bierschinken, Schinkenwurst, Pistazien- oder Paprika-wurst.

┈┈⟩ Versuchen Sie auch die bayerischen, die »weißen« Brühwürste einmal: Weißwürste, Kalbsbratwürstel, Schweinebratwürstel, Wollwürste, »Dicke« und Gelb-wurst.

Brühdauerwürste

Das sind haltbare Brühwürste, die getrocknet und geräu-chert werden. Das Reisen in der österreichisch-ungari-schen Doppelmonarchie war offenbar so langwierig, dass man Brühdauerwürste wie die Kolbasz erfand.

Nährwerttabelle für Fleisch & Wurst
Die Angaben beziehen sich jeweils auf 100 Gramm netto

	KJ/kcal	Eiweiß	Fett
Ente	944/225	18 g	17 g
Gans	1414/338	18 g	31 g
Huhn (Brathuhn)	694/216	20 g	10 g
Suppenhuhn	1074/257	19 g	20 g
Pute	905/216	20,60 g	15 g
Fasan	566/135	22 g	5 g
Perlhuhn	612/146	20 g	7 g
Rebhuhn	928/222	35 g	9 g
Taube	945/226	16 g	18 g
Wachtel	732/175	22 g	10 g
Hase	485/116	22 g	3 g
Kaninchen	606/145	30 g	3 g
Hirsch	474/113	21 g	3 g
Reh	512/122	22 g	4 g
Zicklein	801/191	27 g	9 g
Lammfilet	473/113	20 g	3 g
Lammkotelett	1100/263	24/87 g	18 g

Kohlen-hydrate	Cholesterin	Vitamin B12	Niazin	Enthält viel ...
0 g	76 mg	0,3 mg	4 mg	Zink (2 mg)
0 g	86 mg	0,3 mg	6 mg	Magne-sium (24 mg)
0 g	81 mg	0,4 mg	6 mg	Kalium (0,3 mg)
0 g	94 mg	0,004 mg	10 mg	–
0 g	74 mg	0,4 mg	11 mg	Vitamin B6 (0,5 mg)
0 g	71 mg	0,001 mg	10 mg	–
0 g	75 mg	0,001 mg	11 mg	–
0 g	80 mg	0,8 mg	5 mg	Magne-sium (36 mg)
0 g	90 mg	0,001 mg	8 mg	–
0 g	44 mg	0,001 mg	15 mg	–
0 g	65 mg	0,001 mg	9 mg	–
0 g	114 mg	0,009 mg	11 mg	–
0 g	50 mg	0,001 mg	4 mg	–
0 g	70 mg	0,001 mg	4 mg	–
0 g	97 mg	0,003 mg	9 mg	–
0 g	66 mg	2,2 mg	7 mg	Eisen (2 mg)
0 g	79 mg	3 mg	8 mg	Zink (5 mg)

Nährwerttabelle für Fleisch & Wurst
Die Angaben beziehen sich jeweils auf 100 Gramm netto

	KJ/kcal	Eiweiß	Fett
Kalbsfilet	466/111	20 g	3 g
Rinderfilet	508/121	21 g	4 g
Rinderhack-fleisch	846/202	21 g	14 g
Rind (Muskel-fleisch)	507/121	21 g	4 g
Schwein (Bug)	740/177	20 g	11 g
Schweinefilet	448/107	22 g	2 g
Schweine-schnitzel	568/136	21 g	6 g
Bierschinken	751/179	18 g	12 g
Gelbwurst	1189/284	11 g	27 g
Mettwurst	1544/369	17 g	34 g
Mortadella (fettarm)	1210/289	15 g	26 g
Corned Beef	591/141	22 g	6 g
Leberkäse	1184/283	17 g	24 g
Leberwurst (mager)	1348/322	17 g	28 g
Salami	1323/316	17 g	27 g

Kohlen-hydrate	Cholesterin	Vitamin B12	Niazin	Enthält viel ...
0 g	70 mg	1,2 mg	9 mg	Eisen (2 mg)
0 g	70 mg	2 mg	5 mg	Fluor (0,1 mg)
1 g	58 mg	4,4 mg	6 mg	–
0 g	70 mg	5 mg	8 mg	Kalium (0,4 mg)
0 g	70 mg	1 mg	4 mg	Vitamin B1 (0,9 mg)
0 g	70 mg	2 mg	5 mg	Vitamin B2 (0,2 mg)
0 g	70 mg	2 mg	5 mg	Vitamin B1 (0,9 mg)
6 g	60 mg	1 mg	3 mg	–
0 g	46 mg	0,001 mg	4 mg	–
0 g	69 mg	0,001 mg	6 mg	–
0 g	57 mg	0,001 mg	5 mg	–
0 g	70 mg	0,001 mg	7 mg	–
0 g	68 mg	0,003 mg	5 mg	–
2 g	188 mg	14 mg	6 mg	–
0 g	65 mg	1 mg	2 mg	–

Nährwerttabelle für Fleisch & Wurst
Die Angaben beziehen sich jeweils auf 100 Gramm netto

	KJ/kcal	Eiweiß	Fett
Schinken (gekocht)	556/133	22 g	5 g
Schinken (roh geräuchert)	568/136	21 g	6 g
Wiener	1269/303	14 g	28 g

Nährwerttabelle für Fisch
Die Angaben beziehen sich jeweils auf 100 Gramm netto

	KJ/kcal	Eiweiß	Fett	Kohlenhydrate
Aal	1115/266	18 g	22 g	0 g
Felchen	460/110	21 g	3 g	0 g
Forelle	513/123	24 g	3 g	0 g
Flunder	467/112	19 g	4 g	0 g
Hecht	391/93	21 g	1 g	0 g
Heilbutt	470/112	23 g	2 g	0 g
Hering	992/237	21 g	17 g	0 g
Kabeljau	375/90	20 g	1 g	0 g
Karpfen	512/122	21 g	4 g	0 g

Kohlen-hydrate	Cholesterin	Vitamin B12	Niazin	Enthält viel ...
0 g	61 mg	1 mg	3 mg	–
0 g	70 mg	2 mg	3 mg	Vitamin A (5,4 mg)
0 g	57 mg	0,001 mg	5 mg	–

Cholesterin	Vitamin B12	Vitamin D	Niazin	Enthält viel ...
181 mg	1 mg	0,022 mg	2 mg	Vitamin E (9,2 mg)
74 mg	0,003 mg	0,001 mg	6 mg	Vitamin E (3 mg)
69 mg	5 mg	0,004 mg	3 mg	Kalium (0,4 g)
60 mg	0,001 mg	0,001 mg	6 mg	–
87 mg	0,002 mg	0,002 mg	4 mg	–
38 mg	0,001 mg	0,006 mg	8 mg	Jod (0,04 mg)
106 mg	8 mg	0,003 mg	3 mg	–
60 mg	0 mg	0,002 mg	2 mg	Jod (0,1 mg)
83 mg	1 mg	0,003 mg	2 mg	–

Nährwerttabelle für Fisch

Die Angaben beziehen sich jeweils auf 100 Gramm netto

	KJ/kcal	Eiweiß	Fett	Kohlen-hydrate
Lachs	547/131	18 g	6 g	0 g
Makrele	879/210	22 g	14 g	0 g
Rotbarsch	524/125	22 g	4 g	0 g
Sardine	578/138	22 g	5 g	0 g
Schleie	374/89	21 g	1 g	0 g
Scholle	437/104	21 g	2 g	0 g
Seehecht	452/108	20 g	3 g	0 g
Seelachs	402/96	21 g	1 g	0 g
Seeteufel	310/74	15 g	2 g	0 g
Seezunge	407/97	20 g	2 g	0 g
Steinbeißer	432/103	20 g	2 g	0 g
Steinbutt	407/97	19 g	2 g	0 g
Thunfisch	736/176	22 g	10 g	0 g
Zander	402/96	22 g	1 g	0 g
Austern	275/66	9 g	1 g	4 g
Garnelen	425/102	20 g	2 g	1 g

Cholesterin	Vitamin B12	Vitamin D	Niazin	Enthält viel ...
35 mg	3 mg	0,012 mg	8 mg	Jod (0,03 mg)
87 mg	8 mg	0,001 mg	6 mg	Vitamin B2 (0,3 mg)
50 mg	0,004 mg	0,003 mg	6 mg	Jod (0,08 mg)
18 mg	0 mg	0,009 mg	8 mg	Vitamin B6 (0,8 mg)
87 mg	0,002 mg	0 mg	7 mg	–
50 mg	0,002 mg	0,004 mg	7 mg	Jod (0,04 mg)
60 mg	0,002 mg	0,001 mg	5 mg	Jod (0,09 mg)
85 mg	3 mg	0,001 mg	3 mg	–
25 mg	0,002 mg	0,002 mg	4 mg	–
60 mg	0,001 mg	0 mg	6 mg	–
96 mg	0,002 mg	0,001 mg	5 mg	Jod (0,05 mg)
72 mg	0,002 mg	0,002 mg	6 mg	–
60 mg	0,004 mg	0,005 mg	9 mg	Jod (0,05 mg)
86 mg	0,002 mg	0 mg	6 mg	–
128 mg	12 mg	0,008 mg	2 mg	Zink (89 mg)
152 mg	0,9 mg	0,001 mg	3 mg	Kalzium (52 mg)

Nährwerttabelle für Fisch
Die Angaben beziehen sich jeweils auf 100 Gramm netto

	KJ/kcal	Eiweiß	Fett	Kohlen-hydrate
Hummer	369/88	19 g	1 g	0 g
Krabben	382/91	19 g	1 g	1 g
Krebs	385/92	19 g	1 g	0 g
Mies-muscheln	292/70	10 g	1 g	4 g
Tintenfisch	397/95	18 g	1 g	2 g
Brathering	677/162	12 g	9 g	0 g
Bückling	909/217	19 g	16 g	0 g
Kaviar	1085/259	26 g	16 g	0 g
Matjes	1295/309	20 g	26 g	0 g
Rollmops	574/137	12 g	9 g	3 g
Aal, geräuchert	1215/290	16 g	26 g	0 g
Bismarck-hering	640/153	13 g	10 g	3 g
Schellfisch	381/91	21 g	1 g	0 g
Schwertfisch	485/116	20 g	4 g	0 g

Cholesterin	Vitamin B12	Vitamin D	Niacin	Enthält viel ...
100 mg	0,001 mg	0 mg	5 mg	Jod (0,07 mg)
138 mg	0,8 mg	0,001 mg	3 mg	Magne-sium (67 mg)
146 mg	0,002 mg	0 mg	5 mg	Zink (2,4 mg)
131 mg	7 mg	–	1 mg	Eisen (5 mg)
150 mg	5 mg	0,003 mg	2 mg	–
53 mg	0,005 mg	0,014 mg	5 mg	–
96 mg	0,008 mg	0,025 mg	6 mg	Jod (0,03 mg)
300 mg	0,016 mg	0,006 mg	6 mg	–
148 mg	0,005 mg	0,03 mg	6 mg	Jod (0,04 mg)
54 mg	0,005 mg	0,01 mg	5 mg	Kalzium (68 mg)
149 mg	0,001 mg	0,022 mg	4 mg	Vitamin A (0,9 mg)
64 mg	0,006 mg	0,016 mg	5 mg	–
68 mg	0,001 mg	0 mg	3 mg	Jod (0,24 mg)
39 mg	0,002 mg	0,002 mg	6 mg	–

Essig & Öl

Neben Salz und Pfeffer gehören Essig und Öl zu den grundsätzlichen Zutaten, die in keiner Küche fehlen dürfen. Essig und Öl sind wie Yin und Yang – grundsätzlich gegensätzlich, ergeben sie doch das vollendete Ganze, das weit mehr ist als die Summe seiner Teile. Mit Essig und Öl werden Geschmacks- und Inhaltsstoffe erschlossen und unterstützt, Essig und Öl helfen bei der Erhaltung der Gesundheit wie der Vertreibung von Krankheit.

Bei Essig und Öl gelten die Grundregeln der qualitativ und biologisch hochwertigen Ernährung im besonderen Maß. Erstklassig sollen sie sein und unverfälscht. Man greife also lieber zum kaltgepressten Olivenöl extra vergine und Aceto Balsamico di Modena als zu irgendwelchen Lifestyleölen und Würzessigen – oder noch schlimmer, zu minderwertigem Industrieessig und Billigöl.

Dass man an Essig und Öl nicht sparen soll, hat sich in den letzten zehn Jahren immer weiter herumgesprochen, außerdem haben Essig und Öl in vornehmen Flaschen in der Luxusgesellschaft längst die Rolle des eleganten Gastgeschenks eingenommen. Seit einiger Zeit spielt auch der Biogedanke eine immer größere Rolle. Essig und Öl gibt es in Bioläden in großer Auswahl und herausragender Qualität.

Essig

Essig entsteht, wenn sich Alkohol mit Hilfe von Luft und Essigsäurebakterien in eine saure Flüssigkeit verwandelt. Deshalb gilt die Regel: Jedes Lebensmittel, das vergoren werden kann, kann auch zur Essigherstellung verwendet werden. Essig kann man also aus Äpfeln, Trauben, Datteln, Orangen, Bananen oder Kokosmilch gewinnen, die besten Essige werden allerdings aus Trauben- und Apfelwein gewonnen.

Essig wird von den Menschen schon seit Jahrtausenden als Heil-, Würz- und Konservierungsmittel verwendet. Bei den Römern hieß der Essig »Acetum«, abgeleitet von dem Wort »acidus« für sauer, die römischen Legionäre tranken Essigwasser, Jesus wurde am Kreuz mit einem Essigschwamm genährt.

In den frühen Anfängen der Essiggeschichte ließ man Tonkrüge mit süßem Traubensaft einfach stehen. Durch das Eindringen von Hefepilzen in die Flüssigkeit fing diese an zu gären und wurde zu Wein. Eine ganze Zeit später machten sich dann die Essigsäurebakterien an die Arbeit und wandelten den Alkohol in Essigsäure um. Warum das so war, ahnten nur wenige, die meisten nahmen es als gottgegeben hin. Deshalb dauerte es auch bis ins 19. Jahrhundert, bis Louis Pasteur entdeckte, wie genau aus Wein Essig wird. Er erfand das Pasteurisieren, um das Sauerwerden von Wein zu verhindern, schuf aber gleichzeitig die Grundlage für die gezielte Herstellung von Essig.

Das Verfahren der natürlichen Essigsäuregärung, also das Zusammenspiel von Alkohol, Essigsäurebakterien und Sauerstoff, wurde im Laufe der Zeit immer mehr verfeinert. Da ein guter Essig schon immer eine Spezialität war, wurden die Rezepte herausragender Essigsorten geheim gehalten und gehütet wie ein Schatz. Natürlich waren und sind die Winzer Experten auf diesem Gebiet.

⋯⋯⋯⋯⋯⋯⋯⋯⋯⋯⋯⋯⋯⋯⋯

In den letzten Jahrzehnten sind Verfahren zur chemisch-synthetischen Herstellung von konzentrierter Essigsäure entwickelt worden. Diese Essigsäure kommt verdünnt auch als Essigessenz in den Handel und ist oft die Grundlage billiger Supermarktessige. Mit Essigessenz kann man prima Töpfe entkalken, im Essen haben sie und die aus ihr hergestellten Essige aber nichts verloren. Hochwertige biologische Essige werden nach wie vor im natürlichen Gärverfahren hergestellt.

Bioessig

Im Biobereich gibt es vor allem vier Weinessigvarianten: den Obstessig, der meist aus Apfelwein gewonnen wird, den Rotweinessig, den Weißweinessig und den Balsamico. Letzterer kommt aus Italien, ebenso wie die Küchenregel: »Essig gehört in die Hand eines Weisen!« Denn so wie gut dosierter Essig Geschmack und Finesse eines Gerichtes erhöht, so niederschmetternd wirkt ein Zuviel.

Apfelessig

Er ist der Klassiker der Essige und hat neben der profanen Aufgabe der Speisewürzung noch so viele Nebenjobs im Gesundheitsbereich, dass man ihn eigentlich schon als eigene Apotheke betrachten kann. Apfelessigjünger berichten, wie sich mit Apfelessig die Stimmung hebt, dunkle Gedanken verfliegen und sich der Körper erfrischt. Wissenschaftler geben diesen Thesen schon lange in vielen Bereichen Recht, sie haben bisher rund 90 wertvolle Stoffe im Apfelessig gefunden – so z. B. Kalium, das entgiftend wirkt, Müdigkeit und Kreislaufbeschwerden lindert, Kalzium, das den Knochenaufbau fördert, Nerven und Muskeln kräftigt und die Zähne gesund hält, Magnesium und Phosphor. Aber auch Spurenelemente wie Bor, Eisen oder die Vitamine A, B1, B2, B6, B12, E, Beta-Karotin oder Rutin machen den Apfelessig zum wichtigen Hausmittel.

---⋯⋙ Gerade beim Apfelessig sollte man nicht nach der »Schönheit« gehen und die trüben Produkte stehen lassen. Qualitativ hochwertiger Apfelessig ist nämlich dunkel, trüb und hat oft eine Schaumkrone oder einen Bodensatz. Ein klarer Apfelessig ist wie ein lauwarmes Bier ohne Schaum.

Als Wiederentdecker der Heilwirkungen von Apfelessig gilt der amerikanische Arzt De Forest Clinton Jarvis, der in der ersten Hälfte des 20. Jahrhunderts seinen Patienten empfahl, jeden Morgen auf nüchternen Magen ein Glas Wasser mit zwei Teelöffeln Apfelessig und zwei Teelöffeln Honig schluckweise zu trinken. Er überzeugte sie, dass Apfelessig bei Verdauungsstörungen hilft und den Cholesterinspiegel senkt, dass er das Abhusten bei Erkältungen erleichtert, antibakteriell und entzündungshemmend wirkt. Auch als Kosmetikum hat Apfelessig einen guten Namen. Er wirkt günstig auf den Säuremantel der Haut und hält das Gewebe straff und geschmeidig. Darum findet man Apfelessig in Gesichtslotionen, Badezusätzen, Mundwässern, Haarspülungen und Antischuppenmitteln.

Ende des 20. Jahrhunderts brach ein Apfelessigboom aus, der natürlich auch die Bioläden erreichte. Hier werden Apfelessigsorten von Firmen angeboten, die nur sorgfältig ausgewählte Äpfel aus kontrolliert biologischem Anbau verwenden. Bei der industriellen Herstellung wird der Apfelessig leider häufig stark gefiltert oder sogar destilliert, wobei er viele seiner wichtigen Inhaltsstoffe verliert. Schuld ist der Verbraucher, der unbedingt einen klaren Apfelessig ohne jede Trübung wollte. Keine Trübung heißt aber auch wenig Vitamine, Mineralstoffe und Enzyme.

Neben dem reinen Apfelessig finden sich im Bioladen auch aromatisierte Apfelessige wie Apfel-Steinpilz-Essig oder Apfel-Himbeer-Essig.

┄┄> Nachdem ich von Doktor De Forest Clinton Jarvis und seinen Behandlungserfolgen mit Apfelessig gehört habe, dachte ich mir: Was den Menschen heilt, kann dem Vieh nicht schaden. So bekamen unsere Rinder ab und zu einen Schuss Apfelessig ins Futter und wirkten sehr zufrieden. Sie waren vitaler und gesünder – ganz so, wie ein Mensch nach einer Essigkur. Auch wenn so mancher sagte: »Der Georg spinnt mal wieder«, ich war überzeugt. *Georg Schweisfurth*

Rot- und Weißweinessig

Im Bioessigbereich werden ausschließlich Weine aus kontrolliert biologischem Weinbau zu Essig vergoren. Der Essig wird vor der Abfüllung nicht pasteurisiert, sondern nur vorsichtig gefiltert, um Enzyme und Geschmacksstoffe zu erhalten. Wie Wein muss guter Essig reifen und erreicht frühestens nach einem Jahr seinen endgültigen, fruchtig aromatischen Geschmack. Auf die Tricks der Essigindustrie wird verzichtet, es gibt keine künstliche Färbung und keine Konservierung mit Schwefeldioxid.

Weißweinessig eignet sich hervorragend für die klassische Vinaigrette zu allen Salaten und zu Fischgerichten. Rotweinessig ist ideal für frische Salate wie Feldsalat oder Rotkohl, zum Verfeinern von Saucen und auch zum Marinieren von Fleisch.

Eine Besonderheit unter den Bioweinessigen sind aromatisierte Varianten wie Himbeer- oder Kräuteressig. Sehr edel sind Bioessige aus Weißweinessig in den vier Geschmacksvarianten Salbei und Rosmarin – jeweils mit ganzen Kräuterzweigen –, grüner Pfeffer und Himbeer – mit fruchtigen Himbeerstückchen. Delikate Kräuteressige kann man aber auch gut selbst machen. Der Fantasie sind bei der Kreation aromatischer Essige keine Grenzen gesetzt, und doch haben sich im Lauf der Zeit einige Klassiker etabliert: Zitronenmelisse-Weißweinessig, Thymian-Rotweinessig, Schnittlauchblüten-Weißweinessig, Orangen-Rotweinessig mit Zimt und Nelken, Essig mit Pflaumen oder mit Knoblauch.

Aceto Balsamico

Aceto Balsamico di Modena – er ist der König unter den Essigen. Eine edle italienische, leicht dickflüssige und sehr dunkle Essigspezialität, die einen ganz eigenen und unverwechselbaren Duft hat und nur in der norditalienischen Region Modena hergestellt werden darf. Balsamicoessig steht zu allen anderen Essigen wie Champagner zu Sekt oder Parmaschinken zu Wurst. Balsamico wird im Raum Modena seit Jahrhunderten in den Kellern und Speichern der alten Familien hergestellt, viele der Essigproduzenten haben noch heute ihr geheimes Rezept.

Ausgangspunkt sind spät gelesene Trebbianotrauben mit einem möglichst hohen Süßegrad. Aus ihnen macht man Most, der nach einer nur sehr kurzen Gärdauer durch Einkochen eingedickt wird. Beim Einkochen erhält der Most die dunkle Farbe, die für Balsamico typisch ist. Danach wird er mit Weinessig vermischt und mehrere Jahre in Holzfässern gelagert. Natürlich gibt es inzwischen auch Supermarktbalsamicos, die dann schnell in den Handel kommen, hochwertige Essige aber reifen zwölf oder mehr Jahre im Fass.

····> Eine Grundregel beim Balsamicoessig: Je älter er ist, desto besser. Da die Reifezeit nach einem italienischen Gesetz nicht auf dem Etikett angegeben werden darf, sollte man den Händler seines Vertrauens fragen. Balsamico wird oft in kleinen, sehr aufwändigen Flaschen für sehr teures Geld angeboten. Hier kauft man aber das Ambiente mit. Hervorragenden Balsamico gibt es auch in schlichten Verpackungen – schließlich geht es um den Inhalt.

Ein guter Balsamico schmeckt vollmundig, aromatisch und nicht zu süß. Neben der Qualität der Rohstoffe und der Reifezeit ist das Verhältnis von Traubenmost zu Weinessig ein wichtiges Qualitätsmerkmal. Je höher der Traubenmostanteil ist, desto besser ist die Qualität. Bei Bio-Balsamicos liegt der Traubenmostanteil meist über 50 Prozent. Supermarkt-Balsamico wird oft Schwefel zur Konservierung und Zuckercouleur zur Braunfärbung zugesetzt. Schwefel ist im Bioprodukt verboten, einige Bioessighersteller greifen aber zum biologischen Karamellzucker, damit der Balsamico schön braun wird. Es gibt jedoch auch Firmen, die darauf verzichten.

Balsamicoessig ist der »Turbo« für viele Speisen, mit seiner edlen, leicht süßlichen Würze verfeinert er den Geschmack. Klassisch über den Salat geträufelt, als besondere Note bei Fisch- oder Fleischspeisen, sogar zu Obst wird er gereicht, Balsamico-Erdbeeren mit grünem Pfefferkrokant oder in Balsamico eingelegte Kirschen sind ganz neue Geschmackserfahrungen.

Das einzige Problem des Balsamico ist manchmal seine dunkle Farbe. Nicht auf jeder Speise wirkt er für das Auge so elegant wie auf der Zunge. Doch auch dieses Problem ist inzwischen gelöst. Seit 2001 gibt es im Biohandel weißen Balsamicoessig. Der »Balsamico Bianco« dunkelt auch bei langer Lagerung nicht nach. Allerdings schmeckt er auch etwas anders: Er ist zwar immer noch milder als Obst- oder Weinessig, aber weniger süß als das Original.

Öl

Öl ist Fett, das in aller Regel aus Pflanzen gewonnen wird. Öl macht man aus Hülsenfrüchten, Samen, Getreide, Früchten und Nüssen. Tierische Öle wie Wal- oder Robbenöl spielen in Europa keine Rolle – Gott sei Dank!

Öl ist vielfältig im Geschmack und in der Farbe, je nach Verwendungszweck greift man zu speziellen Ölen, viele Speisen bekommen durch das richtige Öl den speziellen Pfiff, manche Öle können wie Gewürze eingesetzt werden. Viele Nährstoffe, wie die Vitamine A, D, E und K, sind fettlöslich und können deshalb vom Körper nur gemeinsam mit Fett oder Öl aufgenommen werden. Außerdem entscheidet man sich mit der Wahl des Öls auch durchaus für die Höhe seines Cholesterinspiegels. Schließlich gehören Fette und Öle zu den Hauptbestandteilen der menschlichen Ernährung, ebenso wie Eiweiß und Kohlenhydrate.

Wissenschaftlich betrachtet sind Fette und Öle Verbindungen, die aus dem Alkohol Glyzerin und in der Regel drei Fettsäuren besehen. Diese können »gesättigt«, »einfach ungesättigt« und »mehrfach ungesättigt« sein. Man muss nicht allzu tief in die organische Chemie einsteigen und sich mit Kohlenstoffatomen, Wasserstoffatomen und Molekülketten beschäftigen, sollte aber wissen, dass ein Öl oder Fett in der Regel gesünder ist, je mehr mehrfach ungesättigte Fettsäuren es hat. Einen Hinweis gibt auch die Konsistenz des Fetts oder Öls: Je höher der Anteil an gesättigten Fettsäuren ist, desto fester ist ein Fett und umgekehrt. Dementsprechend hat Olivenöl beispielsweise mehr einfach und mehrfach ungesättigte Fettsäuren als Kokosfett.

┄┄> Chemisch gesehen gibt es eigentlich keinen Unterschied zwischen Öl und Fett, die Grenzlinie liegt hier im physikalischen Bereich, bei der Temperatur. Öl nennt man Fette, die bei Zimmertemperatur flüssig sind. Sind sie es nicht, sind es Fette.

Gesättigte Fettsäuren dienen dem Körper hauptsächlich zur Energiegewinnung, der kann sie aber selber herstellen und braucht sie deshalb gar nicht. Dummerweise wirft er überflüssiges Fett aber nicht einfach über Bord, sondern lagert es an den Oberschenkeln oder am Bauch an.

Einfach ungesättigte Fettsäuren machen das Öl relativ unempfindlich gegen Licht, Sauerstoff und Wärme. Deshalb sind Öle, die einen hohen Anteil einfach ungesättigter Fettsäuren haben, z. B. Olivenöl, länger haltbar und besser zum Kochen, Dünsten oder Braten geeignet als Öle mit einem hohen Anteil mehrfach ungesättigter Fettsäuren. Einfach ungesättigte Fettsäuren sind durchaus sinnvoll, aber nicht ernährungsrelevant. Der Körper verarbeitet sie gerne, braucht sie aber nicht wirklich.

Anders ist das bei den mehrfach ungesättigten Fettsäuren. Darunter sind die zweifach ungesättigte Linolsäure (Omega-6-Fettsäure) und die dreifach ungesättigte Linolensäure (Omega-3-Fettsäure). Diese beiden Fettsäuren kann der Körper nicht selbst herstellen, man muss sie mit der Nahrung aufnehmen. Daher bezeichnet man sie auch als »essenzielle« Fettsäuren. Linolsäure ist in fast allen pflanzlichen Ölen, besonders in Distel-, Sonnenblumen-, Hanf-, Sesam- und Maiskeimöl, sowie in Nüssen vorhanden. Linolensäure hingegen kommt relativ selten vor. Am höchsten ist der Gehalt in Speiseölen wie Lein-, Hanf- und Sojaöl oder in Spezialölen wie Borretschsamenöl. Alle anderen mehrfach ungesättigten Fettsäuren kann der gesunde Körper aus Linol- und Linolensäure selbst herstellen.

┈┈> Cholesterin kommt nur in tierischen Fetten vor, der übermäßige Verzehr von tierischen Fetten kann daher zu einer »Überdosis« an Cholesterin im Körper und damit zu Ablagerungen an den Gefäßwänden führen. Das begünstigt Arteriosklerose und Herzinfarkte. Da Ballaststoffe die körpereigene Cholesterinproduktion hemmen, kann eine ballaststoffreiche Ernährung einen zu starken Anstieg des Cholesterinspiegels verhindern.

Mehrfach ungesättigte beziehungsweise essenzielle Fettsäuren sind für Gesundheit und Wohlbefinden unentbehrlich. Sie fördern Stoffwechselprozesse, sind nötig für das Immunsystem und den Blutkreislauf, sie regulieren den Blutdruck und schützen die Zellen. Es gibt sogar Hinweise darauf, dass sie das Tumorwachstum bremsen können. Alle mehrfach ungesättigten Fettsäuren sind licht-, sauerstoff- und wärmeempfindlich. Darum sollte man Öle, die reich an ungesättigten Fettsäuren sind, dunkel, gut verschlossen und kühl aufbewahren. Diese Öle verwendet man am besten für Salate, da sie die hohen Temperaturen in Bratpfannen nicht vertragen. Hier kann sich die gesundheitsförderliche Wirkung dieser Öle sogar ins Gegenteil verkehren.

Neben Alkohol und Fettsäuren enthalten Fette und Öle noch eine ganze Reihe weiterer Inhaltsstoffe, die wichtige Aufgaben im menschlichen Organismus erfüllen. Darunter findet man Lezithin, das besonders für die Blutbildung und für den Aufbau des Zellkerneiweißes von Bedeutung ist, und Cholesterin, das eine Vorstufe vieler wichtiger Wirkstoffe ist, allerdings auch vom Körper selbst hergestellt werden kann.

Es gibt ferner Karotinoide, die das Öl gelb färben, sowie Vitamine. Dabei wirkt Vitamin E als natürlicher Konservierungsstoff und wird manchen Ölen und Fetten zu Konservierung sogar künstlich zugesetzt.

Herstellung

Das klassische Verfahren der Ölmühlen ist die Kaltpressung. Dabei wird die Ölfrucht bei 30 bis 40 °C ausgepresst. Nach der Pressung wird das Öl gefiltert und ohne weitere Nachbehandlung in dunkle Flaschen gefüllt. »Natives Öl extra« ist Öl aus der ersten Kaltpressung mit weniger als einem Prozent freier Fettsäuren. Es ist das beste Öl und sollte immer erste Wahl sein. »Natives Öl« stammt ebenfalls aus der Kaltpressung, hat aber mehr freie Fettsäuren.

Industrielle Ölmühlen sind hochtechnisierte chemische Betriebe. Hier wird bei der Heißpressung die Ölmasse bei Temperaturen um 80 °C durch die Presse gejagt. Dann wird entschleimt, raffiniert, neutralisiert, gebleicht und geklärt, was das Zeug hält, da werden Lösungsmittel wie Hexan, Trichlorethylen oder Benzin verwendet. Das Öl am Ende dieses Prozesses hat nur noch wenig mit Natur zu tun, es hat allerdings einen großen Vorteil: Es ist fast geruchs-, geschmacks- und farbneutral sowie nahezu unbegrenzt haltbar. Das mag so mancher Verbraucher, dem es völlig egal ist, ob das Öl aus Sojabohnen oder Sonnenblumenkernen gewonnen ist, der Wert darauf legt, dass das Öl nicht »vorschmeckt«.

Bio ist etwas anderes. Hier werden Ölpflanzen aus kontrolliert biologischem Anbau möglichst schonend und werterhaltend verarbeitet, damit man ein Öl erhält, das einen individuellen Charakter mit ganz unterschiedlichem Geschmack, Geruch und Farbe hat. Da es aber durchaus Fälle gibt, in denen Kunden ein neutrales Bioöl wünschen, haben sich einige Hersteller darauf eingerichtet. Dieses Öl wird zwar aus kontrolliert biologischen Rohstoffen hergestellt, allerdings bei der Verarbeitung mit Wasserdampf behandelt, um die Geschmacksstoffe zu entfernen.

····⟩ Da erstklassiges Bioöl noch alle wichtigen Inhaltsstoffe hat, ist es nicht so lange haltbar wie Industrieöl. Bei Bioöl sollte man sich mit der Lagerung deshalb etwas Mühe geben und das Haltbarkeitsdatum im Auge haben.

Wie bei vielen Bioprodukten gibt es auch bei Bioölen oft den »politischen« Aspekt. Dabei werden Ökoprojekte in Dritte-Welt-Ländern unterstützt, die sich neben der Rohstoffqualität auch um nachhaltiges Wirtschaften und faire Bezahlung der Bauern bemühen.

Olivenöl

Das Olivenöl ist der Bestseller in den Bioläden. Es ist vielseitig, eignet sich für Salate und Vorspeisen ebenso wie zum Dünsten, Kochen oder vorsichtigen Braten. Wegen seines hohen Gehalts an der einfach ungesättigten Ölsäure ist Olivenöl eines der wenigen pflanzlichen Öle, das einigermaßen erhitzt werden kann, ohne dass sich dabei gesundheitsschädliche Substanzen bilden.

Die Mittelmeerküche wäre ohne Olivenöl nicht denkbar. Olivenöl wird aus den Früchten des Ölbaumes gewonnen, der mit seinen silbrig-glänzenden Blättern ganze Landschaften der Mittelmeerländer prägt. Zahlreiche Mythen ranken sich um den Olivenbaum und das aus seinen Früchten gewonnene Öl. Hinweise auf seine frühere kulturelle Bedeutung finden sich schon in der Bibel und in der griechischen Mythologie. Ölzweige dienten als Friedens- und Siegeszeichen. Der Baum galt als Sinnbild des Lebens, und das Öl war nicht nur wichtiges Nahrungsmittel, sondern auch Arzneimittel, Kosmetikum und Brennstoff.

----> Olivenöl muss etwas trüb und lichtgrün sein, damit es mir richtig schmeckt. Dabei soll sich trotzdem der Säuregrad in Grenzen halten. Solch ein Olivenöl ist zwar nicht ewig haltbar, ist aber ein ungeheurer Genuss. David McTaggert, der Gründer von Greenpeace International und Kämpfer für eine heile Welt und gegen die brutale Zerstörung unseres Planeten, lebte in den letzten acht Jahren in seinem Olivenhain in Umbrien und erzeugte ökologisches Olivenöl. Pax Jani heißt es und kommt meinen Vorstellungen von einem guten Ölivenöl schon sehr nahe. Es hat eine besondere Qualität, wenn man einen Esslöffel Olivenöl zum Früstück auf sein Toastbrot gießt, mit dessen Erzeuger man Großes verbinden kann. Es hat mich sehr erschüttert, als McTaggert im Frühjahr 2001 bei einem Autounfall ums Leben kam. Ich verdanke ihm viel, ich habe von ihm gelernt, Verantwortung zu übernehmen und Mut zu haben, für die richtige Sache mit aller Kraft persönlich einzustehen. *Georg Schweisfurth*

Je nach Klima, Boden, Lage, Art und Reifegrad der Früchte und dem jeweils eingesetzten Ölgewinnungsverfahren schmeckt Olivenöl erdig oder fruchtig, würzig oder mild, rassig oder fein. Für die Ölgewinnung werden die Oliven nach der Ernte zunächst verlesen und gewaschen. Für eine hohe Ölqualität ist es wichtig, dass die Oliven weitgehend unversehrt bleiben und rasch weiterverarbeitet werden. Traditionell werden die Früchte in einer Steinmühle zu einem zähflüssigen Brei verarbeitet, der dann mit hydraulischem Druck einmal gepresst wird. Das austretende Wasser-Öl-Gemisch wird anschließend zentrifugiert, man kann auch einfach warten, bis sich Öl und Wasser von selbst trennen. Am Ende des Prozesses hat man das reine Olivenöl.

Das Olivenöl-Sortiment im Bioladen ist groß. Ob Spanien, Frankreich, Griechenland, Italien oder Portugal, jedes dieser Länder bietet gleich mehrere Bioöle. Es gibt mildes spanisches Olivenöl, kräftigeres Öl aus Portugal und mildfruchtiges Öl von der Insel Kreta.

----> Die »Blume« ist eine einzigartige, seltene und teure Spezialität. Man nennt sie auch »Andalusisches Abtropföl«, das auf sehr schonende und traditionelle Weise hergestellt wird. Im Gegensatz zu allen anderen Ölen wird auf die Pressung verzichtet. Die ganzen gewaschenen Oliven werden zunächst traditionell in einer Steinmühle zu einer Paste vermahlen und dann in sich langsam drehende Trommeln gefüllt. Aus diesen tropft langsam ohne Pressung, nur durch den Eigendruck das kostbare Öl ab, welches anschließend sofort abgefüllt wird. Die »Blume des Öls« hat ein sehr volles Aroma und den Duft nach reifen Früchten. Direkt nach der Gewinnung kann es sehr kräftig schmecken und verliert mit zunehmendem Alter an Schärfe, ähnlich wie ein guter Wein. Gourmets schätzen die »Blume des Öls« als eines der besten Olivenöle der Welt.

Auf Kreta haben sich Olivenbauern zur »Cretian Agri Environmental Group (CAEG)« zusammengeschlossen, um die uralte kretische Oliventraditon mit moderner ökologischer Landwirtschaft zu verbinden. Diese Bauern haben sich schon früh gegen die Agroindustrialisierung gestellt und verstanden, dass es besser ist, mit Spitzenqualität sein Geld zu verdienen, als ein Bauer unter Zehntausenden zu sein, der vom Tropf der EU-Landwirtschaftsbürokratie abhängig ist.

Ähnlich wie beim Wein gibt es beim Olivenöl kräftige Qualitätsunterschiede. Und Qualität ist das Ergebnis sorgfältigen Umgangs mit den Früchten. Das beginnt mit der Ernte: Entweder man schlägt die Früchte mit Stöcken von den Bäumen oder sie werden mit Rüttelmaschinen geerntet. Zwischen Ernte und Verarbeitung sollten nicht mehr als drei Tage liegen, da die Oliven sonst zu gären anfangen. Die Oliven werden im grün-blauen Zustand geerntet, denn da geben sie das beste Öl. Deshalb muss man die Oliven lange vor dem Abfallen mechanisch ernten, was ein enormer Aufwand ist. Die Früchte werden gewaschen, gemahlen und dann ohne Hitze gepresst. Öl und Saft werden dabei voneinander getrennt. Die Temperatur von 40 °C darf nicht überschritten werden. So entsteht in der so genannten Ersten Pressung Extra Natives Olivenöl. Dabei sind ungefähr 2500 Oliven nötig, um einen Liter Öl zu gewinnen.

Hier die Güteklassen:
Natives Olivenöl extra (Extra Vergine): Das ist das kaltgepresste Olivenöl mit einem Anteil an freien Fettsäuren von maximal einem Gramm je 100 Gramm Öl.

Natives Olivenöl (Vergine): Ebenfalls kaltgepresstes Olivenöl mit einem Anteil an freien Fettsäuren von maximal zwei Gramm je 100 Gramm Öl.

Natives Olivenöl mittelfein: maximal drei Prozent freie Fettsäuren, was ja sehr hoch ist und deshalb nicht jedermann schmeckt – jedermann verträgt.

Olivenöl 100 Prozent: So darf eine Mischung aus raffiniertem und natürlichem Öl der beiden Klassen Nativ oder Nativ extra heißen. Zwar ist dieses Öl gut zum Braten geeignet, weil es besonders hitzebeständig ist, aber es hat selten den Geschmack eines kaltgepressten Öles.

Andere Länder: Native (natürliche) Olivenöle schmecken je nach Art der Frucht, Bodenbeschaffenheit, Lage oder Reifegrad unterschiedlich. Das Vokabular ähnelt dem Weinvokabular. Man spricht von erdig, fruchtig, rassig oder fein, von würzig oder mild. Je niedriger der Gehalt an ungesättigten Fettsäuren im Öl, umso milder schmeckt es.

Wer ein geschmacklich gutes, ungefiltertes, trübes, volles, frisch schmeckendes Olivenöl gern hat, hat in der Regel ein Olivenöl mit einem höheren Säuregehalt und den »kleinen Kratzer« im Hals, der durch die Säure hervorgerufen wird. Die Italiener sagen »pizzica la gola« dazu. Es kratzt nur ganz kurz, danach hat man das volle Aroma des Öls im Mund.

Sonnenblumenöl

Die Sonnenblume stammt aus Südamerika und wird dort seit Jahrtausenden angebaut. Im 16. Jahrhundert kam sie als Zierpflanze nach Europa und Asien, erst im 19. Jahrhundert entdeckte man sie als Öllieferant. Inzwischen liegen die Hauptanbaugebiete in Südosteuropa, den Mittelmeerländern und auch in unseren Breiten. Das macht die Sonnenblume besonders: Sie ist eine der wenigen Ölpflanzen, die relativ klimaunempfindlich sind. Sonnenblumenöl hat einen hohen Gehalt an zweifach ungesättigter Linolsäure, einfach ungesättigter Ölsäure und Vitamin E. Sonnenblumenöl ist ein wahres »Allroundöl«, das sich wegen seines nussigen Geschmacks sowohl für Salate und Rohkost als auch zu warmen Speisen eignet. Einige Biohersteller bieten mittlerweile auch »Bratöl« an, das aus so genannten High Oleic-Sonnenblumensorten gewonnen wird. Diese sind auf einen besonders hohen

Gehalt an Ölsäure hin gezüchtet, deshalb ist ihr Öl zum Erhitzen geeignet. Der ursprünglich hohe Linolsäuregehalt sinkt durch diese Maßnahme deutlich ab.

Distelöl

Distelöl hat von allen Ölen den höchsten Gehalt an mehrfach ungesättigten Fettsäuren, insbesondere der zweifach ungesättigten Linolsäure. Das Öl ist außerdem reich an Vitamin E. Es ist sehr gesund, aber nicht zum Kochen oder Dünsten geeignet. Ideal ist es dank seines milden, leicht nussigen Geschmacks für Salate und Gemüse. Auch hier gibt es inzwischen »High Oleic«-Sorten mit den beim Sonnenblumenöl beschriebenen Vor- und Nachteilen.

Sesamöl

Der Sesam, eine der ältesten Kulturpflanzen, liefert ein außerordentlich wohlschmeckendes Öl, das vielen Gerichten ein unvergleichlich fein-nussiges, leicht exotisches Aroma verleiht. Sesamöl wird in der indischen und orientalischen Küche sehr geschätzt, es harmoniert sowohl mit vitaminreichen Salaten als auch mit vielen Gemüsegerichten und schmeckt außerdem sehr gut zu Fischgerichten. Es besteht in etwa gleichen Teilen aus Linolsäure und Ölsäure und wird wegen dieses ausgeglichenen Fettsäuremusters sehr gerne im Ayurveda verwendet. Durch die natürlichen Antioxidanzien Sesamol und Sesamolin ist das Sesamöl besonders lange haltbar. Besonders gut ist Sesamöl aus schonend gerösteten Sesamsaaten. Dieses Öl hat ein intensiv-nussiges, vollmundiges Aroma.

Kürbiskernöl

Das dunkelgrüne Öl aus den schalenlosen Samen des Ölkürbis ist ursprünglich eine Spezialität aus der österreichischen Steiermark, wo es auch als »Bauernkernöl« bekannt ist. Von dort trat es erst vor wenigen Jahren seinen Siegeszug in unsere Küche an. Vor dem Pressen werden die Kürbiskerne kurz geröstet, um den zunächst feinen, nussigen Geschmack der Kürbiskerne zu verstärken.

Kürbiskernöl schmeckt angenehm würzig und nussig, aber nicht schwer. Wegen dieses ausgeprägten Eigengeschmacks eignet es sich besonders für rustikale Salate und kalte Vorspeisen, aber auch zum Abschmecken von gedünstetem Gemüse oder anderen warmen Gerichten. Mit mehr als 50 Prozent mehrfach ungesättigter Fettsäuren ist Kürbiskernöl besonders wertvoll. Es wirkt heilsam bei Blasenleiden und Prostatabeschwerden.

Walnussöl
Dieses goldgelbe Öl wird im Biobereich nach alter französischer Handwerkstradition hergestellt. Zunächst werden die Kerne geröstet, dann erst gepresst. Der fein-herbe Nussgeschmack gibt Salaten, Süßspeisen, Gebäck und Nachspeisen eine spezielle Note. Besonders gut schmeckt es zu warmem Wurzelgemüse. Walnussöl hat ein sehr ausgewogenes Fettsäurespektrum und viel Provitamin A. Das schärft den Blick.

┈┈> Probieren Sie sich doch einfach mal durch das Ölregal des Biomarktes. Da gibt es z. B. Bourrasol, eine Mischung aus Borretschöl und Weizenkeimöl auf der Basis von Sonnenblumenöl, zu entdecken. Dieses Öl schmeckt köstlich auf Rohkost und Salat. Auch Bucheckernöl (wegen des hohen Ernteaufwandes eine echte Rarität) und Mohnöl sind wahre Delikatessen, sollten aber auch nur kalt verwendet werden.

Leinöl
Eine deutsche Spezialität, besonders gerne werden im Spreewald südöstlich von Berlin werden Pellkartoffeln mit Leinöl und Quark gegessen. Leinöl aus Leinsamen hat eine einmalig hohe Konzentration an dreifach ungesättigter Alpha-Linolensäure (Omega-3-Fettsäure) sowie viel Vitamin E. Die Leinpflanze gilt als eine der ältesten und vielseitigsten Kulturpflanzen, da nicht nur die ölhaltigen Samen,

sondern auch die wertvollen Leinfasern (Flachs) genutzt werden können. Leinöl schmeckt sehr intensiv und leicht bitter. Am besten vermischt man es mit anderen Ölen.

Hanföl

Nein, das kann man nicht rauchen. Selbstverständlich kommen auch bei Biohanföl nur drogenfreie Hanfpflanzen in die Ölmühle. Neben Linol- und Alpha-Linolensäure (Omega-3-Fettsäure) enthält Hanföl auch die dreifach ungesättigte Gamma-Linolensäure. Die dunkelgrüne Farbe des Öls entsteht durch den hohen Chlorophyllanteil. Hanföl verleiht mit seinem charakteristisch intensiven Geschmack allen Salaten und kalten Gerichten eine individuelle Note.

Erdnussöl

Dieses Öl hat einen sehr hohen Gehalt an mehrfach ungesättigten Fettsäuren, verglichen mit den anderen Nussölen. Es wird inzwischen von einigen Bioölmühlen angeboten. Das kaltgepresste Öl bringt natürlich den Geschmack der Erdnuss besser hervor als ein Öl, das unter Einwirkung von Hitze gepresst wurde: Die Ausbeute ist zwar höher, aber die Qualität leidet darunter. Den Geschmack muss man schon mögen! Asiatische Gerichte aus dem Wok werden traditionellerweise mit Erdnussöl gekocht oder gebraten.

Weizenkeimöl

Dieses Öl wird aus dem Keimling des Weizens gepresst, der bei der Herstellung von Weißmehl abfällt. Der Keimling macht nur zwei bis drei Prozent des Korns aus und besteht selbst nur zu zehn Prozent aus Fett, man kann sich nun vorstellen, wie viel Getreide man braucht, um 1 Liter Weizenkeimöl herzustellen: 1,6 Tonnen nämlich. Es ist besonders reich an Linolsäure, etwa 50 Prozent, und weist unter allen Speiseölen den höchsten Gehalt an Vitamin E auf. Dieser enorm hohe Gehalt an mehrfach ungesättigten Fettsäuren gibt dem Öl eine fast heilende Wirkung: Regulation von immunologischen und entzündungshemmenden Abläufen, gut für die Blutdruckregulation und -gerinnung.

Getränke

Die vier großen Gefühle des Menschen sind Liebe und Hass, Hunger und Durst. Doch nur eines ist ein Hinweis auf eine unmittelbar bevorstehende Lebensgefahr, ein wirkliches Alarmzeichen: der Durst. Getränke gehören damit zu den grundsätzlichsten aller Nahrungsmittel, sie sind aber auch die, die am stärksten verfeinert, gestaltet und leider auch deformiert werden. Wenn man heute Getränke kauft, dann erwirbt man, anders als bei Obst und Gemüse, Körnern oder Milchprodukten, keine ursprünglichen, reinen, nur leicht modifizierten Naturprodukte, sondern häufig stark verarbeitete Genussmittel, bei denen sich ein Blick auf die Zutaten- und Zusatzstoffliste lohnt.

Ob Kaffee und Tee, Fruchtsäfte, Bier, Wein und Erfrischungsgetränke – in Bioqualität gibt es nicht nur eine größere Auswahl in manchen Bereichen, es schmeckt auch besser. Was die Getränkeindustrie im Laufe der Jahrzehnte an Zusatz- und Ersatzstoffen erfunden hat, um das Produkt noch billiger produzieren zu können, wird in der Bioerzeugung weggelassen. Aromen z. B. werden durch die ursprünglichen Aromaspender ersetzt.

Der Begriff »Getränke« umschreibt ein breites Spektrum an Dingen, für die eigentlich nur zwei Bedingungen gelten: sie sind flüssig und sie sind keine Nahrungsmittel im klassischen Sinne – damit fallen die meisten Milchprodukte durch das Raster. Innerhalb dieser Getränkedefinition öffnet sich eine Welt vom reinen Wasser über Limonaden, alkoholische Getränke, Kaffee und Tee bis hin zu Lifestyledrinks im Ayurvedabereich, Wellnessdrinks mit sorgfältig eingestelltem Fermentsubstrat oder schlichtem Getreidekaffee auf Zichorienbasis. Da ein Großteil der Getränke verzehrfertig hergestellt wird, und es einen Unterschied macht, ob das Erfrischungsgetränk von der Firma A oder der Firma B kommt, werden in diesem Kapitel auch zahlreiche Marken und Firmen genannt. Diese Nennung kann immer nur beispielhaft sein – auch andere Mütter haben schöne Töchter.

Kaffee

Er ist das Getränk Nummer eins, stellt im Bundesdurchschnitt sogar das Bier in den Schatten. Es werden pro Jahr rund 500 Tonnen Kaffeebohnen verarbeitet – das macht im Schnitt pro Kaffeetrinker vier Tassen pro Tag oder mehr als 160 Liter im Jahr. Das freut nicht nur die Importeure, da lacht sogar der Finanzminister, der bekommt nämlich, was nicht jeder weiß, eine Kaffeesteuer in die Kasse.

Kaffee wird aus dem Samen des Kaffeestrauchs gewonnen, eines immergrünen Gewächses, das seinen Ursprung in Afrika hat. Der Legende nach beobachtete ein äthiopischer Ziegenhirt, wie aufgeregt seine Tiere wurden, wenn sie von den Früchten des Strauchs fraßen, und kam auf die Idee, aus den Samen einen Sud zu bereiten.

Vor gut 500 Jahren begannen arabische Züchter, Kaffeesträucher zu kultivieren und hatten über lange Jahre ein Monopol, das erst die Holländer im 17. Jahrhundert brachen, als sie eine Kaffeepflanze mit nach Hause brachten und deren Abkömmlinge in ihren tropischen Kolonien pflanzten. Franzosen und Spanier zogen nach, und deshalb gibt es Kaffee heute überall da, wo er gut wächst: in Afrika, in Asien und in Südamerika. Gegner der Globalisierung zeigen gerne auf die internationalen Kaffeemärkte, wenn sie vor den Gefahren des ungehemmten freien Marktes warnen: Weit unter zehn Prozent des Kaffeeendpreises kommt bei den Plantagenbesitzern an – gekauft wird, wo es billig ist; deshalb muss immer billiger produziert werden, auf Kosten der Plantagenarbeiter und der Verbraucher.

Das war 1675 anders. Als nämlich das erste Kaffeehaus in Bremen eröffnet wurde, war der Kaffeegenuss eine Sache der adligen Gesellschaft. Dorthin will zwar keiner zurück, immer mehr Kaffeetrinker bevorzugen aber nicht nur aus sozialen Aspekten, sondern auch aus dem Wunsch nach mehr Qualität Biokaffee.

Industriekaffee

An so mancher Kaffeepackung aus dem Supermarktregal, das Pfund nicht teurer als eine Schachtel Zigaretten, klebt viel Elend. Um die Kosten zu senken und Erträge zu steigern, ist so manches Mittel recht. Arbeiter auf Großplantagen werden miserabel bezahlt, viele leben in Schuldknechtschaft, leiden unter extremen Arbeitszeiten, müssen kleine Kinder mit zum Arbeiten auf das Feld nehmen, statt sie in die Schule zu schicken, wohnen in miserablen Hütten und werden kaum medizinisch versorgt. Autarke Kleinbauern können dem Preisdruck durch das Überangebot von Kaffee auf dem Weltmarkt quasi nicht mehr standhalten. Da viele tropische Länder auf Kaffeeplantagen gesetzt haben und mit ihnen auch ihre Deviseneinnahmen erzielen, können selbst gutwillige Politiker diesen Mechanismus nicht einfach anhalten. Monokulturen machen die Plantagen anfällig für Krankheiten und Schädlinge; die Antwort der Industrie sind chemische Schädlingsbekämpfungsmittel. Die werden massiv eingesetzt, die Arbeiter auf den Plantagen sind diesen Giften oft schutzlos ausgeliefert. Da sie in der Regel ungebildet sind, verstehen sie die Vorschriften zum Umgang mit Pestiziden nicht, werden krank und schicken ihre Kinder in den Giftnebel. Monokulturen sind zudem auf chemisch-synthetische Düngemittel angewiesen, die Bodenfruchtbarkeit geht verloren, Pflanzen und Tiere sterben aus, das Wasser wird verseucht. Das alles hat natürlich auch seine direkten Auswirkungen auf den Kaffeegenuss in Deutschland. Wo sich der eine fragt, unter welchen Qualen dieses billige Produkt hergestellt wurde, fragt sich der andere, ob von all der Chemie und all dem Gift nicht doch mehr in der eigenen Tasse landet, als man möchte.

Biokaffee

Biokaffee ist die Antwort auf diese Fragen. Er ist ökologisch und sozial um Klassen besser. Im Rahmen des kontrolliert biologischen Kaffeeanbaus werden völlig andere Wege beschritten. Von Anfang an haben sich die Initiatoren von Biokaffee-Anbauprojekten nicht nur für die kontrolliert ökologische Qualität des importierten Kaffees interessiert, sondern auch für die Lebens- und Arbeitsbedingungen der Erzeuger.

----▸ Versuchen Sie einmal den Kaffee der ältesten biologischen Kaffeeplantage der Welt im mexikanischen Chiapas. Auf der Finca Irlanda wird schon seit 1928 Kaffee in Demeter-Qualität erzeugt.

Biokaffee ist teurer als Supermarktkaffee, nicht aber so teuer, dass ihn sich nur Neureichs leisten könnten. Ein Grund ist neben der hohen Qualität und der nachhaltigen Bewirtschaftung der Plantagen das Ringen um eine faire Beteiligung der Kaffeebauern am Kaffeepreis. Hier geht es nicht darum, dass jeder Kaffeepflücker in klimatisierten Limousinen reist, sondern nur darum, dass er es seinen Kindern ermöglichen kann, lesen und schreiben zu lernen.

Um den aufwändig anzubauenden Biokaffee für die Bauern interessant zu machen, werden beispielsweise langfristige Abnahmeverträge für die Ernten vereinbart. Es wird Geld vorgeschossen und insgesamt deutlich über Weltmarktniveau bezahlt. Dieser Preisunterschied kommt aber nicht in aller Härte in Europa an, da gezielt Zwischenhändler und Spekulanten ausgeschaltet werden. Wo möglich und notwendig, wird der Aufbau von medizinischen und sozialen Einrichtungen finanziell unterstützt. Beim Kaffeeanbau werden höchste Qualitätsmaßstäbe angelegt. Um auf chemische Hilfsmittel verzichten zu können, werden die Plantagen zu einem sich selbst regulierenden Ganzen gestaltet. Neben den Kaffeepflanzen werden z. B. Eukalyptusbäume, Bananen, Nahrungs- und Gewürzpflanzen angebaut. Zum Düngen nimmt man das Fruchtfleisch der Kaffeekirschen und die Hornschalen der Kaffeebohnen, mischt diese »Abfallprodukte« mit Mist, Kompost und

Mineralien und düngt von Hand. Gegen den gefürchteten Kaffeekäfer, der ganze Ernten zerstören kann, wird die Schlupfwespe und nicht die chemische Keule eingesetzt. Da es so gelingt, die vielfältige Pflanzen- und Tierwelt zu erhalten, die sonst in einer Monokultur ausgerottet werden würde, wird der Boden nicht ausgelaugt, sondern fruchtbarer. Die Bodenerosion ist kein großes Thema mehr. All das kann natürlich nur klappen, wenn man den »Freunden und Nachbarn« der Kaffeesträucher genügend Platz lässt, deshalb werden auf einer ökologisch geführten Kaffeeplantage 2 500 Kaffeepflanzen pro Hektar angepflanzt – in der industriellen Produktion ist es das Doppelte.

┈┈┈⟫ Viele Fernreisende besuchen kaffeeproduzierende Länder der Dritten Welt. Fragen Sie doch einmal nach einer Bioplantage, man wird Sie Ihnen sicher gerne zeigen – und auch noch die Schule, das Frauenprojekt und den Dorfbrunnen. Wenn Sie von einem Land mehr kennen lernen wollen als den Strand und den Souvenirshop, ist ein Biokaffeeprojekt eine ausgezeichnete Möglichkeit dazu.

Von der Kirsche bis zur Bohne
Kaffee beginnt immer mit den kleinen, dunkelroten Steinfrüchten des Kaffeestrauchs, die so heißen wie sie aussehen: Kaffeekirschen. Die Kaffeebohnen sind das Innere des Kaffeekirschkerns. Es gibt zwar mehrere Kaffeepflanzenarten, für den Kaffeegenießer sind aber nur zwei wichtig: die Arabica-Pflanze, die in höheren Lagen zwischen 600 und 1 200 Metern wächst und deren Kaffee sehr milde und aromatisch schmeckt, und die Robusta-Pflanze. Die ist wie ihr Name: unempfindlicher als die Arabica, außerdem ertragreicher, aber auch etwas herber. Die Arabica-Bohne ist hochwertiger und teurer, aber auch die Robusta-Bohne hat ihre Berechtigung, sie wird manchem Arabica-Kaffee beigemischt, um ihn nach unten abzurunden. Wich-

tig ist das u. a. beim italienischen Espresso. Fachleute können stundenlang darüber diskutieren, in welcher Kaffeemaschine man das Wasser mit welchem Druck durch das Kaffeemehl jagt und aus welcher Arabica-Robusta-Mischung dieses gewonnen werden muss.

⸺⟩ Die italienische Kaffeemaschine hat beim mitteleuropäischen Mann der oberen Mittelschicht eine ganz besondere Funktion eingenommen. Sie ist eine Mischung zwischen Statussymbol und Spielzeug, eine Art Rolex-Dampfmaschine. Wenn Sie sich gehörig für das Gerät interessieren, sich das Manometer erklären lassen und ihn sogar fragen, wie er die »Crema« auf dem Espresso hinbekommen hat – dann haben Sie schon gewonnen. Von diesem Mann können Sie alles haben.

Die Kaffeekirsche, egal ob Robusta oder Arabica, wird im biologischen Anbau sorgfältig von Hand gepflückt. Nun wird sie rund acht Stunden in Wasser eingeweicht, damit sich der größte Teil des Fruchtfleisches in Walzenquetschmaschinen entfernen lässt. Danach geht es wieder in den Wasserbottich, damit sich die letzten Fruchtfleischreste zersetzen. Nun hat man den Steinkern, der wird an der Sonne getrocknet und dann geknackt. Schließlich werden die graugrüne Kaffeebohnen handsortiert und verlesen verpackt. Anders als beim konventionellen Kaffee, bei dem die Importeure möglichst billig den Rohstoff an allen Ecken und Enden der Welt zusammenkaufen, gibt es den Biokaffee in unterschiedlichsten Geschmacksvarianten. Wie beim Wein kann man zwischen Lage, Klima, Boden und Relief des Anbaugebietes auswählen.

Rösten
Beim Rösten entscheiden sich das eigentliche Aroma und die Farbe der »fertigen« Kaffeebohne. Die Kaffeerösterei ist eine hohe Kunst, die viel Erfahrung und ein gutes Ge-

spür braucht, wann der richtige »Punkt« getroffen ist. Sekunden können hier über den Geschmack entscheiden, für jede Kaffeesorte gelten eigene Werte. Beim Biorösten werden die Bohnen etwa 15 Minuten lang auf 200 bis 220 °C erhitzt, in konventionellen Kaffeeröstereien geht das in drei bis vier Minuten bei 280 bis 300 °C. Da Kaffeerösten technisch sehr anspruchsvoll ist, geschieht es meist in Nordamerika und Europa, dort wo der Kaffee dann auch gleich verpackt und verkauft wird. Eine der wenigen Ausnahmen ist die Firma Lebensbaum, die zusammen mit einer deutschen Qualitätsrösterei einen kleinen, professionellen Röstereibetrieb in ihrer Partnerkooperative Otilio Montano in Mexiko aufgebaut hat.

Kaffee im Handel
Die im Biohandel angebotenen Kaffeesorten sind meist reine Arabica-Sorten. Wenn etwas Robusta-Kaffee dabei ist, um einen kräftigen Geschmack zu erzielen, steht es auf der Packung. Biokaffee stammt meist aus Anbauprojekten in Mittel- und Südamerika. Es gibt sowohl ganze Bohnen als auch gemahlenen und Instantkaffee.

⋯⋯▸ Frisch gemahlener Kaffee schmeckt am besten, deshalb lohnt es sich, ganze Bohnen zu kaufen und sich eine Kaffeemühle zu besorgen. Die mahlen heute auch so fein, dass man Espresso damit machen kann. Ganze Kaffeebohnen halten ihr Aroma im Eisfach!

Wer seinen Koffeinkonsum reduzieren will, der greift vielleicht zum koffeinfreien Kaffee. Hier ist Bioqualität dringend zu empfehlen. Denn wer etwas für seine Gesundheit tun will, muss beim entkoffeinierten Kaffee genau hinsehen. Bei der konventionellen Entkoffeinierung werden oft chlorierte Kohlenwasserstoffe und andere Chemikalien verwendet. Biokaffeeproduzenten stellen ihren Entkoffeinierten z. B. mit ungiftiger Kohlensäure her. Im Bioladen gibt es auch »Chicco mezzo«, eine Mischung aus Bohnenkaffee und Getreidekaffee. Schließlich gibt es noch den Trick mit den zwei Kaffeedosen. Eine ist mit ganz normalem Kaffee gefüllt, die andere mit entkoffeiniertem. Da gibt es morgens die Mischung 3+1 Kaffelot pro Kanne, mittags 2+2 und abends 1+3. Die Alternative für die, die zwar am Koffein, nicht aber am Geschmack sparen wollen.

Der beste Biokaffee ist wahrscheinlich der Demeter-Kaffee von der Finca Irlanda in Mexiko, den die Firma Lebensbaum vertreibt. Auch die anderen Biokaffees sind in der Regel Spitzenkaffees, da sie sich sonst am Markt gar nicht halten könnten. Eine Spezialität ist Bioespresso – der wird natürlich in Italien geröstet. Und gilt unter Kennern als besonders magenfreundlich.

---> Es gibt viele Möglichkeiten Kaffee zuzubereiten, nicht nur das Filtern. Unsere Großeltern kannten den »polnischen Kaffee«, bei dem das Kaffeemehl in die Kanne gegeben und aufgebrüht wird, im Urlaub lernte ich den griechischen Kaffee und den türkischen Mocca lieben, Italien zeigte mir den Espresso, vor ein paar Jahren bekam ich einen französischen Kaffeebereiter geschenkt, einen Glaskolben mit Siebstempel. Alles habe ich ausprobiert, heute bin ich zumindest beim Kaffee bekennender Italiener. Egal, ob ich in einem unserer Läden die riesige Kaffeemaschine bediene oder zu Hause die kleine Espressomaschine in Aktion bringe – ich halte den italienischen Weg für den schönsten. Insbesondere, da die Italiener den Kaffee stets »frisch« mahlen und so die ätherischen Öle in der Tasse landen und nicht in der Luft. Auf den Druck kommt es an, mit dem der Dampf durch den Kaffee gepresst wird, je höher der Druck, desto bekömmlicher das Endergebnis. Und der Druck erzeugt auch die überlebenswichtige Crema.

Georg Schweisfurth

Ersatzkaffee

Kaffee, der keiner ist, aber so aussieht und annähernd so schmeckt, wird gerne Muckefuck oder Blümchenkaffee genannt – beide Bezeichnungen haben einen tiefen Sinn. Muckefuck leitet sich von dem französischen »mocca faux«, dem »falschen Kaffee« ab, Blümchenkaffee wird aus den Wurzeln der leuchtendblauen Wegwarte (Zichorie) gewonnen. Es gibt zwei Gründe, um Kaffee zu ersetzen: Entweder man hat keinen oder man will ihn wegen seiner Gerbsäure und des Koffeins nicht hemmungslos trinken. Der erste Grund galt vor allem in Kriegs- und Nachkriegszeiten des letzten Jahrhunderts, der andere spielt heute eine Rolle. Ersatzkaffee lässt sich aus Zichorie, aus Getreide oder Eicheln gewinnen und hat im Biohandel eine Renaissance erfahren. Während der »originale« Ersatzkaffee meist aus Gerste bestand, gibt es heute eine ganze Reihe an Rezepturen. Die »klassischen« Zutaten sind Getreide, Zichorien, Eicheln, und Feigen.

·····》 Welche wunderbaren und gesundheitsförderlichen Eigenschaften der Dinkel hat, wissen Sie schon aus dem Körnerkapitel. Neuerdings gibt es auch Dinkelkaffee. Wer sich wegen der Wirkung des Dinkels ganz besonders sputen will, also vielleicht eine eilige Hildegard, der findet im Bioladen sogar Dinkelinstantkaffee.

Ursprünglich war die Gerste das Getreide der Wahl bei der Getreidekaffeeproduktion. Heute wird auch Roggen verwendet, da er einen recht kräftigen Geschmack entwickelt. In der Regel wird die Gerste genauso wie beim Bierbrauen gemälzt – nur dass am Schluss kein Pils, sondern ein Malzkaffee steht. Dabei werden die Getreidekörner zunächst in Wasser eingeweicht und zum Keimen gebracht. Während dieses Keimvorgangs entwickeln sich Enzyme, die die Getreidestärke zu Malzzucker abbauen. Der Keimvorgang wird nach einer gewissen Zeit gestoppt, die Getreidekörner werden getrocknet und schließlich wird das so erhaltene Grünmalz bei langsam steigenden Temperaturen gedarrt. Durch den Mälzprozess bekommt das Getreide einen leicht süßlichen Geschmack.

Die fleischige Rübe der Wegwarte/Zichorie diente schon den Griechen und Römern als Heilpflanze und als Gemüse. Eine größere Bedeutung bekam die Pflanze aber erst, als man zu Beginn des 18. Jahrhunderts entdeckte, dass man aus ihrer getrockneten, gerösteten und gemahlenen Wurzel Ersatzkaffee herstellen kann. Friedrich der Große, der von teuren Kaffeeimporten unabhängig sein wollte, befahl daraufhin den Zichorienanbau in Preußen. Auch die anderen deutschen Länder ließen sich davon anstecken. Heute wird die Zichorie als Bestandteil vieler Getreidekaffeerezepturen wegen ihres Gehaltes an Gerb- und Bitterstoffen geschätzt. Die leicht bittere Geschmackskomponente regt außerdem die Leber- und Gallenfunktion an und fördert so die Verdauung von Fetten und Eiweißen. So dass der Kaffee nach dem Essen dem Magen schmeichelt, statt ihn zu belasten.

⸳⸾⸾⸾⸽ Eigentlich bin ich kaffeeabhängig, manchmal muss ich mir aber selber das Gegenteil beweisen. Mit gutem Getreidekaffee schmeckt mir das Frühstück dann genauso gut, ich erlebe dann auch ein besonderes, ein unabhängiges Lebensgefühl, weil ich auf das Aufputschmittel Koffein verzichte und mein Körper auf einmal auf sein eigenes Adrenalin angewiesen ist.

Georg Schweisfurth

Eichelkaffee ist der klassische Kriegs- und Notkaffee. Heute geben geröstete und gemahlene Eicheln manchem Ersatzkaffee eine herbe, leicht nussige Note. In einigen Ersatzkaffees werden auch getrocknete und gemahlene Feigen verwendet, sie geben ihre natürliche Süße dazu.

Diese »klassischen« Zutaten gibt es nun bei verschiedenen Produzenten in unterschiedlicher Zusammensetzung, zusätzlich gibt es auch gewürzte Varianten mit Kakao, Kardamom, Anis, Vanille oder sogar Lakritze. Zwei Besonderheiten unter den Ersatzkaffees sind der Soja-Kaffee aus gerösteten Sojabohnen und »Café Pino« aus den gerösteten Süßlupinensamen.

Kakao

Kakao ist der flüssige Bruder der Schokolade, beide haben die gleiche Mutter, die Kakaofrucht. Diese gurkenähnliche, 25 bis 30 Zentimeter lange Frucht des Kakaobaumes hat in ihrem Inneren 30 bis 60 mandelförmige Samen, die Kakaobohnen. Sie sind rar und teuer. Ein Kakaobaum liefert maximal zwei Kilo Samen pro Jahr. Im Südamerika, der Heimat des Kakaobaumes, wurde der Kakaobaum früher als Geschenk der Götter verehrt. Er spielte eine wichtige Rolle in der indianischen Mythologie und wurde sehr früh von den indianischen Ureinwohnern kultiviert. Die Bohnen waren Opfergabe und Nahrungsmittel, »Xocolatl« war ein Brei aus gerösteten, zerriebenen Kakaobohnen, Maismehl und Wasser, der aufgekocht, mit Honig, Pfeffer und Vanille verfeinert und heiß serviert wurde. Das X von Xocolatl spricht man »Tsch« – versuchen Sie das ganze Wort mal laut auszusprechen, dann wissen Sie, welcher deutsche Begriff hier seine indianische Wurzel verrät! Xocolatl ist der Vorläufer des heutigen Kakaos. Die Spanier brachten die Kakaobohnen nach Europa, allerdings schmeckte der eher bittere und fettige Xocolatl nur wenigen. Im 17. Jahrhundert kam man dann auf die großartige Idee, den Kakao mit einem anderen Stoff aus den Kolonien zu vermischen – dem Zucker. Kakao wurde zum Modegetränk, bald gab es Schokoladentafeln und Pralinen, mit dem steigenden Kakaoverbrauch entwickelte sich eine umfangreiche Industrie. In Südamerika, auf Ceylon, in Indonesien, Neuguinea, auf den Philippinen und seit Ende des 19. Jahrhunderts auch in Afrika, wurden große Plantagen angelegt.

Das Schicksal des Kakaos und der Kakaobauern entspricht leider in weiten Teilen dem Schicksal des Kaffees
und der Kaffeebauern. Kakao wird auf dem Weltmarkt zu
Spottpreisen gehandelt, seine Produzenten darben. Aber
wie beim Kaffee gibt es auch beim Kakao zahlreiche Bio-
initiativen, die Wert auf umweltgerechte, faire und qualitativ hochwertige Produkte und Produktionsweisen legen.
In Bolivien gibt es beispielsweise die Kleinbauernkoope-
rative »El Ceibo«, die heute knapp 40 lokale Genossen-
schaften mit 850 Bauern umfasst. Zusammen mit ihren
Familien sind es etwa 5000 Menschen, die jährlich etwa
400 Tonnen Kakao produzieren, rund 50 Prozent davon
nach den Richtlinien des kontrolliert biologischen Landbaus. Die Genossenschaftsbauern erhalten einen erheblich besseren Preis für ihren Rohkakao. Diejenigen unter
ihnen, die ihre Parzellen biologisch bewirtschaften, bekommen außerdem eine »Bioprämie«.

Von der Frucht bis zur Bohne

Die vollreifen Kakaofrüchte werden vom Baum geschlagen
und aufgeklopft. Die freigelegten Kakaobohnen werden
jetzt samt Fruchtfleisch herausgelöst, in Kästen geschüttet und abgedeckt. Der Zucker im Fruchtfleisch fermentiert, dadurch wird das Fruchtfleisch zersetzt. Nach etwa
einer Woche werden die Bohnen gewaschen und anschließend getrocknet. In konventionellen Betrieben würden die
Kakaobohnen noch mit Methylbromid begast, um sie halt-
barer zu machen und Schädlinge fernzuhalten, im Biobereich ist das natürlich verboten. Nun müssen die getrockneten Kakaobohnen gereinigt und anschließend geröstet
werden. Dadurch erhält der Kakao sein typisches Aroma
und die charakteristische braune Farbe, außerdem lösen
sich die Schalen und Keimlinge. Die geplatzten, schalenlosen Kerne werden jetzt zu einem dickflüssigen, fetthaltigen Brei, der Kakaomasse, zermahlen. Presst man diese
Masse nun aus, erhält man Kakaobutter, die insbesondere
für Schokolade gebraucht wird. Im Biobereich wird rein
mechanisch gepresst, im konventionellen Bereich wird

das Fett oftmals mit Hilfe chemischer Lösungsmittel herausgezogen. Je nachdem, wie stark man der Kakaomasse die Kakaobutter entzogen hat, bleibt schwach entölter Kakao mit rund 20 Prozent Fett oder stark entölter Kakao mit noch rund zehn Prozent Fett übrig. Trinken kann man die großen Presskuchen aus der Kakaomühle allerdings noch nicht, sie müssen erst noch gemahlen werden. Echter Kakao ist nicht sehr süß, die »kakaohaltigen Getränkepulver« bestehen zum Großteil aus Zucker. Aber auch hier macht Bio den Unterschied. Im Biobereich liegt das Mischungsverhältnis bei etwa 40 Prozent Kakao zu 60 Prozent Vollrohrzucker, im konventionellen Bereich bei etwa 20 Prozent Kakao zu 80 Prozent Weißzucker. Außerdem finden sich in Getränkepulvern der Industrie oft bis manchmal auch noch Emulgatoren und künstliche Aroma- und Geschmacksstoffe.

·····> An kalten Wintertagen brauche ich manchmal eine Tasse heiße Schokolade. Was heißt, ich brauche? – ICH MUSS HEISSE SCHOKOLADE HABEN!!!!! Ganz stark ist dieser Drang, wenn ich den ganzen Tag auf Snowboard oder Skiern gestanden habe. Da hilft kein Tee, da nützt kein Cappuccino, da schreit mein Körper nach heißer Schokolade. Die mache ich mir dann aber auch selbst: reines Biokakaopulver, auf 70 °C aufgewärmte Vollmilch, etwas Vollrohrzucker und dann alles mit dem Milchaufschäumer durchgerührt. Diesen Genuss gibt es in keiner Berghütte. *Georg Schweisfurth*

Tee

Tee ist das zweitwichtigste Getränk der Welt – gleich nach dem Wasser. Auch wenn in Deutschland der Kaffee dem Tee den Rang abläuft, wird Tee bei uns immer beliebter. In den 1970er Jahren zog der aromatisierte Schwarztee in Deutschland ein, in den 1980er Jahren wurde der grüne

Tee immer beliebter, in den 1990er Jahren war es der Pu-
erh-Tee aus der chinesischen Region Xishuangbanna, der
die deutschen Teetrinker begeisterte.

Heute gibt es in bester Bioqualität Schwarz-, Grün-, Kräu-
ter- und Früchtetees, Teemischungen und aromatisierte
Tees – man könnte zehn Meter lange Teeregale aufbauen.
Tee erlebt im Biobereich einen wahren Boom, ein Grund
ist die Berichterstattung in den Medien über die unerfreu-
lichen und menschenverachtenden Zustände in indus-
triell-konventionellen Teeplantagen. Viele Teetrinker be-
schleicht das eigenartige Gefühl, beim Aufgießen allerlei
Pestizide von den Oberflächen der Teeblätter in den Tee zu
schwemmen. Pestizide sind das große Problem beim Tee.
Im fernen Osten werden noch immer Präparate verwendet,
die bei uns längst verboten sind, das Gift wird von Teebau-
ern per Hand und weitgehend unkontrolliert auf die Pflanzen gesprüht, es ruiniert die Gesundheit der Teepflücker,
gefährdet die Gesundheit der Teetrinker. Und wer kann mit
diesem Hintergrundwissen noch eine Tasse Tee genießen?
Biotee ist für viele bewusste Verbraucher die Lösung. Synthetische Düngemittel und Pestizide sind verboten, das
Problem wird direkt an der Wurzel angegriffen. Alle Bioim-
porteure lassen außerdem den Tee in High-Tech-Labors
auf Rückstände untersuchen, mit Gaschromatographen
werden möglicherweise eingeschmuggelte Pestizide auf-
gespürt.

Tee ist in vielen Kulturen der Welt Tradition. Er ist sowohl
als Genuss- als auch als Heilmittel von herausragender
Bedeutung. Die Urheimat der Teepflanze wird im indi-
schen Assam vermutet, von wo aus sie vor 4700 Jahren
nach China kam. Dort wurden die Teeblätter zunächst als
Arzneimittel verwendet, bevor der Tee dann vor gut 1000
Jahren zum Volksgetränk wurde – sehr zur Freude der
Mächtigen übrigens, die ordentlich Teesteuer kassierten.
Aus dem alten China brachten buddhistische Mönche den
Tee als Heiltrank nach Japan. Dort dauerte es aber bis zum

14. Jahrhundert, bis sich der Tee auch in Japan zu einem weit verbreiteten Volksgetränk entwickelte. Davor waren die Kultivierung der Pflanzen und der Teegenuss Teil des buddhistischen Tempellebens und dessen religiöser Riten. Hier, im Rahmen des Zen-Buddhismus, entwickelte sich dann die weltberühmte japanische Teezeremonie »Chano-Yu«. Nach Europa kam der Tee im 17. Jahrhundert mit den Holländern, ab dem 18. Jahrhundert übernahmen dann die Engländer das Teemonopol. Sie begannen den Tee in Indien und Ceylon (Sri Lanka) auf ehemaligen Kaffeeplantagen anzubauen. Heute steht Indien an der Spitze der Welt-Teeproduktion, gefolgt von China, Sri Lanka, Kenia, Indonesien, der Türkei und Japan.

Konventioneller Teeanbau

Aus den ehemals gartenähnlichen Anbaustrukturen sind heute weltweit mehrere 100 Hektar große Monokulturen geworden, die meist unter hohem Einsatz chemisch-synthetischer Dünge- und Pflanzenschutzmittel bewirtschaftet werden. Strauch an Strauch, dicht gedrängt, werden die Teepflanzen kultiviert. Das ist auf kurze Sicht zwar zweckmäßig und ertragreich, es bringt aber auch mit sich, dass sich Schädlinge und Krankheiten rasch ausbreiten und die natürliche Fruchtbarkeit der Böden rapide abnimmt. Außerdem werden in den Teeanbaugebieten nach wie vor tropische Regenwälder abgeholzt, um Platz für neue Teeplantagen zu schaffen. Die Folgen sind Bodenerosionen, Erdrutsche und Überschwemmungen. Da mit dem exportorientierten Teeanbau Devisen erwirtschaftet werden, wird zudem der Anbau von Gemüse und Getreide für die Bevölkerung vernachlässigt. Diese Bevölkerung wird nun in immer höherem Maße in die Arbeitslosigkeit getrieben, da die Teeernte und Weiterverarbeitung immer technischer und immer maschineller werden. Auf lange Sicht ist der konventionelle Teeanbau also höchst problematisch. Um dieses zu erkennen, muss man übrigens kein engagierter Entwicklungshelfer sein, es reicht schon ein Blick auf die immer weiter sinkende Teequalität.

Darjeeling in Gefahr

In der nordindischen Provinz Darjeeling, an den Südhängen des Himalaya, liegen die besten Teeanbaugebiete der Welt. Die Teesträucher gedeihen in Höhenlagen zwischen 300 und 2400 Metern und liefern einen Tee mit charakteristischem mild-aromatischem, blumigem Charakter, der für viele Teetrinker der »Champagner« unter den Tees ist. Tee ist in Darjeeling der Exportfaktor Nummer eins, auf etwa 20 000 Hektar werden jährlich ca. 13 000 Tonnen Tee geerntet. Darjeeling leidet unter Entwaldung und Erosion, weite Teile des Landes stöhnen unter dem massiven Einsatz von chemisch-synthetischen Pestiziden, die Teepflanzen sind alt und werden durch Krankheiten und sinkende Bodenqualität immer weniger. In vielen Teeplantagen Darjeelings sind bereits über 40 Zentimeter Boden verloren gegangen, die Jahresproduktion ist von 890 Kilo pro Hektar im Jahr 1960 auf 640 Kilo pro Hektar im Jahr 1997 zurückgegangen. Die Zukunft des weltberühmten Darjeeling-Tees ist also in Gefahr.

Bio-Darjeeling

Der Ausweg ist, die Teeplantagen auf biologischen Anbau umzustellen, hin zu nachhaltigen, die natürlichen Lebensgrundlagen schonenden Produktionsbedingungen. Im Jahr 2001 produzierten bereits sechs von 70 Plantagen in Darjeeling Biotee. Eine dieser Plantagen ist der Teegarten Ambootia, in dem 4500 Menschen wie in einem Dorf leben und arbeiten. Biotee produziert man hier seit 1993, seit 1997 hat Ambootia die Demeter-Anerkennung. Die Art und Weise, in der mit Umwelt, Teesträuchern und Menschen umgegangen wird, ist beispielhaft. Bei der Anpflanzung der Sträucher berücksichtigt man den Verlauf der Berghänge, schnell wachsende Gräser schützen die Teepflanzen vor Wind. Der Dünger besteht aus Kompost oder Mist, auf Chemie wird verzichtet. Schädlingen wie Teemoskitos wird das Leben mit Zitronengrassud schwer gemacht, in schattigen Bäumen leben Nützlinge wie Marienkäfer oder Schlupfwespen.

183

All diese Schritte führen dazu, dass die ehemalige Monokultur Schritt für Schritt zur Natur zurückkehrt. Dazu kommen noch soziale Projekte wie Gemüseanbau zur Versorgung der Arbeiter, Bildungs-, Gesundheits- und Kulturprogramme sowie das Verbot von Kinderarbeit.

Die Teepflanze und ihre Teeblätter
In mildem Klima, zwischen 18 und 28 °C wächst die immergrüne Teepflanze, ein Strauch mit dunklen länglichen lederartigen Blättern.

⸺⸽ Das ideale Klima, die perfekte Mischung aus milden Temperaturen und regelmäßigen Niederschlägen findet man in den tropischen Anbauländern im Hochland. Deshalb wächst dort auch der beste Tee. Er hat einen besonders feinen und aromatischen Charakter. Wer im Bioladen Hochlandtee kauft, kann eigentlich nichts falsch machen.

Für hochwertige Tees werden ausschließlich die oberste Blattknospe und die zwei darauffolgenden jüngsten Blätter eines Triebes gepflückt. In den traditionellen Teeregionen wird in der Regel noch heute von Hand geerntet, in manchen neueren Anbauländern wird aber auch schon maschinell gearbeitet. Beste Qualitäten gibt es aber nur in Handarbeit, da bei maschineller Pflückung nicht so sauber nach älteren und jüngeren Blättern unterschieden wird – und nur die jüngeren geben den besten Tee! Eine routinierte Pflückerin schafft rund 20 Kilo frische Teeblätter, das entspricht rund fünf Kilo Trockentee.

Verarbeitung
Es ist der Teepflanze ganz egal, ob der Mensch aus ihren Blättern Schwarztee, Grüntee oder Oolong macht, alle drei Tees haben denselben Ursprung. Der Unterschied liegt in der Verarbeitung.

Schwarztee

Vom Teeblatt bis zum Schwarztee sind in der klassischen und biologischen Produktion fünf bis sechs Bearbeitungsstufen notwendig. Zunächst das Welken, dann das Rollen, nun das Fermentieren, das Trocknen der Blätter und schließlich das Sortieren und Zerkleinern. Beim Welken werden die Blätter weich und geschmeidig gemacht. Man breitet sie auf Trockengestellen aus und entzieht ihnen mit Ventilatoren 20 bis 30 Prozent Feuchtigkeit. Die gewelkten grünen Blätter werden dann in großen Maschinen gerollt. Dabei werden die Zellwände der Teeblätter aufgebrochen, damit der Zellsaft austritt und bestimmte Inhaltsstoffe freigesetzt werden, die für das Fermentieren zuständig sind. Dafür werden die Blätter in kühlen Räumen ausgebreitet, die Arbeit übernimmt der Luftsauerstoff. Während der Fermentierung verfärben sich die Teeblätter von grün nach dunkelrot – genau die Farbe, die Tee später beim Aufgießen in der Tasse hat. Außerdem entsteht hier das typische Teearoma. Die große Kunst ist es, die Fermentierung zum richtigen Zeitpunkt zu beenden. Das geschieht durch das Trocknen in speziellen Heißluftöfen. Der schwarze Tee, der den Trockenofen verlässt, wird nun in Siebmaschinen nach verschiedenen Blattgrößen sortiert. Diese Blattgrößen spielen später auch in Deutschland eine Rolle. Es gibt Blatt-Tee aus ganzen Blättern, Broken-Tee aus kleineren Blattstücken, die beim Rollen entstanden sind, Fannings, also kleine Blattteilchen ohne Stängel und Rippen und den staubfeinen Dust, die kleinste Sortierung.

⸱⸱⸱⸱⸱﹥ Je mehr ein Teeblatt zerkleinert ist, desto ergiebiger ist der Aufguss, da bei größerer Oberfläche die Inhaltsstoffe schneller gelöst werden. Deshalb sind Fannings und Dust die »schnellsten«, eignen sich besonders für Teebeutel, damit die vielen feinen Teepartikel nicht den guten Tee eintrüben.

Wichtig ist, aus welchem Pflanzenteil der Tee stammt. Die Blütenknospen werden Flowery Orange Pekoe genannt und FOP abgekürzt, die jüngsten Blätter heißen Orange Pekoe/OP. Geringere Qualitäten aus gröberen oder älteren Blättern, Stielen, Stängelteilen usw. heißen beispielsweise Pekoe, Pekoe Souchong und Souchong. Um die Verwirrung komplett zu machen, sind diese Bezeichnungen nicht standardisiert und können je nach Anbaugebiet und Plantage variieren. Der vielleicht schönste Teename, bei dessen Aussprache man aber keine Kekse gegessen haben sollte, lautet vielleicht SFTGFOP, die Abkürzung von »Special Fine Tippy Golden Flowery Orange Pekoe«. Der Tee heißt nicht nur schön, er schmeckt auch wunderbar, SFTGFOP steht für besonders schöne und viele goldfarbige, blütenartige Blattknospen und fein behaarte junge Blättchen. Wer sowohl die Abkürzung als auch den ganzen Namen fehlerfrei aussprechen kann, hat sich eine Tasse Tee verdient.

····⟩ In vielen Teenamen taucht das Wort »Orange« auf – das hat aber weder mit der Frucht noch mit der Farbe Orange zu tun, sondern mit den holländischen Kolonialherren. Der niederländische König trägt noch heute den Titel »Prinz von Oranien«. Ein Orange im Teenamen deutet also auf Königliches hin.

Die Qualität eines Tees definiert sich aber nicht nur über Blattgrößen und das verwendete Pflanzenteil, wichtig sind vor allem das Anbaugebiet, die Anbaumethode, der Erntezeitpunkt, das Ernteverfahren und die Verarbeitungsmethoden. Als Faustregel kann gelten: Knospen und junge Blätter aus Bioanbau und früher Ernte (first flush) geben die besten mild-aromatischen Tees. Wenn Biotee dann noch alle Laborprüfungen mit Bravour besteht und der Verkoster einer Bioteefirma seine Zustimmung gibt, dann darf der Tee in deutsche Bioläden.

Der Schwarztee, der im Biohandel angeboten wird, stammt aus zahlreichen unterschiedlichen Teeanbaugebieten. Es gibt den kräftigen Assam, den vornehmen Darjeeling, den würzigen Doars, den herb-kräftigen Ceylon, den fein-herben und gerbstoffarmen China, dazu bekannte Schwarzteemischungen wie den »English Breakfast« und die »Ostfriesische Mischung«. Gerne werden auch aromatisierte Schwarztees gekauft. Vom mit Bergamotte-öl aromatisierten »Earl Grey« über Vanille-, Orangen-, Grapefruit-, Minze-, Ingwer-, Kardamom- und Nelkentee bis zum Zimttee. Biologische Schwarztees gibt es lose und im Teebeutel.

┄┄┄> Neben der hochwertigen klassischen Teeproduktion setzt sich in der Industrie immer mehr das CTC-Verfahren durch. CTC heißt: Crushing (Zerbrechen), Tearing (Zerreißen) und Curling (Rollen). Hier wird das grüne Blatt zunächst auch gewelkt, dann nur einmal gerollt und nach einer Siebung zwischen Dornwalzen zerrissen. Dadurch werden die Zellen sehr gründlich und schneller aufgebrochen als bei der klassischen Produktion, der Fermentationsprozess wird ebenfalls beschleunigt. Bei der CTC-Produktion lassen sich keine Blatt-Tees und auch nur bedingt Broken-Tees herstellen, CTC-Tees sind meist Fannings für Teebeutel. Die Qualität des Tees leidet, dafür ist die Produktion schnell und billig. Schließlich kann man alles einfach in den »Reißwolf« stecken und braucht am Ende auch nur noch 0,3 bis 0,5 Gramm Tee-»Pulver« für eine Tasse – das entspricht einer Teemengenersparnis von bis zu 80 Prozent. Auf die Suche nach Aroma darf man sich dann allerdings in der Teekanne nicht mehr machen, man bekommt fast nur kräftig abgießende, dunkel färbende Brühe. Die im Biohandel angebotenen Teevarianten werden ausschließlich nach klassischer Methode hergestellt.

Grüner Tee

Grüner Tee wird nicht fermentiert. Das ist der kleine, aber entscheidende Unterschied zum Schwarztee. Alle natürlichen Bestandteile und Wirkstoffe des frischen Teeblattes bleiben nahezu vollständig erhalten, Grüntee ist deshalb viel gesünder und heilsamer als Schwarztee. Um die Fermentierung zu verhindern, gibt es zwei Methoden. Bei der früher üblichen »chinesischen« Methode lässt man die frischen Blätter nur leicht anfermentieren und röstet sie dann in großen, gusseisernen Pfannen. Die Fermentierung stoppt, der Tee kann gerollt und getrocknet werden. Gebräuchlicher ist aber die »japanische« Methode. Dabei werden die frisch geernteten Teeblätter kurz mit heißem Wasserdampf behandelt und dann ebenfalls gerollt und getrocknet.

Grüner Tee ist nicht nur ein Getränk, sondern auch ein Heilmittel. Buddhistischen Mönchen galt Grüntee als Quell der Inspiration, der Konzentration und der Vitalität. Bei stundenlangen Meditationen gab es immer wieder Grüntee, damit der Mönch nicht einschlief und fit blieb. Europäische Weltumsegler berichteten von einem heißen Heiltrank, der gegen Fieber, Kopfweh, Magen- und Gelenkschmerzen verabreicht wurde. Es war der Grüntee.

Wegen seiner zahlreichen Wirkungen wird Grüntee von Menschen getrunken, die sich jenseits der Schulmedizin Wirkung versprechen, sie achten auf höchste Qualität, und deshalb gibt es den Grüntee auch überwiegend im Biohandel. In Supermärkten gibt es ihn kaum oder gar nicht. Die Auswahl an Grüntees ist riesengroß, es gibt mehrere hundert Sorten, die sich in ihrem Geschmack, ihrer Herkunft, dem Zeitpunkt der Pflückung oder der Verarbeitung unterscheiden. Grüner Tee kommt meist aus China, Japan und Indien.

Sehr feine Grüntees kommen aus Japan, in Deutschland gibt es beispielsweise den frisch-spritzigen, leicht herben

Sencha, den voll-würzigen Bancha, den kräftig-aromatischen Kukicha und den fein-nussig schmeckenden Genmai Kukicha. Alle diese Teespezialitäten werden in jahrhundertealten japanischen Teegärten nach den Grundsätzen des ölologischen Landbaus angebaut und schonend verarbeitet. Für Sencha, der in Japan im Übrigen am häufigsten getrunken wird, werden die jungen Blätter bzw. Triebe der ersten Pflückung (first flush) sofort nach der Ernte nach der beschriebenen japanischen Methode gedämpft, gerollt und getrocknet. Seine Blätter sind smaragdgrün, der Tee sollte nur ein bis zwei Minuten ziehen. Er ist dann leicht milchig-hellgrün und verbreitet einen wunderbar herben Geruch. Der hochwertige Sencha eignet sich auch für einen zweiten Aufguss. Für Bancha werden ausgesuchte, bereits etwas ältere Blätter gegen Ende der Pflücksaison geerntet, sofort nach der Ernte gedämpft, gerollt, getrocknet und anschließend schonend geröstet. Bancha enthält weniger Koffein als Sencha und eignet sich deshalb als Getränk für jede Tageszeit.

Kukicha besteht aus den gerösteten Zweigen des Teestrauchs. Die im Spätherbst geernteten Zweige des Kukicha reifen zwei bis drei Jahre, erst dann hat sich das volle Aroma entwickelt. Der Koffeingehalt ist noch geringer als beim Bancha. Im Gegensatz zu Sencha und Bancha wird Kukicha auf kleinster Flamme einige Minuten geköchelt. Für Genmai Kukicha werden die gereiften Kukichazweige mit Vollkornreis vermischt und frisch geröstet. Er wird mit dem Wasser zum Kochen gebracht und ziehen gelassen.

⋯⋯> Der sichere Tod der Grünteewirkstoffe ist kochendes Wasser. Grüner Tee darf mit höchstens 70 °C übergossen werden, damit alle Inhaltsstoffe erhalten bleiben. Man kann ein Kernthermometer, mit dem man sonst die Innentemperatur des Bratens misst, benutzen, um die Wassertemperatur zu ermitteln.

Eine Besonderheit unter den Biotees sind die japanischen Schattentees Kabuse-Cha, die als »Göttertees« verkauft werden. Das ist ein japanischer Grüntee in Spitzenqualität, seine Sträucher wachsen auf der Insel Kyushu, dort wo die japanische Teekultur ihren Anfang nahm. Während Teesträucher normalerweise in offenen Teegärten angebaut werden, wird Schattentee mit speziellen Kabuse-Netzen abgedeckt. Im Schatten wächst der Tee zwar langsamer, bildet aber mehr Wirkstoffe und entwickelt ein sehr frisches und blumiges Aroma.

»Göttertee« gibt es in drei verschiedenen Pflückungen: die erste Pflückung Tenka-Ichi, bei der nur die zarten Knospen und Triebe des ersten Grüns im Frühling verwendet werden. Dieser Tee schmeckt sensationell frisch-blumig, er hat ein fein-fruchtiges Aroma und den höchsten Wirkstoffgehalt. Die zweite (Mai-)Pflückung De-Ichi besteht aus jüngsten Knospen und Blättern, sie hat ein frisches, fein-aromatisches Aroma und einen hohen Wirkstoffgehalt. Die dritte Pflückung schließlich, De-Ni, setzt sich aus den jungen, nachwachsenden Knospen und Blatttrieben zusammen. De-Ni schmeckt angenehm frisch.

Aus dem bereits beschriebenen Ambootia-Teegarten im indischen Darjeeling kommen inzwischen auch Grüntees. Das ist etwas Besonderes, da Indien kein klassisches Grünteeland ist, da die Engländer, die dort als erste große Teeplantagen anlegten und den Tee in ihre Heimat brachten, die Pioniere der Schwarzteeproduktion waren. Weitere Biogrüntees sind chinesischer Grüntee aus der Wuyan-Plantage mit frisch-herbem Geschmack sowie der Grüntee »Gunpowder«, bei dem die ganzen Teeblätter beim Trocknen zu schrotähnlichen Kugeln geformt werden.

Es gibt inzwischen auch mehrere aromatisierte Grüntees: Grüntee »Jasmin« mit echten Jasminblüten, Orangen-Grüntee, Vanille-Grüntee und Earl-Green, die Grünteevariante von Earl Grey, sind die wichtigsten.

Oolong-Tee

Oolong-Tee ist der kleine Bruder von Schwarztee und Grüntee. Betrachtet man den Herstellungsprozess der beiden Großen, sitzt der Kleine genau dazwischen. Oolong-Tee wird nur zum Teil fermentiert. Seine grünbraunen Blätter ergeben ein kräftigeres Aroma als die grünen Teeblätter, schmecken aber zarter als schwarze Teeblätter.

┄┄> Eine meiner Reisen in Japan führte mich auf die Insel Kyushu, dort wo in Japan das Teezeitalter begann. Tropisches Klima, ein riesiger Vulkan, reißende Bäche, bambusbewachsene Berge, Zitronen- und Orangenplantagen, eine bunte, wunderbare Naturwelt. Hier liegen auch die Grünteegärten von Minamata. Hier in Minamata hat die ökologische Bewegung Japans in den 1970er Jahren ihren radikalen Anfang genommen, ausgelöst wurde sie durch eine Umweltkatastrophe, die die rücksichtslosen Methoden der japanischen Industrie und ihre Verbandelung mit dem politischen System ans Tageslicht gebracht hat. Ein Industriebetrieb hatte jahrelang Schwermetalle ins Meer gepumpt, erst starben die Fische, dann die Katzen und dann die Menschen. Es hat lange gedauert, bis die Menschen ihr Recht bekamen, im Kampf gegen Industrie und Behörden entwickelten sich die überzeugtesten Biobauern und schlagkräftigsten Naturschutzgruppen Japans. Zitronen, Orangen, Reis, Algen in vielen Variationen und natürlich der grüne Tee – fast heilig – werden angebaut, und es ist sehenswert, mit welcher Liebe und Würde die Ökobauern damit umgehen. 20 Jahre nach der Katastrophe wurde ich zu einer Teezeremonie in ein altes japanisches Haus hoch über der herrlichen Bucht von Minamata eingeladen, es gab Gyo Kuro Cha, den besten Grüntee der Welt, und ich erahnte, wo die Verbindung sein muss zwischen Mensch und Natur ... *Georg Schweisfurth*

Wasser

Wasser ist das wichtigste Element des Lebens, Wasser ist der wichtigste Bestandteil der Ernährung, jedes Lebewesen, egal ob Pflanze, Tier oder Mensch, besteht zum größten Teil aus Wasser. Wasser hat religiöse und symbolische Bedeutung, mit Wasser wird getauft, Moses teilte das Wasser des Roten Meers, das Wasser der Sintflut vernichtete den sündigen Menschen. Die Kriege des neuen Jahrtausends, da sind sich die Forscher einig, werden ums Wasser geführt werden. Mit Wasser kocht man Tee und Kaffee, mit Wasser kann man isotonische High-Tech-Getränke anrühren, mit Wasser entstehen köstliche biologische Limonaden. Wasser sollte man aber vor allem pur trinken.

⸻⸽ In vielen deutschen Städten ist das Leitungswasser von hoher Qualität, München rühmt sich eines besonders guten Wassers. Leitungswasser kann man oft bedenkenlos trinken, man sollte in Altbauten nur sicher sein, dass es keine alten Bleirohre gibt. Sowohl die Kommunen als auch die Verbraucherzentrale geben gerne Tipps.

Viele Getränke wirken entwässernd, haben also eine negative Flüssigkeitsbilanz. Dazu gehört Kaffee ebenso wie Bier und Fruchtsäfte, nur leichter Tee wirkt ebenso positiv wie reines Wasser. Wenn man etwas über den richtigen Umgang mit Wasser als Getränk lernen will, dann reicht es, über die Alpen nach Italien zu sehen. Natürlich wird da zum Abendessen neben der Flasche Wein die Flasche Wasser gereicht, natürlich steht da neben dem Espresso ein Glas Wasser.

Wasser ist nicht gleich Wasser – es gibt Wasser mit Kohlensäure und ohne, natriumarmes Wasser und mineralstoffreiches, schickes Designerwasser in blauen Flaschen und qualitativ hochwertiges Leitungswasser, es gibt Menschen, die bestehen aus ökologischen Gründen auf Wasser aus der Region, um lange Transportwege zu vermeiden, und Leute, die nur ein bestimmtes französisches oder italienisches Wasser trinken.

Wenig Kohlensäure

Viele haben einen übersäuerten Magen, trinken viel Kaffee und ernähren sich auch nicht immer ganz gesund. Dann sollten wir auf stark kohlensäurehaltiges Wasser verzichten, da dieses die Übersäuerung nur unterstützt. Ein Kriterium bei der Entscheidung für ein Wasser ist der Mineralstoffgehalt. Natrium verzehren wir ohnehin viel zu viel, da wir in der Regel zu salzig essen. Kalium ist eher selten, ein kaliumreiches Mineralwasser macht Sinn. Kalzium und Magnesium sind ebenfalls sehr wichtig, während der Gehalt an Chlorid und Sulfat gering sein sollte. Dummerweise gibt es aber nicht das Wunderwasser mit wenig Natrium, Chlorid und Sulfat und viel Kalium, Kalzium und Magnesium. Kaliumreiches Wasser ist meist auch natriumreich – deshalb muss jeder seinen eigenen Weg finden. Ein Leistungssportler braucht einfach ein anderes Wasser als ein Säugling. In Bioläden wird meist natriumarmes Wasser und Wasser mit einem hohen und ausgeglichenen Mineralstoffgehalt verkauft, das aber möglichst wenig Chlorid und Sulfat enthält.

----> Wenn man genau hinschmeckt, dann merkt man, dass die verschiedenen Wässer ganz unterschiedlich schmecken. Bei mir verändert sich auch die Vorliebe. Eine Zeit lang trank ich eisgekühltes Plose-Wasser aus Südtirol, dann bevorzugte ich die Leonardsquelle, heute stehe ich auf die Siegsdorfer Petrusquelle. Volvic ist gut als Durstlöscher, wenn ich Sport getrieben habe. Wahrscheinlich wählt jeder unbewusst genau das Wasser, das seinem Körper die fehlenden Mineralstoffe bringt.   *Georg Schweisfurth*

Obstsäfte

Die Fruchtsaftindustrie hat in den vergangenen Jahrzehnten viele Wege gefunden, ihre Produkte noch bunter, noch süßer und noch billiger herzustellen. »Fruchtnektare« schmecken einfach nicht. Sie haben immer etwas künstlich Unnatürliches an sich. Solche Supermarktsäfte werden in den Produktionsländern zu Konzentrat eingedickt, erhitzt und in Deutschland wieder mit Wasser verdünnt. Dabei gehen wichtige Vitamine und Enzyme verloren. Besonders misstrauisch sollte man sein, wenn dann auch noch Zucker hinzugefügt wird.

····⟩ Gekühlter Orangensaft in Bioqualität aus Direktsaft und nicht aus rückverdünntem Konzentrat ohne Zuckerzusatz vorsichtig pasteurisiert ist mein wake-up-drink an jedem normalen Morgen. Der leicht saure Orangengeschmack regt den Kreislauf wunderbar an. Selber frisch gepresst kann es nicht besser sein! Wie traurig ist oft dagegen der Orangensaft, den man an vielen Frühstücksbüfetts von Hotels findet. Eine wässrig-süße Brühe aus dem Pappkarton, gerade noch die Farbe erinnert an Orangen. Da verzichte ich lieber auf Luxus, Granit und Messing und suche mir ein Hotel, wo das Frühstück stimmt. *Georg Schweisfurth*

Der beste Saft ist der selbst gemachte aus Biofrüchten. Selbst gepresster Orangensaft ist eine Wucht, mit guten Entsaftern gelingen auch köstliche Gemüse- und andere Fruchtsäfte. Die Alternative sind Direktsäfte in Bioqualität. Sie sind dem Gesetz nach pasteurisiert. Direktsaft wird im Ursprungsland ohne Filterung, Verdünnung oder Zuckerzusatz gepresst, verpackt und auf die Reise nach Deutschland geschickt. Hochwertige Direktsäfte sind deutlich teurer als Industriesäfte, der Preisunterschied ist aber auch zu schmecken. Direktsäfte sind den Preis werter. Probieren Sie sich mal durch das Angebot!

Bio- und Streuobst

In Südwestdeutschland gibt es sie noch: große Obstgärten in den Ausläufern des Schwarzwaldes im Rhein-
tal, auf den Höhen der Schwäbischen Alb und am
Bodensee. Die deutschen Obstgärten werden aber
immer stärker zurückgedrängt, da billige Importäpfel
und -birnen sowie deren Säfte den Markt beherrschen.
Der biologische Landbau versucht seit Jahren, diesen
Trend umzukehren. Dieses Engagement hat auch viele
klassische Streuobstwiesen gerettet, die sich sonst
nicht mehr lohnen würden. Die sind meistens ohnehin
»öko« – da es sich für die Bauern nie gelohnt hat, ihre
paar Obstbäume mit Chemiedünger und Pestiziden zu
tränken. Heute sammeln regionale Obstkeltereien die
Früchte ein und pressen feine Säfte mit dem Zusatz
»aus Streuobstwiesen«. Das ist Saft von verschiedenen Bauernhöfen mit unterschiedlichen alten Apfelsorten. Er ist nicht als »bio« zu zertifizieren, schmeckt
aber sensationell. Natürlich gibt es auch reinen natur-
trüben Bioapfelsaft, der schmeckt vielleicht nicht so
voll wie der Saft »aus Streuobstwiesen«, da es sich oft
um die Ernte nur eines Obstbauern handelt.

Alle Obstsäfte neigen ganz natürlich zum Gären, damit
dies nicht geschieht, müssen sie pasteurisiert werden.
Im Bioladen gibt es Apfelsaft, Birnensaft, Traubensaft,
Quittensaft, Pfirsichsaft, Schwarzen und Roten Johannisbeersaft, Holunderbeersaft, Sauerkirschsaft, Sand-
dornsaft, Heidelbeersaft, Preiselbeersaft, Orangensaft, Grapefruitsaft, Zitronensaft, Mandarinensaft und
Maracujasaft. Beliebt sind auch Mischsäfte wie Apfel-
Ananas-Saft, Apfel-Mango-Saft, Apfel-Sanddorn-Saft,
Multifruchtsäfte, Kindermischsäfte, roter Johannis-
beer-Himbeer-Saft, Apfel-Holunder-Saft, Apfel-Kirsch-
Saft, Apfel-Möhren-Saft, Banane-Vanille-Saft, Rhabar-
ber-Erdbeer-Drink und Schlehentrank.

Gemüsesäfte

Wenn man Gemüsesaft nicht selber machen will, findet man eine breite Auswahl im Bioladen. Bei der Saftherstellung werden nur beste Rohstoffe, also erntefrische Biogemüse verwendet. Diese Säfte schmecken oft besonders gut, da die Biobauern meist ältere Gemüsesorten anbauen und natürlich auf synthetischen Dünger verzichten. Das merkt man dem Saft an: er ist fruchtiger. Auch Gemüsesaft muss pasteurisiert werden, damit es keinen Gemüsewein gibt. Manche Säfte werden sanft milchsauer vergoren, sie bekommen dadurch einen zusätzlichen säuerlich-frischen Geschmack, außerdem sind sie ernährungsphysiologisch wertvoller. Gemüsesäfte schmecken oft als Mischsäfte besonders gut. Es gibt Möhrensaft, milchsauer vergorenen Möhren-Most, Rote-Bete-Saft, milchsauer vergorenen Rote-Bete-Most, Tomatensaft und Sauerkrautsaft. Beliebte Mischsäfte sind Möhren-Sanddorn-Saft und milchsauer vergorener Gemüse-Most.

Erfrischungsgetränke

In der Ladenecke mit den Bioerfrischungsgetränken kommt der Bioneuling aus dem Staunen nicht heraus. Die Biogetränkehersteller bieten heute Erfrischungsgetränke an, die preiswert sind und gut schmecken – da lässt man so manche Industrielimo und so manches Industriecola gerne stehen. Bioerfrischungsgetränke sind trendig, es gibt sie mit natürlichem Guarana oder Ingwer, mit vielen Zutaten aus dem biologischen Landbau, vor allem aber mit Biosüße. Das macht auch den großen Erfolg der Bioerfrischungsgetränke aus: Man verzichtet auf Industriezucker und arbeitet stattdessen mit Malz und Honig, Agavendicksaft und Vollrohrzucker. Neben Biolimonaden gibt es auch Bioeistees und jede Menge Schorlen. Im Bioladen finden sich: Apfelschorle, Apfel-Kirsch-Schorle, Apfel-Himbeer-Schorle, Apfel-Johannisbeer-Schorle, Orangen-Sprudel, Zitronen-Sprudel, Holundersprudel, grüner Eistee, diverse Eisteekompositionen.

╌╌> Mein Favorit ist der Holunderdrink »Holleri«. Er schmeckt pur, sommerlich, erfrischend wenig süß, wie selbst gemachter Holundersirup mit Mineralwasser, eisgekühlt. Das ist ja das Entscheidende an den ganzen Biodrinks: dass nicht alles so pappsüß ist, sondern neben der süßen auch eine herbe oder saure Komponente hat. So gibt es einfach immer wieder neue Geschmacksüberraschungen! *Georg Schweisfurth*

Bitter Lemon

Diese feine süß-bittere Limonade gibt es in Bioqualität, endlich kann man sie bedenkenlos trinken. Das Problem am konventionellen Bitter Lemon ist das enthaltene Chinin, ein Bitterstoff, der ursprünglich aus der gelben Rinde des in Südamerika beheimateten Chinarindenbaumes gewonnen wurde, heute aber meist im Labor synthetisiert wird. Chinin wirkt fiebersenkend und gegen Herzrhythmusstörungen und Magenbeschwerden. Bei Überdosierung wirkt es aber als starkes Zellgift und kann Vergiftungserscheinungen hervorrufen, die bis zur völligen Taubheit oder Blindheit führen können. So kann man sich schon fragen, was das Zeug in Limonade verloren hat. Deshalb hat sich ein Biohersteller des Themas angenommen und ein Bio-Bitter Lemon erfunden. Es ist ein kohlensäurehaltiges Erfrischungsgetränk aus reinem Quellwasser und dem Saft von Zitronen, Grapefruits und Limetten, gesüßt mit Bioagavendicksaft. Die Früchte stammen aus biologisch-dynamischem Anbau. Das Bio-Bitter Lemon ist ein Renner in vielen Bioläden.

Cola

Ähnlich ist es mit Cola. Industriecolagetränke bestehen aus Unmengen Zucker, Farbstoff, Phosphorsäure und Koffein. Es gibt aber auch die Bioalternative ohne Koffein, aus natürlichem Mineralwasser, Zitronen- und Holundersaft und Karamell in Bioqualität, gesüßt mit Honig aus ökologischer Bienenhaltung. Ein anderer Biohersteller liefert ein koffeinhaltiges Biocola aus natürlichem Mineralwasser, Apfel- und Zitronensaft und Agavendicksaft. Das enthaltene Koffein stammt aus den getrockneten Samen der Guaranapflanze.

Gesundheits- und Wellnessgetränke

Kombucha

Kombucha ist ein Enzym- beziehungsweise Gärgetränk auf der Basis von Tee und einem Pilz, das inzwischen als erfrischendes und belebendes Getränk weltweit beliebt ist. Der Kombucha-Pilz stammt aus dem ostasiatischen Raum, schon vor 2000 Jahren schrieb man ihm in China Zauberkräfte zu. Der Legende nach soll ein Mediziner namens Kombu den göttlichen Pilz vor 1600 Jahren nach Japan gebracht haben und den regierenden Kaiser mit einem Tee (Cha) aus dem Pilz von einem Magenleiden geheilt haben. Von Japan aus verbreiteten sich der Teepilz und sein Getränk zunächst über Korea, Indien und Russland in den osteuropäischen Raum. Im Zweiten Weltkrieg geriet er in Vergessenheit, da die Menschen keinen Tee und keinen Zucker mehr hatten, um den Pilz zu ernähren. Seit einiger Zeit ist Kombucha wieder im Kommen. Es wird aber nicht mehr selbst angesetzt, sondern als fertig hergestelltes Getränk verkauft. Die Herstellung von Kombucha ist einfach: Tee wird mit Zucker gesüßt und mit dem Pilz versetzt. Bei Temperaturen um 25 °C beginnt der Pilz sich in der Nährlösung zu vermehren. Dabei entstehen verschiedene wertvolle Stoffwechselprodukte, die in das Getränk übergehen. Dazu gehören unter anderem natürliche Enzyme, Vitamine, Milchsäure und weitere stoffwechselaktive Vitalstoffe. Regelmäßig genossen, stärkt Kombucha, davon sind die Anwender überzeugt, das Immunsystem und kann die Behandlung diverser Krankheiten unterstützen. Kombucha hat einen geringen Alkoholanteil und schmeckt prickelnd spritzig. Da Kombucha nicht pasteurisiert wird, geht die Gärung in der Flasche weiter. Durch die richtige Lagerung kann man sich so sein Lieblingskombucha selbst einstellen. Lagert man es gut gekühlt, ist es besonders erfrischend und eher süßlich, bei Zimmertemperatur gelagert, arbeitet der Pilz weiter, das Kombucha enthält mehr Vitalstoffe, mehr Alkohol, weniger Zucker und perlt stärker. Kombucha schmeckt sowohl pur als auch mit Fruchtsaft gemischt, mit Whisky oder Sekt und als Früchtebowle. Kombucha ist immer so gut wie seine Zutaten. Im Biobereich gibt es zum Beispiel Kombucha aus Quellwasser und den kontrolliert biologischen Zutaten: Rohrrohrzucker, grüner Tee, schwarzer Tee, Kräuter und Kombuchapilz. Andere Hersteller schwören auf Vollrohrzucker und südafrikanischen Rooibos-Tee.

Kombucha spielt auch im Wellnessbereich eine große Rolle. Es wird im Ayurveda eingesetzt, dort wo Denken und Handeln so ausgerichtet ist, dass ein harmonisches Fließgleichgewicht zwischen der körperlichen, seelischen und geistigen Ebene im Menschen entstehen kann. Dieses Fließgleichgewicht kann durch Bio-Kombucha-Drinks nach ayurvedischem Wissen gefördert werden. So gibt es »Relax«, einen Bio-Kombucha-Drink Ananas-Zimt mit einer ayurvedischen Kräutermischung, die durch ihre Zusammensetzung entspannend wirkt, »Harmonie«, einen Bio-Kombucha-Drink Mango-Orangenblüte mit einer ayurvedischen Kräutermischung, die durch ihre Zusammensetzung harmonisierend wirkt, und »Fire«, einen Bio-Kombucha-Drink Traube-Ingwer mit einer ayurvedischen Kräutermischung, die durch ihre Zusammensetzung aktivierend wirkt.

Amrita

Auch für das fruchtig-prickelnde Getränk mit dem exotischen Namen »Amrita« standen Erkenntnisse aus den indischen Ayurveda-Rezepturen Pate. Der Begriff »Amrita« stammt aus dem Sanskrit und bedeutet so viel wie

»Nektar der Unsterblichkeit«. Amrita wird aus den enzymhaltigen tropischen Früchten Mango, Papaya und Ananas und 13 Kräuterbestandteilen nach einem traditionellen ayurvedischen Rezept sorgfältig und in spezieller Weise vergoren. Die Zutaten stammen natürlich aus kontrolliert biologischem Anbau. Ähnlich wie bei Kombucha bilden sich auch bei Amrita viele gesunde Inhaltsstoffe, bei geringem Alkoholanteil. Wie Kombucha kann auch Amrita pur oder kombiniert mit Früchten, Fruchtsäften und alkoholischen Getränken genossen werden.

Green Spirulina Drink
Die grüne Spirulina ist eine Alge mit viel hochwertigem Eiweiß und wenig Kalorien, die sich mit Mineralwasser, Orangen, Mangos, Zitronen und Agavendicksaft zu einem feinen, sehr gesunden Getränk verbindet.

Weitere Wellnessgetränke
Relativ neu sind Wellnessdrinks, in denen durch ausgewählte Milchsäure- und Essigsäurebakterien in einem speziellen Fermentsubstrat-Verfahren besonders bioaktive Inhaltsstoffe von Pflanzen für den Menschen aufgeschlossen werden. »Shiitake – für mehr Lebenswillen« enthält Fermentsubstrat aus dem asiatischen Wunderpilz Shiitake, angereichert mit einem biologischen Fruchtsaftcocktail und ayurvedischen Kräutern, das Gebräu unterstützt die körpereigenen Abwehrkräfte. »Herbal Tonic – für innere und äußere Schönheit« enthält Fermentsubstrat aus Artischocken, es fördert die Eiweiß- und Fettverdauung. »Kombucha Cassis – reinigt Körper und Geist«, ein fermentiertes Kombucha-Getränk mit schwarzem Johannisbeersaft, es regt den Stoffwechsel an und mindert die Übersäuerung des Körpers. »Indian Café – für mehr Lebensenergie«, koffeinhaltig, mit Kaffeefermentsubstrat, es fördert die körperliche und geistige Leistungskraft und steigert die Ausdauer. »Vital Ginger – wärmt von innen« mit Ingwerfermentsubstrat und Fruchtsäften, es stimuliert die körpereigenen Energien und die Verdauungskräfte. Für

alle Wellness-Drinks gilt, dass man dazu bereit sein muss, sich auf die Kräfte der Getränke einzulassen, dass man sich weit öffnen muss, um die Wirkung zu erfahren. Wer nicht daran glaubt, wird von ihnen keinen allzu großen Nutzen haben.

Brottrunk

Brottrunk ist der Klassiker unter den Wellness-Getränken, Brottrunk gab es schon lange Jahre, bevor irgend jemand den Begriff »Wellness« überhaupt kannte. Herr Kanne hat den Brottrunk patentieren lassen und ist der einzige Anbieter. Brottrunk ist auch als Kwasz oder Kwass bekannt. Kwasz ist ein uraltes russisches Getränk, welches traditionell aus kohlenhydratreichen Rohstoffen wie Brot durch alkoholische oder milchsaure Gärung hergestellt wird. Noch heute wird in vielen russischen Haushalten Kwasz aus den unterschiedlichsten Rohstoffen hergestellt, es gibt Zwieback-Kwasz, Obst-Kwasz, Ingwer-Kwasz und Pfefferminz-Kwasz. Im Biohandel ist ein Kwasz beziehungsweise ein Brottrunk verbreitet, der milchsauer aus Demeter-Weizen-Roggen-Hafer-Gerste-Vollkornbrot, Wasser, Honig und Rosinen vergoren wird. Er soll Verstopfungen lösen, Hautleiden mildern, Erkältungen besiegen, regt den Stoffwechsel an und löscht den Durst. Wem dieser Brottrunk zu sauer ist, der kann ihn mit Fruchtsaft, Kräutertee oder Mineralwasser mischen. Kwasz kann man auch als Essigersatz in Dressings verwenden, damit Sauerkraut herstellen oder ihn als Badezusatz benutzen.

Barley Water

Barley Water, auf deutsch Gerstenwasser, ist ein Aufgussgetränk aus Gerstenkörnern und Wasser. Durch eine feine Schleimbildung wirkt die Gerste wohltuend und aufbauend auf die Schleimhäute des Menschen. Außerdem ist Gerste gut für die Haut und unterstützt das Immunsystem. Barley Water kann kalt und warm getrunken werden, am besten schmeckt man es mit Feigen, Zitronensaft, Ingwer, Honig und/oder Fruchtsaft ab.

Reis-, Soja- und Haferdrinks

Im Biohandel gibt es eine ganze Reihe von Drinks, die sich als Alternative für Kuhmilch anbieten. Das freut Kuhmilchallergiker, Veganer, die nicht nur auf Fleisch, sondern auf alle Tierprodukte verzichten, und die, die einfach mal etwas Neues ausprobieren wollen. Diese Drinks in Bioqualität sind zu 100 Prozent pflanzlich und deshalb cholesterinfrei, enthalten keinen Milchzucker und sind reich an pflanzlichem Eiweiß. Allerdings taugen sie nicht als Milchersatz bei der Säuglingsernährung, dazu sind die Inhaltsstoffe zu unterschiedlich.

Sojadrink

Grundlage des Biosojadrinks ist Sojamilch aus kontrolliert biologisch angebauten und damit garantiert nicht gentechnisch manipulierten Sojabohnen. Zur Herstellung der Sojamilch werden Sojabohnen nach der Ernte gereinigt, geschält und in Wasser eingeweicht. Anschließend werden sie zermahlen, mit Wasser zu einem Brei aufgekocht, aus dem dann schließlich die Sojamilch herausgefiltert wird. Die so gewonnene Sojamilch gibt es im Bioladen entweder pur oder in den Geschmacksrichtungen Schoko, Vanille, Erdbeere, Mandel, Haselnuss, Mocca und Tropical mit Orangen-, Ananas- und Aprikosengeschmack. Die Basisdrinks aus reiner Sojamilch sind wahre Allrounddrinks, die entweder als herrlich erfrischendes Getränk oder auch warm, pur oder mit Früchten gemischt, gesüßt oder ungesüßt genossen werden können. Neben dem klassischen Sojadrink gibt es auch eine mildgesüßte und mit Kalzium angereicherte Variante. Mit dem Kalziumzusatz soll der geringere Kalziumgehalt im Vergleich zur Kuhmilch ausgeglichen werden. Das ist wichtig für die, die auf Kuhmilch verzichten wollen und nach einer ernährungsphysiologisch hochwertigen Alternative suchen.

Reisdrink

Biopioniere in Europa und den USA kamen in den 1990er Jahren auf die Idee, Reis und Wasser zu einem Getränk zu fermentieren. Dabei wird biologischer Vollkornreis gegart und bei Zimmertemperatur mit aus Gerste gewonnenen Enzymen versetzt. Diese Enzyme spalten die Reisstärke in einfache Zuckerverbindungen auf, deshalb schmeckt der Reisdrink angenehm süßlich. Wenn der Stärkeabbau abgeschlossen ist, wird der Reisbrei mit Wasser gemischt, bis er eine milchähnliche Konsistenz aufweist. Zum Schluss kommen noch etwas Meersalz und natives Distelöl aus kontrolliert biologischem Anbau dazu. Reisdrink kann überall dort eingesetzt werden, wo sonst Milch verwendet wird. Reisdrink gibt es auch in den Geschmacksrichtungen Schoko und Vanille.

Haferdrink

Die ganze Kraft des Hafers, einer der hochwertigsten und inhaltsstoffreichsten heimischen Getreidesorten, findet sich in diesem vollwertigen Getränk, das lediglich mit purem Quellwasser hergestellt und mit etwas nativem Raps- oder Sonnenblumenöl aus kontrolliert biologischem Anbau abgerundet wird. Zur Erfrischung, ins Müsli, mit Obst, zum Tee oder Kaffee, zum Kochen und Backen ist der Haferdrink eine Entdeckung. Auch den Haferdrink gibt es in den Geschmacksrichtungen Vanille und Schoko, der Schokodrink enthält zusätzlich Meersalz, Lezithin und Seetangextrakt.

Die Trinität Lima 3

Gewissermaßen eine Crème de la Crème unter den milchfreien Getränken ist das »Lima 3«-Getränk aus Soja, Reis und Hafer. Es vereint die guten Eigenschaften der drei Drinks und wird geschmacklich mit natürlichem Vanillearoma abgerundet.

Wein und Sekt

Die Geschichte des Weins ist die Geschichte des zivilisierten Menschen. Schon vor über 5000 Jahren wurde in Vorderasien und Ägypten Wein angebaut, die Griechen kennen ihn seit 3000 Jahren und verbreiteten ihn im ganzen Mittelmeerraum. Die Franzosen und Deutschen müssen den Römern dankbar sein, die brachten den Wein über die Alpen. Später übernahmen die Christen die wichtige Aufgabe der Weinverbreitung, schließlich brauchten sie in allen Missionsgebieten Messwein. In der Geschichte des Weins gab es zwei religiöse Führer, die dem Wein schlimm zusetzten: Martin Luther und Mohammed. Der eine machte mit seiner Reformation dem Messweinbedarf in vielen europäischen Gebieten ein Ende, der andere verbot ihn gleich ganz. Deutscher und österreichischer Wein haben noch immer mit ihrem schlechten Image zu kämpfen, allerdings bessert sich dieses von Jahr zu Jahr, seitdem immer mehr Winzer erkennen, dass man sich am Massenmarkt nicht durchsetzen kann, und deshalb lieber Qualität produzieren. So gibt es heute ganz beachtlich gute Ökoweine auch aus Deutschland und Österreich.

Agroindustrieller Weinbau

Der größte Teil des Weinbaus findet heute im agroindustriellen Rahmen statt. Mineraldünger beschleunigt das Wachstum der Reben, die Böden werden mit Unkrautbekämpfungsmitteln getränkt, die Reben mit Pflanzenschutzmittel besprüht. Ziel ist die Steigerung des Ertrages, die Erntemenge pro Hektar. Das Gleichgewicht der Natur, die Gesundheit von Mensch, Tier und Pflanze gerieten in den Hintergrund. In Weinbaugebieten gibt es die höchsten Nitratwerte im Grundwasser, Weinberge werden regelmäßig von Pilzerkrankungen heimgesucht, die hochgezüchteten Rebsorten können sich gegen Krankheiten und Schädlinge kaum aus eigener Kraft wehren. Was das am Ende für die Qualität bedeutet, kann jeder ermessen. Deshalb gibt es viele billige und durchschnittliche Weine, oft aus berühmten Anbaugebieten, unterm Strich aber nur

Industrieware. Wer da ursprüngliche Weine aus Italien oder Frankreich kennt, der kennt den Unterschied.

Bioweinbau

Natürlich will auch der Biowinzer Wein produzieren, verkaufen und wirtschaftlich überleben, er setzt aber die Schwerpunkte anders. Für ihn ist es entscheidend, dass es ihm gelingt, im Einklang mit der Natur zu produzieren, den Boden nicht auszulaugen, kräftige und gesunde Reben zu kultivieren. Gute Biowinzer pflanzen die Rebzeilen doppelt so weit auseinander wie sonst üblich. Der Freiraum dient als Lebensraum für die verschiedensten Pflanzen: Gräser, Wicken, Phazelia, Ölrettich, Klee, Wildkräuter und Löwenzahn bilden eine wunderbare Welt für Schmetterlinge, Marienkäfer, Bienen und Vögel und helfen ganz nebenher mit, Blattläuse, Spinnmilben und Würmer unter Kontrolle zu halten. Deshalb kann der Biowinzer auf Pestizide verzichten. Ein konsequent ökologisch bewirtschafteter Weinberg ist auch wesentlich »durchwurzelter« und deshalb nicht von der Erosion bedroht. Da die Rebstöcke weiter auseinander stehen, werfen sie weniger Schatten auf ihre Nachbarn, die bekommen mehr Sonne, die Trauben können besser reifen. Und noch einen Vorteil hat die lockerere Bepflanzung: Der Wind kann besser hindurch wehen und hält so die Reben trocken – das beste Mittel gegen Schimmelpilze. Wenn der Biowinzer die Pflanze mit natürlichen Extrakten aus Seealgen und Kräutern sowie Gesteinsmehl »dopt«, ist der Schimmel meist besiegt. Siegt doch einmal bei schlechter Witterung der Pilz und vernichtet die Ernte, hat der Winzer einfach Pech gehabt – dieses Risiko nehmen Biowinzer aber bewusst in Kauf.

Mit jeder Traube, die den Weinberg verlässt, verlassen natürlich auch Nährstoffe den Berg, die ersetzt werden müssen. Hier sind Regenwürmer, Käfer und Mikroben die besten Freunde des Winzers. Sie fressen und verdauen sich durch den Kompost aus Stielen, Kernen und Häuten der verarbeiteten Trauben, durch Stroh und Mist und sorgen so für neue Nahrung für die Reben. Das alles macht auch dem Winzer viel Arbeit, die er aber auf sich nimmt, um auf synthetischen Dünger verzichten zu können – um biologisch zu produzieren.

Wenn ein gutes und sonnenreiches Jahr für eine gute Ernte gesorgt hat, wenn der Biowinzer im Herbst die Ernte einfährt, die ganz ohne Gift und Mineraldünger entstanden ist, wenn dann ein hervorragender Wein produziert werden kann, dann weiß der Winzer, wofür er sich das ganze Jahr so angestrengt hat.

····⋗ Gute Bioweine sind reich an Extrakt, haben viele Mineralstoffe und ein feines Aroma – also ein gutes Lagerpotenzial. Es lohnt sich, Bioweine zwei Jahre ruhen zu lassen, sowohl die Weißen als auch die Roten. Außergewöhnliche Jahrgänge kann man auch fünf Jahre oder länger im Weinkeller liegen lassen.

Rotwein wird aus roten oder hellen Trauben gewonnen. Seine Farbe und seinen Geschmack bekommt er durch die Maische-Gärung. Maische besteht aus angequetschten Trauben, aus denen der Saft und ein Teil des Fruchtfleisches austritt. Dieses Gemisch aus Fruchtfleisch, Saft und Häuten wird leicht geschwefelt, um die Bildung von Essigsäure zu verhindern. Die Maische wird vor dem Keltern in Bottichen gelagert, wo sie von selbst zu gären beginnt. Dabei löst sich auch der rote Farbstoff der Schalen und gibt dem zukünftigen Wein die rote Farbe. Danach wird der rote Saft mehrfach gekeltert.

Weißwein wird aus Most vergoren. Die Maische wird direkt in die Kelter, die Traubenpresse, geführt. Unter leichtem Druck wird dort der Most ausgepresst. Weißwein kann auch aus roten Trauben gekeltert werden, da die Schalen ihren Farbstoff nicht so schnell abgeben können, wie die

Maische gepresst wird. Weißwein wird leicht geschwefelt, damit er nicht braun wird, manche Biowinzer kommen aber auch ganz ohne Schwefel aus. Nun wird der noch trübe Saft gefiltert und gereinigt und dann in Fässer oder Edelstahltanks gefüllt, wo er zu gären beginnen kann.

Grappa wird aus Trester gewonnen, dem »Abfall« aus Schalen und Fruchtfleisch. Dieser wird ausgepresst, der dabei gewonnene dicke tiefrote Saft wird gebrannt.

⸱⸱⸱⸱⸱▸ Mitte der 1980er Jahre, als ich anfing, mit ökologischen Produkten zu experimentieren, gab es kaum gute ökologisch an- und ausgebaute Rotweine. Die großen Winzer Italiens und Frankreichs standen noch geschlossen auf dem Standpunkt, dass ihre großen Weine sowieso Öko seien und sie deshalb keine Zertifizierung brauchten. Ganz unrecht hatten sie damit sicher nicht, denn ein wirklich großer Wein lässt sich nur handwerklich und traditionell erzeugen. Heute sehen diese Winzer die Öko-Zertifizierung als Qualitätssiegel, als Auszeichnung eben dieses handwerklichen Anspruchs. Im südfranzösischen Languedoc werden Bioweine mit Weltrenommee produziert, die ich unseren Kunden sehr gerne empfehle und natürlich auch selber trinke.
Georg Schweisfurth

Europa hat hervorragende Weinanbaugebiete, in denen alles angebaut wird, was der Weinliebhaber braucht. Auch wenn gelegentlich Wein aus Kalifornien, Südafrika, Chile oder Australien recht schick ist, rechtfertig sich der Import nur selten. Besser ist es, ein Gespür für regional typischen Wein zu entwickeln. Viele Winzer bemühen sich, vom Mainstream wegzukommen, bauen wieder die alten Sorten an und keltern nach den alten Rezepten. Damit stemmen sie sich erfolgreich gegen die Globalisierung der Weinmärkte und beliefern mit ihren Spezialitäten die

Freunde wirklich guten Weins. Der Biowein war hier ein Vorreiter. Gleichzeitig gibt es im Bioweinbau aber auch den Trend zum gepflegten Wein für jeden Tag. Immer mehr große Weingüter stellen auf Bioweinbau um, in vielen Bioläden gibt es inzwischen richtige Weinabteilungen, die beides haben: den gepflegten Wein für werktags und so manches Sonntagsfläschchen, Spitzenbioweine aus allen wichtigen Anbauregionen Europas.

Bioweine gibt es inzwischen aus fast allen Weinbauregionen Europas. Ob Bordeaux, Corbière, Côte de Provence, Côte du Rhone, Languedoc, Entre Deux Mers, Loire, Chablis oder Aude, ob Piemont, Toskana, Venetien, Sizilien oder Südtirol, ob Penedès, Rioja oder Valencia – von überall kommen gute Bioqualitäten. Aber auch in Österreich und Deutschland versteht man sich auf Bioweinproduktion in Spitzenqualität.

Champagner

Champagner kommt immer aus der Champagne, die Bezeichnung ist geschützt. Auf seine Herstellung, die »méthode champenoise«, verstehen sich aber auch andere, diese Schaumweine heißen dann in der Regel Crémants. Sie sind oft genauso gut wie Champagner, aber preiswerter. Auch sie stammen aus Regionen mit sehr kreidehaltigen Böden, die dem Ausgangswein seinen cremigen Charakter verleihen. Die vier Rebsorten, die verarbeitet werden, sind festgelegt, der Verschnitt von Jahrgängen und Sorten ergibt das spezielle Cuvée. Die zweite Gärung erfolgt unter Zugabe von altem Lagerwein, Zucker und Hefe in der Flasche. Champagner und Crémants bleiben mindestens ein Jahr in der Flasche und werden mit dem Kopf nach unten gerüttelt, damit sich die Schwebeteilchen am Korken absetzen. Der Flaschenhals wird dann vereist, der Satz samt Korken herausgeschleudert und die Flasche neu verkorkt. Bio-Champagner-Hersteller wie Ruffin oder Fleury sind bei Qualitätswettbewerben regelmäßig ganz vorne mit dabei.

Bier

Eigentlich müsste Bier das klassische Biogetränk sein, gilt doch seit fast 500 Jahren das Reinheitsgebot. 1516 wurde es in Bayern aufgeschrieben und lautet: »Ganz besonders wollen wir, dass forthin allenthalben in unseren Städten und Märkten und auf dem Lande zu keinem Bier mehr Stücke als allein Gersten, Hopfen und Wasser verwendet und gebraucht werden sollen.« Das ist die weltweit älteste bis heute gültige Lebensmittelvorschrift, die leider auch in Deutschland nicht alles abdeckt. Es steht nichts von der Qualität des Wassers, von Pestiziden im Hopfenanbau und dem biologischen Anbau der Gerste darin, es findet sich kein Wort über möglicherweise gentechnisch veränderte Bierhefe.

Vor über 20 Jahren hat sich ein bayerischer Braumeister auf den steinigen Weg des Biobiers gemacht, heute ist Dr. Franz Ehrnsperger mit seinem Neumarkter Lammsbräu in Biokreisen eine Berühmtheit. Mit 85 Mitarbeitern produziert er Biobier, alle Rohstoffe kommen aus biologischem Anbau. Mit viel Geduld und Zähigkeit hat er Gersten- und Hopfenbauern vom Biogedanken überzeugt, später half er anderen Brauern, die Produktion umzustellen.

Wer das Glück hat, in der Nähe einer Biobrauerei zu leben, bekommt vielleicht sogar das ungespundete, das naturtrübe Bier. Naturtrübes Bier schmeckt sehr frisch und voll.

----> Am besten schmeckt mir ganz frisches warmes Bier direkt in der Brauerei. Auch wenn es manchen beim Gedanken an warmes Bier schüttelt – direkt nach der Produktion schmeckt es wunderbar. Die Wärme bringt den Geschmack des Hopfens und des Gerstenmalzes sehr gut zum Ausdruck. Ich habe einmal in den Semesterferien einen Monat in einer Brauerei gearbeitet und kam täglich in diesen Genuss – probieren Sie es mal bei einem Brauereibesuch! *Georg Schweisfurth*

Knabbereien

Wenn die Konzentration nachlässt, nascht man etwas Schokolade oder ein paar Nüsse, zum Kaffee eine Nougat-praline, beim guten Buch eine Hand voll Knabbereien. Was hat man uns diese Köstlichkeiten schon schlecht gemacht. Sie machen dick, heißt es. Sie haben »leere« Kalorien, man spricht von ungesunder Ernährung. Das alles ist richtig, aber zugleich auch falsch. Selbstverständlich darf man lustvoll knabbern, wenn man zwei Grundregeln beachtet. Zum einen soll man es bewusst tun – nicht nebenher. Sinnlos und schädlich wird Knabbern immer dann, wenn man es aus Langeweile tut, ohne darüber nachzudenken, eben »einfach so«. Zum anderen sollte man bei Knabbereien auf Bioqualität achten. Industrieknabberwaren kommen oft aus Monokulturen oder aus »Veredelungsbetrieben«, in denen der Preis, die Produktivität und der Umsatz im Vordergrund stehen, nicht die Qualität, der Geschmack und die Gesundheit der Kunden. Wer das beachtet und dabei auch nicht vergisst, dass Schokolade und Süßmacher nun mal keine Schlankheitsmittel sind, der darf knabbern. Mit Verstand und Leidenschaft.

Nüsse

Nüsse sind die Knabbereien, die es schon lange vor dem Menschen gab, sie waren seine Urnahrung, ein wirkliches Grundnahrungsmittel. Dort wo Nüsse wachsen, können auch Menschen leben. Sie enthalten die wichtigsten Dinge, die der Mensch braucht: Fett, Eiweiß und Kohlenhydrate sowie Vitamine und Mineralstoffe. Nüsse haben besonders viele B-Vitamine, insbesondere Vitamin B6, deshalb gelten sie mit Fug und Recht als Nervennahrung. Nüsse essen unterstützt das Gehirn, beugt Gereiztheit vor, bekämpft Konzentrationsstörungen. Amerikanische Wissenschaftler berichten, dass das Knabbern von Nüssen während des Lösens von Denksportaufgaben die Gehirnleistung steigert.

Die Qualität der Nüsse hängt natürlich von ihrem Anbau ab. Industrielle Billignüsse werden in riesigen Monokulturen angebaut, mit der Hilfe von chemisch-synthetischen Düngemitteln und Pestiziden wird die Produktivität auf das Maximum gesteigert. Die Pestizide können durch die Schale in die Nuss eindringen und landen so direkt im Nussesser. Bedenklich ist auch die Schwefelung der Nüsse sowie ihre chemische Begasung, um sie vor Schädlingsattacken während der Lager- und Transportzeit zu schützen.

Im Bioanbau wird auf Agrochemikalien verzichtet. Die Nüsse wachsen in wechselnder Fruchtfolge auf kleinen Parzellen und werden mit organischen Düngemitteln versorgt. Deshalb ist der Ertrag geringer und der Nusspreis damit automatisch höher als bei der (nicht) vergleichbaren Industrienuss.

⋯⋯⋗ Streng genommen sind viele Nüsse keine. Walnuss, Kokosnuss und Mandeln sind eigentlich Steinfrüchte wie Kirschen und Pflaumen. Die Erdnuss ist wie die Erbse eine Hülsenfrucht, dafür sind die kleinen Pünktchen auf der Erdbeere botanisch gesehen Nüsse. Neben Botanikern interessieren sich Allergiker für diese Frage, da sie gegebenfalls auf andere »Nüsse« ausweichen können.

Ein besonderes Problem bei allen Nüssen ist die Aflatoxinbelastung. Aflatoxine sind giftige Stoffwechselprodukte eines Schimmelpilzes, die sich in Nahrungsmitteln finden, die unter feucht-warmen Bedingungen aufwachsen, geerntet, transportiert oder gelagert werden. Besonders betroffen sind Erdnüsse, Mandeln, Paranüsse und Pistazien. Aflatoxinbelastete Nüsse sind nicht sofort zu erkennen, da der Pilz im Inneren der Schale sitzt. Wer größere Mengen verschimmelte Nüsse isst, kann krank werden.

Auch wenn der für die Aflatoxinbelastung verantwortliche Pilz nicht 100-prozentig bekämpft werden kann, so kann man ihm doch das Leben schwer machen. Bei sorgfältigster Auswahl der Rohprodukte und Einhaltung aller Hygieneregeln bei der Verarbeitung sinkt das Risiko deutlich. Die Hersteller und Importeure der Biobranche haben sich deshalb auf scharfe Kontrollen geeinigt, lagern die Nüsse trocken im Silo und lassen sie von Hand verlesen.

Cashewkerne

Der bis zu 15 Meter hohe Cashewbaum stammt aus den tropischen Breiten Brasiliens. Die Nüsse hängen wie kleine Glockenklöppel an den gelben oder roten Cashewäpfeln. Ihre Schale enthält ein giftiges Öl. Deshalb kommen die Kerne nur geschält und geröstet in den Handel, dieses aufwändige Verfahren macht sie relativ teuer. Cashewkerne sind fein aromatisch.

Erdnüsse

Sie sind biologisch Hülsenfrüchte und wachsen unter der Erde. Sie werden nach der Ernte geröstet, damit sie sich länger halten und ihre Bitterstoffe verlieren. Da Erdnüsse schwer lösliche Harnsäure enthalten, sollte man sie nicht täglich in großen Mengen knabbern. Die fettigen, gesalzenen Industrienüsse sind Kalorienbomben.

┈┈⟩ Sollten Sie eine Nuss aufmachen, die irgendwie verdorben aussieht, werfen Sie sie sofort weg. Scheuen Sie sich auch nicht, eine Nuss auszuspucken, wenn Ihnen der Geschmack suspekt vorkommt. Manchmal warnt uns auch eine »innere Stimme«, etwas zu essen, was eigentlich ganz harmlos wirkt – nicht nur bei Nüssen. Vertrauen Sie Ihrem Instinkt!

Haselnüsse

Sie sind echte Europäer. Schon in der Stein- und Bronzezeit knabberten die Neandertaler Haselnüsse. Der Großteil der Biohaselnüsse kommt heute aus der Türkei, aus

Spanien und Italien. Hochwertige Haselnüsse heißen beispielsweise »Levantiner« oder »Runde Römer«, wer sie einmal probiert, wird keine Billighaselnüsse mehr wollen. Haselnüsse werden meist leicht geröstet, das steigert die Haltbarkeit und senkt die Aflatoxingefahr.

Kokosnüsse

Kokosnüsse enthalten Kokosmark und Kokosmilch. Ihr essbarer weißer Kern schmeckt süßlich und dient als Rohstoff für Kokosfett, Kokosraspel sowie als Grundstoff bei der Margarineherstellung. Geknabbert werden Kokoschips.

Macadamianüsse

Die kleinen Macadamianüsse wurden erst 1857 in Australien entdeckt. Sie sind fast kugelförmig und haben eine sehr harte Schale, die maschinell entfernt werden muss. Die beigefarbenen glatten Kerne haben den höchsten Ölgehalt aller Nüsse und sind sehr teuer. Macadamianüsse kommen entweder roh oder in Öl geröstet und gesalzen auf den Tisch.

Mandeln

Auch die Mandel ist eine Scheinnuss, der Mandelbaum ähnelt dem Pfirsichbaum und ist auch mit ihm verwandt. Drei Mandelarten werden unterschieden: die rosa blühende Süßmandel, die weiß blühende Bittermandel und die Krachmandel. Krachmandeln haben eine leicht zerbrechliche Schale. Es ist schwierig, die Sorten getrennt voneinander zu halten, deshalb gibt es in einer Packung Mandeln immer wieder eine »bittere« Erfahrung. Rein süßsamige Kulturen gibt es aber in Kalifornien, deshalb zählen kalifornische Mandeln zu den besten ihrer Art. Jeder Knabberer wird eine Bittermandel sofort ausspucken – das befiehlt der Instinkt und das ist auch gut so. Bittermandeln enthalten das giftige Blausäureglykosid Amygdalin. Bevor man tot umfällt, müsste man aber schon einige Dutzend Bittermandeln essen. Süßmandeln gibt es entweder ganz oder in blanchierter, gestiftelter, gehackter oder gemahlener Form. Sie werden geknabbert, aber auch in Marzipan, Nougat, Keksen und Desserts verwendet. Gebrannte Mandeln sind auf jedem Jahrmarkt Pflicht, allerdings hapert es da noch mit der Bioqualität.

Paranüsse

Sie sind die Freischärler der Nüsse, sie lassen sich nicht in Plantagen zwingen. Paranüsse wachsen ausschließlich wild in Brasilien, Venezuela, Guayana und Peru. Ein Baum produziert pro Saison einen guten Zentner keilförmiger Paranüsse. Die Schale der Paranuss ist sehr hart, man muss ihr grob zu Leibe rücken. Oft liegen Paranüsse lediglich zu Dekorationszwecken auf dem weihnachtlichen Plätzchen- und Nussteller.

Pekannüsse

Sie sind die Früchte der riesigen Hickorybäume des Mississippi. Ihre Kerne ähneln länglichen Walnusskernen und schmecken etwas feiner und milder als ihre Verwandten. Sie werden meist in Öl geröstet.

Pinienkerne

Nur wenige Pinienarten tragen essbare Früchte, nur wenige dieser Früchte erfüllen die hohen Qualitätskriterien bei Farbe, Geschmack und Größe. Deshalb sind Pinienkerne sehr teuer. Als Knabberei der Spitzengastronomie schmücken sie beispielsweise blanchierten Spinat.

Pistazien

Pistazien werden auch grüne Mandeln genannt. Die Samen des Pistazienbaumes platzen, sobald sie reif sind, an der Längsseite auf. Pistazien sind sehr gesund, da sie besonders reich an ungesättigten Fettsäuren und Proteinen sind. Pistazien werden mit der Außenschale getrocknet und geröstet. Da Pistazienbäume nur alle zwei Jahre Früchte tragen, sind Pistazien etwas teurer. Pistazien machen beim Knabbern besonders viel Spaß, da man sich die Kerne »erarbeiten« muss.

Walnüsse

Zu den beliebtesten Nusssorten gehört auch Walnuss. Früher glaubte man, dass Walnüsse gegen Kopfschmerzen helfen, da ihre Form dem menschlichen Gehirn entfernt ähnelt. Über diese Theorie zerbricht sich aber heute kein Wissenschaftler mehr den Kopf. Walnussbäume können bis zu 150 Jahre alt werden und tragen in hohem Alter die meisten Früchte. Solange die beiden Schalenhälften der Walnuss gut verschlossen sind, können die Nüsse lange aufbewahrt werden.

┄┄► Konventionell gezogene Walnüsse werden meist chemisch gebleicht, damit sie »schöner« aussehen. Unbehandelte Bionüsse sind deshalb dunkler und sehen weniger erlegant aus. Dafür sind sie geschmacklich äußerst elegant.

Schokolade

Die Welt der Schokolade ist eine Welt der Leidenschaft, des sehnlichen Begehrens, der Wollust und manchmal auch der Reue. Schokolade reizt die Sinne, hebt die Laune, macht das Wetter erträglicher und wird von der Industrie schlimm misshandelt. Für feine Bioschokolade wird Biokakaomasse mit hochwertiger Biokakaobutter, Biozucker und all den anderen Zutaten aus kontrolliert-ökologischem Anbau vermengt, in mehrstufigen, großen Walzwerken fein verrieben und stunden-, ja tagelang conchiert. Conchieren – das ist die Kunst der Chocolatiers, die letzte Verfeinerung und Veredelung der Schokoladenmasse, bei der auch die letzten Bitterstoffe entfernt werden und das großartige runde Schokoladenaroma entsteht. Das Wort wird von dem spanischen Begriff »concha«, Muschel, abgeleitet und beschreibt präzise die Form des Conchierbehälters. Milchschokolade wird bis zu 72 Stunden conchiert, Zartbitterschokolade braucht bis zu 120 Stunden.

Conchieren ist ein sich immer wieder wiederholender Prozess von Walzen, Kneten und Durchlüften, bei dem die Schokolade ihren zarten Schmelz erhält. Die Schokoladenindustrie macht es sich da einfach und schüttet Sojalezithin hinein, im Biobereich nimmt man lieber etwas mehr teure Kakaobutter. Zum Schluss wird die Schokolade in Formen gefüllt, kühlt ab, zieht sich zusammen und kann verpackt werden. Höchster Biogenuss kommt aus traditionellen Schweizer Schokoladebetrieben, deren Chefs die Marktlücke »Bio« für erstklassige Produkte längst erkannt haben.

·····> Mit 16 habe ich gelernt, was »zu viel des Guten« heißt. Als ich eine Französischsprachschule in Les Diablerets besuchte, gab es die Gelegenheit, die berühmte Schokoladenfabrik von Cailler (da, wo die »Frigor« herkommt) zu besichtigen. Mit 16 war ich bereits praktizierender Schokoprofi und völlig begeistert zu erfahren, dass man sich am Ende der Betriebsbesichtigung Schokolade satt geben darf – und zwar kostenlos. Die Fabrik war imposant: eine riesige Backsteinhalle, deren zehn Meter hohen Fenster sich in die Schweizer Bergwelt öffnen, blitzblanke Maschinen mit riesigen Conchierwalzen, die in riesigen Granitschalen die warme Schokomasse ruhig und stetig hin und her walzen. Ein imposantes Schauspiel! Ich war mir sicher: Das ist der heilige Gral schweizerischer Wertarbeit und schweizerischer Identität. Es war heiß in der Halle, und der schwere Duft der warmen Schokolade kroch in Haar, Kleider, Nase und Lunge. An diesem Tag lernte ich, dass nicht nur der Gaumen beim Essen mitbestimmt: Am Ende der langen Führung gab es die versprochene Schokolade – aber mir war schon schlecht, ich begehrte nichts mehr als ein Salamibrot. Der Schwur »nie mehr Schokolade« war da schnell gesprochen, aber Gott sei Dank auch bald gebrochen. *Georg Schweisfurth*

Die Auswahl an Bioschokolade und Produkten mit und aus Bioschokolade ist groß und wird immer größer. In gut sortierten Bioläden gibt es Edelbitterschokolade, Zartbitterschokolade, Zartbitter mit Mandelsplittern, Vollmilchschokolade, Pralinéschokolade, weiße Schokolade, Crunch-Schokolade, Mini-Schokolade, Haselnussschokolade, Trauben-Nuss-Schokolade, Mandel-Schokolade, runde Schokoladen höchster Gourmet-Güte, Kinderschokolade, Pfefferminz-Schokolade, Gewürzschokolade, Schoko-Nuss-Riegel, Trüffel-Riegel, Kokos-Schokoriegel, Espressoriegel, weiße Riegel, Waffelschnitten mit Schoko, Nuss-Rosinen, Nougat, Zartbitternougat, Zimtmandel, Pralinen in großer Auswahl einzeln und verpackt, Aprikose in Schokolade, Weinbeere in Schokolade, »Beschwipste Früchte«, Apfelringe in Schokolade, Schoko-Sultaninen, Schoko-Ananas, Rum-Karibik-Röllchen.

Gummibärchen

Ein Geheimnis der echten Biogummibärchen ist der konsequente Verzicht auf Gelatine. Biobärchen sind fast immer weicher als Industriebärchen, sie werden mit echten Fruchtsaftextrakten statt mit künstlichen Aromen hergestellt. Sie enthalten weniger Zucker und haben deshalb eine fein säuerliche Note. Neben Gummibärchen gibt es auch exotische Früchte, Apfelbärchen und kleine Biobärchen.

Fruchtriegel

Dank des Trends zum »Bequemsnack« haben Fruchtriegel Hochkonjunktur. Fruchtriegel und Fruchtschnitten bestehen in der Regel aus Trockenfrüchten, Nüssen und einer Oblatenschicht oder einem Schokoüberzug als Träger. Sie geben Energie und sind praktisch und leicht. Eine kleine Auswahl der Geschmacksrichtungen: Ananas, Apfel-Walnuss, Banane-Mandel, Cappuccino-Nuss, Feigen-Mandel, Kalvah-Choko-Nuss, Mango, Müsli, Pflaumen-Mango, Sanddorn, Guarana, Café-au-lait, Marzipan, Sesam-Krokant,

Sesam-Krokant mit Haselnüssen oder Mandeln, Schoko-Mint, Schoko-Orange, Erdnuss-Riegel mit Honig, Nuss-Frucht-Honig, Sesam-Nuss, Schoko-Amaranth, Dinkel-Honig-Nuss-Riegel, Müsliriegel, Amaranthriegel in diversen Frucht- und Schokorichtungen.

Weitere Süßigkeiten

Viele der klassischen Süßigkeiten, die landauf, landab geknabbert werden, gibt es auch in Bioqualität. Dies sind Lakritzstangen, Lakritzstückchen, Schokolinsen, Maislutscher in Geschmacksrichtungen wie Zitrone, Himbeere, Ananas, Kirsch oder Schwarze Johannisbeere, Kräuterlutschbonbons, Gerstenmalzbonbons mit Ingwer, Salbeilutschbonbons, Carobtafeln, Popcorn mit Honig, kandierte Früchte. All diesen Dinge sind natürlich nicht im engen Sinne gesund, sie sind aber weniger schädlich als ihre Industriependants. Die »Sünde« ist also deutlich lässlicher.

Salziges

So gut süße Knabbereien zu Tee und Kaffee passen, so gut schmecken ihre salzigen Verwandten zum Bier oder zum Wein. Wer nicht in die Abgründe der industriellen Fettküchen blicken will, findet im Bioladen die Alternative. Hier gibt es Dinkel-Chips, Erdnussflips, Grissini, Maischips Natur, Maischips Nacho pikant, Maischips mit Käse, Maischips mit Bohnen und Knoblauch oder Maischips aus blauem Mais, Kartoffelchips Natur gesalzen, Paprikakartoffelchips, Kartoffelchips Provençale, Kartoffelchips mit Dill und Schnittlauch, Kartoffelchips mit Sauerrahm und Zwiebeln, Kartoffelchips mit Tomate-Basilikum.

Zu den salzigen Begleitern gehört auch das Kleingebäck. Es gibt derart viele gute Bioteilchen, dass es schwer ist, sich einen Überblick zu verschaffen. Es kommen ständig neue Dinge dazu, ihnen ist aber eines gemein: die Bioqualität. Da wird vorsichtig und natürlich gesüßt, es wird viel mit Vollkorn gebacken, alle Zutaten aus kontrolliert-ökologischem Anbau. Es gibt Knusperbrezeln, Vollkornsticks, Prinzessbrezeln mit und ohne Sesam, Sesam-Kräcker, Mohn-Kräcker, Käse-Kräcker, Paprika-Kräcker, Rosmarin-Thymian-Würzgebäck, Schnittlauch-Lemon-Würzgebäck, Tomate-Oregano-Würzgebäck, Knabber-Knäcke in drei Richtungen, Plätzchen aus Weißmehl in vielen Sorten und kleine Vollkornplätzchen mit Aprikose oder Nuss.

····⟩ Zu viel Salz kann bei ererbter Anlage zu Bluthochdruck führen. Bei Menschen mit zu hohem Blutdruck kann eine Verringerung der Kochsalzzufuhr den Blutdruck senken. Achten Sie also beim Knabbern auf den Salzgehalt von Chips und Crackern! Mehr als zehn Gramm Kochsalz pro Tag sollten Sie nicht zu sich nehmen. Die Vorliebe für Salz ist ja nicht angeboren, sondern erlernt, Sie können sich mit frischen oder getrockneten Kräutern und Gewürzen schnell an weniger Salz gewöhnen.

Trockenfrüchte

Das Trocknen von Früchten ist eine der ältesten Methoden, Lebensmittel haltbar zu machen. Mit Hilfe der Sonne wird den Früchten das Wasser entzogen, damit wird zugleich das Verderben der Früchte durch Schimmelbildung, Fäulnis oder Gärung verhindert. Durch den Trocknungsprozess verlieren die Früchte an Masse, nicht aber an Inhaltsstoffen, die Nährstoffe der Früchte werden also um das Sechs- bis Achtfache konzentriert. Dadurch sind Trockenfrüchte ein idealer Bestandteil einer gesunden, vollwertigen Ernährung und neben frischem Obst auch mit die natürlichsten und »gesündesten« Knabbereien. Trockenfrüchte liefern eine geballte Ladung an energiespendenden Kohlenhydraten wie Frucht- und Traubenzucker, lebenswichtige Mineralstoffe wie Kalium, Kalzium, Magnesium, Eisen oder Phosphor, verdauungsfördernde

Biotrockenfrüchte

Vielfach handelt es sich bei den Produzenten um Kleinbauernkooperativen, für die der Anbau und die Vermarktung der Biofrüchte die Existenzgrundlage ist. Neben Abnahmegarantien und langfristigen Anbauverträgen bekommen sie von einigen Biovermarktern zusätzlich eine Bioprämie von bis zu 15 Prozent auf den Marktpreis. Darüber hinaus werden die Bauern kontinuierlich betreut, beraten und nach Möglichkeit auch geschult. Dank dieser Maßnahmen hat sich oft eine langfristige und vertrauensvolle Geschäftsbeziehung zwischen den Biovermarktern aus Deutschland und den Bauern in den Erzeugerländern entwickelt, die letztlich auch wieder den Produkten zugute kommt.

Einer der wesentlichen Unterschiede zwischen biologischen und konventionellen Trockenfrüchten liegt neben der kontrolliert biologischen Qualität in der Weiterverarbeitung der geernteten Früchte. Bei konventionell erzeugten Trockenfrüchten werden die Früchte zum Schutz vor Schädlingen mit Methylbromid begast. Ökologisch erzeugte Produkte hingegen werden nach der Ernte bei −40 °C 24 Stunden lang schockgefroren, um so Insekteneier und Larven zu vernichten. Einige Biohersteller wenden zusätzlich eine »Druckentwesung« an. Dabei wird in einer luftdichten Kammer mit Kohlensäure ein hoher Druck aufgebaut, der dann schlagartig abgelassen wird. Dadurch werden die Schädlinge vernichtet. Dieses Verfahren kommt ganz ohne den Einsatz gesundheitsschädlicher Chemikalien aus. Um die Haltbarkeit zu verlängern, werden konventionelle Trockenfrüchte in der Regel geschwefelt. Die Früchte werden dadurch unempfindlicher, heller und optisch ansprechender. Im Biobereich wird darauf verzichtet, deshalb sind Biotrockenfrüchte in der Regel etwas dunkler. Dafür schmecken sie viel natürlicher und intensiver.

Ballaststoffe und Vitamine. Dabei enthalten sie kaum Fett. Trockenfrüchte können auch als Gewürze verwendet werden. Im Biohandel gibt es Ananas, Aprikosen, Äpfeln, Birnen, Bananen, Datteln, Feigen, Mangos, Papayas, Pflaumen, Korinthen, Sultaninen und Weinbeeren. Die Anbaugebiete liegen meist in der Türkei, Griechenland, Israel, Tunesien, Kalifornien oder der Karibik.

Aprikosen

Aprikosenbäume wachsen in den USA, in Südafrika, Australien, in fast allen Mittelmeerländern und auch in warmen Ecken Deutschlands. Das größte Anbaugebiet für Bio-Aprikosen liegt im Osten der Türkei. Es gibt süße Aprikosen und wilde, leicht säuerliche Aprikosen. Süße Aprikosen stammen von veredelten Aprikosenbäumen. Die Frucht bleibt beim Trocknen ganz und etwas saftig. Wilde Aprikosen stammen von einer nicht veredelten Wildform des Aprikosenbaumes. Diese kleineren, säuerlichen Früchte sind eine Delikatesse. Sie werden in Hälften zusammengelegt getrocknet. Zum Trocknen werden die Aprikosen drei Tage lang in der warmen Sonne auf Stofffolien ausgelegt. Danach werden die Kerne per Hand entfernt und die Früchte noch einmal drei bis vier Tage an Sonne und Luft ausgelegt. Danach werden sie gewaschen und sortiert. Getrocknete Aprikosen enthalten besonders viel Provitamin A und sind reich an Kalium und Eisen.

Datteln

Datteln sind die Früchte der Dattelpalme, die zu den ältesten Kulturpflanzen gehört, in der Wüste Oasen überschattet und dem Menschen süße Knabbereien liefert. Dattelpalmen können bis zu 30 Meter hoch und bis zu 200 Jahre alt werden. Die meisten Datteln geben sie im Alter zwischen 40 und 80. Bei den getrockneten Datteln unterscheidet man weiche, halbtrockene und trockene Sorten. Nach Deutschland kommen hauptsächlich halbgetrocknete Datteln. »Deglet Nour«, eine aus Algerien stammende Spitzensorte, ist die inzwischen weltweit wichtigste Exportsorte. Als Besonderheit gilt die Medjooldattel, die mit ihren dicken, saftigen Früchten und ihrer butterartigen Konsistenz alle anderen Arten in den Schatten stellt. Die honigsüße Medjooldattel wurde aus Marokko in die USA eingeführt und wird dort in Kalifornien, nahe der mexikanischen Grenze, angebaut.

Feigen

Auch der Feigenbaum ist seit Jahrtausenden im Mittelmeerraum bekannt. Die Feige war schon in alten Zeiten ein Symbol der Fruchtbarkeit, sie wird auch als »königliche« Frucht bezeichnet. Sie hat viel Traubenzucker, der an der Oberfläche der getrockneten Früchte weiße Kristalle bildet. Diese weiße Schicht sollte man nicht mit Schimmel verwechseln. Feigen sind reich an Magnesium, Eisen, Kalzium und Vitamin B.

Heute sind die Türkei und Kalifornien die größten Feigenproduzenten. Frische Feigen sind birnenförmig, die Farbe der Schale variiert je nach Sorte von dunkelviolett bis grüngelb. Das Fruchtfleisch ist hellrosa bis dunkelrot, saftig und süß und mit essbaren Kernen durchsetzt.

Rosinen

Rosinen ist ein Oberbegriff für viele Arten getrockneter Trauben, von der hellen, kernlosen Sultanine bis hin zu den kleinen, blauschwarzen Korinthen. Sultaninen wurden der Legende nach ursprünglich exklusiv für den jeweils regierenden Sultan angebaut. Die vollreifen hellen Trauben werden nach der Ernte in eine fünfprozentige Lösung aus Pottasche und in etwas biologisches Olivenöl getaucht. Dieses »Dipping« macht die natürliche Wachsschicht der Trauben durchlässiger, weshalb die Traube schneller trocknen kann und hell bleibt. Bei Weinbeeren handelt es sich um eine kernlose, gelbbraune, sehr fruchtig aromatische Beere mit purpurblauem Schimmer, die überwiegend in Kalifornien kultiviert wird. Bei den Weinbeeren wird auf das Dipping verzichtet, sie trocknen sieben bis zehn Tage an der Sonne und sind dafür etwas dunkler als die Sultaninen. Weinbeeren sind die klassischen Rosinen. Korinthen sind zarte, blauschwarze, kernlose Beeren bestimmter griechischer Traubensorten. Sie werden bis zu vier Wochen im Schatten getrocknet und schmecken außergewöhnlich süß-aromatisch. Alle Rosinenarten haben viel leicht bekömmliche Kohlenhydrate, Mineralstoffe wie Kalium, Eisen, Magnesium, Kalzium, Phosphor und Kupfer sowie Vitamin C.

----> Eine Hand voll Rosinen und zwei Hand voll verschiedener Nüsse ergeben das berühmte Studentenfutter, die schnelle Energie für zwischendurch, die perfekte Knabberei.

Äpfel und Birnen

Man soll die einen zwar nicht mit den anderen vergleichen, aber köstlich sind beide. Getrocknete Birnenhälften sind eine feine Kraftnahrung und süßen klein geschnitten jedes Frühstücksmüsli. Eingeweicht oder gekocht, auch gemischt mit anderem Trockenobst, bilden sie als Kompott eine delikate Nachspeise. Eine Müslizutat der besonderen Art sind in Apfelsaft eingeweichte getrocknete Apfelringe – ein bisschen zäh, aber das Zubeißen lohnt sich.

Exoten

Inzwischen werden auch Bananen als Chips oder im Ganzen in Bioqualität angeboten. Zu Würfeln geschnitten und in der Sonne getrocknet, gibt es Ananas, Papaya, Mango zum Knabbern, Würzen und Süßen.

Pflaumen und Zwetschgen

Eingeweicht zu Fleisch eine Gaumengeilheit ohnegleichen! Und ein mildes Abführmittel, das in keiner Hausapotheke fehlen sollte. Drei Pflaumen über Nacht einweichen und den Sud am nächsten Morgen nüchtern trinken.

Nährwerttabelle für süße und salzige Knabbereien

Die Angaben beziehen sich jeweils auf 100 Gramm netto

	KJ/kcal	Eiweiß	Fett	Kohlen-hydrate
Butterkeks	2008/480	10 g	21 g	62 g
Vollkornkeks	1971/471	11 g	24 g	58 g
Löffelbiskuit	1734/414	12 g	8 g	72 g
Müsliriegel	1569/375	7 g	19 g	44 g
Krokant	1890/451	2 g	12 g	82 g
Marzipan	1920/459	6 g	18 g	69 g
Nougat	1985/474	5 g	21 g	65 g
Schokolade (zartbitter)	2078/496	7 g	33 g	44 g
Schokolade (Vollmilch)	2249/536	9 g	32 g	54 g
Lakritze	1571/375	4 g	1 g	86 g
Fruchteis	551/132	1 g	1 g	28 g
Milchspeise-eis	355/85	2 g	2 g	13 g
Rosinen	1247/298	3 g	1 g	66 g
Erdnussflips	2216/529	10 g	35 g	45 g

Ballast-stoffe	Vitamin E	Eisen	Zink	Enthält viel ...
3 g	0 mg	2 mg	1 mg	Kalzium (136 mg)
9 g	16 mg	4 mg	3 mg	Magnesium (86 mg)
1 g	2 mg	2 mg	1 mg	Kalzium (65 mg)
4 g	7 mg	2 mg	2 mg	Kalzium (77 mg)
2 g	5 mg	1 mg	0 mg	–
5 g	9 mg	2 mg	1 mg	Kalzium (82 mg)
5 g	8 mg	2 mg	1 mg	Kalzium (80 mg)
12 g	1 mg	5 mg	2 mg	Magnesium (149 mg)
1 g	0 mg	2 mg	2 mg	Kalzium (215 mg)
2 g	0 mg	3 mg	1 mg	–
1 g	0 mg	0 mg	0 mg	–
0 g	0 mg	0 mg	0 mg	Kalzium (84 mg)
5 g	1 mg	0 mg	0 mg	Phosphor (110 mg)
5 g	5 mg	1 mg	1 mg	–

Nährwerttabelle für süße und salzige Knabbereien

Die Angaben beziehen sich jeweils auf 100 Gramm netto

	KJ/kcal	Eiweiß	Fett	Kohlenhydrate
Kartoffelchips	2242/535	6 g	39 g	41 g
Kräcker	1574/376	10 g	3 g	75 g
Laugengebäck	1423/340	9 g	3 g	69 g
Salzstangen	1452/347	9 g	1 g	75 g
Cashewnüsse	2377/568	18 g	42 g	31 g
Erdnüsse (frisch)	2350/561	25 g	48 g	8 g
Erdnüsse (geröstet)	2424/579	26 g	49 g	10 g
Esskastanien (Maroni)	724/173	3 g	2 g	36 g
Haselnüsse	2662/636	12 g	62 g	11 g
Kokosnuss	1498/358	4 g	37 g	5 g
Kürbiskerne	2344/560	24 g	46 g	14 g
Leinsamen	1558/372	24 g	31 g	0 g
Mandeln	2383/569	19 g	54 g	4 g

Ballast-stoffe	Vitamin E	Eisen	Zink	Enthält viel ...
3 g	6 mg	2 mg	1 mg	–
5 g	1 mg	2 mg	2 mg	Phosphor (458 mg)
4 g	1 mg	1 mg	1 mg	Kalzium (65 mg)
1 g	0 mg	1 mg	1 mg	Kalzium (147 mg)
3 g	2 mg	3 mg	3 mg	Vitamin B1 (0,6 mg)
11 g	11 mg	2 mg	3 mg	Niazin (15 mg)
11 g	9 mg	2 mg	3 mg	Folsäure (0,05 mg)
8 g	2 mg	1 mg	0,5 mg	Vitamin C (27 mg)
8 g	26 mg	4 mg	2 mg	Kupfer (1,3 mg)
9 g	0,7 mg	2 mg	1 mg	Mangan (1,3 mg)
9 g	4 mg	13 mg	7 mg	Magnesium (402 mg)
35 g	3 mg	8 mg	2 mg	Mangan (1,2 mg)
15 g	25 mg	4 mg	3 mg	Folsäure (0,05 mg)

Nährwerttabelle für süße und salzige Knabbereien
Die Angaben beziehen sich jeweils auf 100 Gramm netto

	KJ/kcal	Eiweiß	Fett	Kohlen-hydrate
Paranüsse	2763/666	14 g	67 g	4 g
Pekannüsse	2898/692	9 g	72 g	4 g
Pinienkerne	2408/575	24 g	51 g	7 g
Pistazien-kerne	2405/574	18 g	52 g	12 g
Sesamsamen	2339/559	18 g	50 g	10 g
Sonnen-blumenkerne (geschält)	2405/574	22 g	49 g	12 g
Studenten-futter	2023/483	15 g	33 g	30 g
Walnüsse	2738/654	14 g	63 g	11 g
Kokos-makronen	1836/439	5 g	27 g	45 g
Früchtebrot	1466/350	7 g	12 g	53 g
Popcorn	1544/369	13 g	5 g	67 g
Hickory-nüsse	2898/692	9 g	72 g	4 g

Ballast-stoffe	Vitamin E	Eisen	Zink	Enthält viel ...
8 g	9 mg	3 mg	4 mg	Magnesium (166 mg)
10 g	3 mg	2 mg	53 mg	Vitamin B1 (0,9 mg)
7 g	4 mg	9 mg	4 mg	Vitamin B1 (0,8 mg)
10 g	5 mg	7 mg	1 mg	Kupfer (1,2 mg)
11 g	3 mg	10 mg	8 mg	Kalzium (738 mg)
6 g	22 mg	6 mg	5 mg	Folsäure (0,06 mg)
9 g	8 mg	2 mg	2 mg	Mangan (1 mg)
6 g	12 mg	3 mg	3 mg	Fluor (0,7 mg)
8 g	1 mg	2 mg	1 mg	–
5 g	5 mg	2 mg	1 mg	Vitamin C (35 mg)
10 g	3 mg	2 mg	2 mg	Phosphor (281 mg)
9 g	3 mg	2 mg	5 mg	Phosphor (290 mg)

Süßes

Süßes

In diesem Kapitel geht es um die große weite Welt der Geschmacksrichtung, die alle Menschen mögen. Vom Säugling, der nach der süßen Muttermilch schreit, über das Kind, das mit einem Lutscher belohnt wird, bis zur alten Dame, die sich am Abend ein Likörchen einschenkt – sie alle lieben das Süße. Auf diesen Wunsch ist die Industrie eingegangen und liefert uns billigen Zucker, so viel wir wollen, von feinster kristalliner Struktur, rein weiß, ohne irgendwelche störenden Zusatzstoffe. Fast ein Zentner Weißzucker wird von jedem Bürger eines Industrielandes pro Jahr verzehrt, mal bewusst in den Kaffee gestreut, mal unbewusst mit dem Fruchtjoghurt oder einem anderen Fertiggericht verzehrt. Da der Industriezucker so hochgradig rein ist, fehlen ihm all die kleinen Helfer, die zu seiner Verwertung in unserem Verdauungssystem eigentlich nötig sind: Ballaststoffe, Vitamine, Mineralstoffe und Spurenelemente. Damit ist eigentlich auch schon klar, was Industriezucker wirklich ist: ungesund, schädlich, nur süß. Das weiß man seit Jahren, deshalb gibt es in Bioläden die Alternative: eine ganze Schar an süßen Sachen. Zucker und diverse natürliche Süßungsmittel sind natürlich auch dabei – aber die der besseren Qualität.

Das können sein: Vollrohrzucker, Rohrohrzucker, Ahornsirup, Honig, Agavendicksaft, Malzextrakte, Amazake, Mirin, Apfel- und Birnendicksaft, fruchtige Kraute, Trockenfrüchte, Konfitüren, Fruchtaufstriche.

Zucker im Bioladen
Der Biozucker stammt überwiegend aus Zuckerrohr, das nach den Richtlinien des kontrolliert biologischen Landbaus angebaut wird. Die beiden großen Zuckerarten sind der Vollrohr- und der Rohrohrzucker.

Vollrohrzucker
Vollrohrzucker ist getrockneter und gemahlener Zuckerrohrsaft, der noch nahezu alle ursprünglichen Inhaltsstof-

fe des süßen Zuckersaftes enthält. Die Zuckerbauern ernten die Halme, wenn der Zuckergehalt seinen Höhepunkt von 15 Prozent erreicht hat und die Blätter gelb werden. Die Halme werden, zumeist von Hand, abgeschlagen, von ihren Blättern befreit, zerkleinert und zwischen Walzen ausgepresst. Danach wird der Saft gefiltert und in großen Kesseln zu Sirup gekocht und eingedickt. Wenn der Sirup abkühlt, wird er fest und kann in Blöcke geschnitten werden, die dann zermahlen werden. Im Gegensatz zum weißen Hauhaltszucker ist Vollrohrzucker pulverig und nicht kristallin.

⋯⋯⟩ Vollrohrzucker zieht stark Feuchtigkeit an und sollte deshalb möglichst trocken aufbewahrt werden, damit er nicht klumpt. Bewährt haben sich Schraubgefäße oder alte Teedosen.

Da der Vollrohrzucker noch einen großen Teil der ursprünglichen Inhaltsstoffe des Zuckerrohrsaftes, z. B. Mineralstoffe und Spurenelemente sowie hitzeunempfindliche Vitamine, enthält, ist er ein vergleichsweise vollwertiges Süßungsmittel. Trotz dieser Vollwertigkeit sollte man ihn sparsam verwenden, denn auch er hat natürlich einen hohen Zuckergehalt, der bei etwa 96 Prozent liegt. Wie stark wir durch den Industriezucker geprägt sind, wird klar, wenn Kinder das erste Mal mit Vollrohrzucker zu tun bekommen: »Aber der schmeckt ja gar nicht richtig süß« ist da eine typische Aussage. Vollrohrzucker schmeckt leicht karamellartig, seine Süße lässt sich nicht mit der puren Süße des Weißzuckers vergleichen. Er eignet sich zum Süßen von Getränken, Gebäcken und Süßspeisen sowie als Gewürz für Saucen und Dressings.

Rohrohrzucker
Der Rohrohrzucker ist mit dem Vollrohrzucker eng verwandt. Auch die Ernte und die ersten Verarbeitungsstufen

Kleine Zuckerkunde

Um den Unterschied zwischen den verschiedenen Süßungsmitteln wirklich verstehen zu können, braucht es einen kleinen Ausflug in die Wissenschaft. Mit etwas Biologie und Chemie wird sehr leicht klar, wie verschiedene Zucker wirken, warum sie mehr oder weniger gut sind.

Die Geschichte des Zuckers beginnt in der grünen Pflanze. Sie stellt mit Hilfe des Sonnenlichts aus Kohlendioxid und Wasser Glukose her. Man kennt diesen Begriff noch aus dem Schulunterricht als »Photosynthese«. Glukose wiederum ist nichts anderes als Traubenzucker und ist der Grundstoff all der energiereichen Verbindungen, die »Kohlenhydrate« genannt werden. Kohlenhydrate sind neben Eiweiß und Fett die wichtigsten Nahrungsbestandteile der Menschen. Je nachdem, wie groß die Kohlenhydratverbindungen sind, werden sie in drei Gruppen eingeteilt. Es sind die Einfachzucker wie Traubenzucker oder Fruchtzucker, die Zweifachzucker wie Normalzucker, Malzzucker und Milchzucker sowie die Vielfachzucker wie Stärke, Pektin oder Zellulose. Die Ein- und Zweifachzucker schmecken süß und erreichen zügig die Blutbahn, sie heben den Blutzuckerspiegel flott an und sind schnelle Energiespender. Vielfachzucker brauchen da viel länger, dafür wird der Körper aber kontinuierlich mit Energie versorgt.

Wenn man von Zucker spricht, dann meint man meistens den Haushaltszucker, den weißen, kristallinen, süßen Zweifachzucker. Es handelt sich dabei um Saccharose, die im Prinzip überall im Pflanzenreich vorkommt, heute aber meist aus dem süßen Mark des Zuckerrohrs oder aus der Zuckerrübe herausgelöst und chemisch gereinigt wird.

Das Zuckerrohr gehört zur Familie der Gräser. In den Tropen kann es bis zu sieben Meter hoch werden, seine Halme sind bis zu fünf Zentimeter dick. Im Halm steckt das saftige, zuckerreiche Mark. Die älteste Überlieferung der Zuckergewinnung aus dem Zuckerrohr stammt aus Indien. Die Araber brachten die Pflanze zwischen 700 und 900 in den Mittelmeerraum. Die Spanier und Portugiesen führten sie in Mittel- und Südamerika ein, während die Holländer in Indonesien Plantagen anlegten. In Deutschland war Zucker lange Zeit ein absoluter Luxusartikel, der in Apotheken verkauft wurde. Im 18. Jahrhundert fand man heraus, dass man auch aus Runkelrüben Zucker gewinnen kann. Als der Zuckergehalt durch Züchtung immer weiter gesteigert werden konnte, war der Weg zum Industriezucker frei. Heute stammen etwa 60 Prozent der Weltzuckerproduktion aus Zuckerrohr, 40 Prozent aus Rüben. Chemisch sind Rohr- und Rübenzucker in ihrer raffinierten Form identisch.

Der Vollrohrzucker hat zwar gegenüber dem weißen Zucker einen höheren Mineralstoff- und Vitamingehalt, aber er bleibt ein Zuckerkonzentrat. Und er hat, in größeren Mengen genossen, die gleichen negativen Auswirkungen wie raffinierter Zucker. Er verursacht ebenso Karies wie Übergewicht. Günstig ist die Verwendung von Vollrohrzucker aber trotzdem: Sein karamellartiger Geschmack verhindert eine Überdosierung, und der Preis spielt sicher auch eine Rolle. Mit einer Ernährung aus dem Bioladen kann man den Gaumen oft auch leicht auf weniger Zucker umgewöhnen: In vielen Rezepten dienen Honig und Obstdicksäfte als Süßungsmittel. Bei selbst zubereiteten vollwertigen Speisen kann man Zucker sparsamer einsetzen, und Vollwertküche hält länger vor, d. h. der Süßhunger auf was Kleines zwischendurch stellt sich nicht so häufig ein wie beim Verzehr leerer Fastfood-Kalorien.

unterscheiden sich nicht. Beim Sirup trennen sich dann die Wege. Während beim Vollrohrzucker Trocknen und Mahlen folgen, wird beim Rohrohrzucker der Sirup mit einigen Kristallen nicht-raffinierten Zuckers bestreut. Das löst eine Kettenreaktion aus, es bilden sich immer größere Zuckerkristalle. Wenn diese ihre Wunschgröße erreicht haben, werden sie vom übrigen Dicksaft in einer Zentrifuge getrennt und getrocknet. Der Zucker ist gelblich-weiß bis gräulich-braun und wird als »Rohzucker« bezeichnet. Würde er jetzt noch raffiniert, also chemisch gereinigt, dann hätte man Industriezucker.

Melasse

Den bei der Rohzuckerproduktion übrig bleibenden Sirup nennt man Melasse. Sie enthält keinen kristallisierbaren Zucker mehr, hat aber wie der Vollrohrzucker einige wertvolle Bestandteile des Zuckerrohrsaftes. Melasse ist dunkelbraun, herb-süß bis karamellartig. Die Süßkraft von Melasse beträgt etwa die Hälfte der von Zucker. Sie wird als cremige Masse angeboten und eignet sich z. B. als Zutat für Gewürz- und Schokoladenkuchen, Lebkuchen oder süß-saure Saucen. Melasse wird auch in der Viehfütterung verwendet und ist ein Grundstoff für Rum.

Brauner Zucker

Brauner Zucker im Supermarkt ist oft nichts anderes als Industriezucker, der mit etwas Melasse braun gefärbt wurde. Die klebrigen Reste des Melassesirups dienen Mikroorganismen als idealer Nährboden. Deshalb ist brauner Zucker nicht so lange haltbar wie weißer.

Der Zucker aus dem Bioladen ist nicht unbedingt gesund, er ist nur weniger schädlich als der Industriezucker. Ein großer Vorteil ist aber, dass der Biozucker aus kontrolliert biologisch angebautem Zuckerrohr hergestellt wird. Für viele Kleinbauern in traditionellen Zuckerrohranbauländern war und ist die Nachfrage nach Biozucker der Anstoß zur Umstellung auf biologischen Anbau.

Ahornsirup

Der Ahornsirup ist ein echter Nordamerikaner. In Kanada und den USA steht er neben Salz, Pfeffer und Ketchup fast immer auf dem Tisch, er schmeckt hervorragend zu Pfannkuchen. Da es sich wirtschaftlich nicht lohnt, den Ahornsirup zur industriellen Zuckerproduktion zu verwenden, kommt er meist pur auf den Tisch. Ahornsaft wird von Februar bis April geerntet. Wenn sich der Winter verabschiedet und die Temperaturen über 0 °C steigen, dann beginnt der zuckerhaltige Saft des Ahornbaumes zu fließen, um den Baum mit Nährstoffen zu versorgen. Schließlich steht der Frühling an und das heißt Blätter und Knospen mit Energie zu versorgen. Diesen aufsteigenden Saft zapft allerdings der Mensch ab, indem er die Bäume an mehreren Stellen anbohrt und Zapfhähne hineindreht. 20 bis 70 Liter Ahornsaft fließen so pro Baum und Jahr über Schlauchleitungen in die Zuckerhütten. Dort wird der Saft eingedickt, gefiltert und in Fässer abgefüllt.

Neben 66 Prozent Zucker enthält der Sirup noch alle hitzeunempfindlichen Inhaltsstoffe des Ahornsaftes, darunter Mineralstoffe, Eiweiß, organische Säuren und ein paar Vitamine. Ähnlich wie Honig oder Agavendicksaft ist Ahornsirup deshalb ein vollwertiges Süßungsmittel.

Als entscheidendes Qualitäts- und Geschmackskriterium für den Ahornsirup gilt seine Lichtdurchlässigkeit. Zu Beginn der Erntezeit ist der Ahornsaft hell und bernsteinfarben und hat einen mild-süßen Geschmack. Im Verlauf der Ernte wird der Saft dunkler und der daraus hergestellte Ahornsirup immer dunkler und kräftiger im Geschmack. Daraus ergeben sich die späteren Abstufungen des Ahornsirups. Die im Biohandel angebotenen Ahornsirupe orientieren sich in der Regel an der kanadischen Skala. Es gibt AA extra light, sehr fein und mild, A light, sehr fein und aromatisch, B medium, aromatisch, sowie C amber, kräftig aromatisch. Der hellere Saft der Qualitäten AA und A gilt als edler und ist in der Regel auch teurer. Die Graduierung sagt aber nichts über den Mineralstoffgehalt des jeweiligen Sirups aus.

Der im Biohandel angebotene Ahornsirup wird ausschließlich von Farmern bezogen, die sich an die Richtlinien des kontrolliert biologischen Anbaus halten. Sie verzichten auf chemisch synthetischen, leicht löslichen Mineraldünger und Pestizide sowie auf die Verwendung bedenklicher Chemikalien bei der Ahornsaftgewinnung. In der Sirupindustrie kennt man einige chemische Tricks, um die Zapfstellen am Baum offen zu halten oder die Schlauchleitungen zu reinigen. Besonders kritisch ist hier der Einsatz von Formaldehyd, um die Wundheilung am Baum zu verzögern und so den Ertrag zu steigern.

Ahornsirup eignet sich zum Süßen von Speisen und Getränken aller Art. Auf frischen Waffeln oder Pfannkuchen ist Ahornsirup eine wahre Delikatesse. Er schmeckt auch zu Pudding, Vanilleeis, Müsli, Joghurt, Früchten oder Gebäck. Ahornsirup wird darüber hinaus z. B. auch zu Ahorncreme oder -butter als Brotaufstrich verarbeitet.

Honig

Dank der Bernsteinfunde an der Ostsee weiß man, dass es schon vor mehr als 30 Millionen Jahren Bienen auf der Erde gab. Als der Mensch dann auf der Bildfläche erschien, hat er schnell herausgefunden, dass der süße Honig so manchen Stich wert ist. Es wurden 9000 Jahre alte Felszeichnung entdeckt, auf denen Menschen beim Honigsammeln dargestellt sind.

Heute ist die Honigbiene das einzige Insekt, das mit Fug und Recht als Haustier bezeichnet werden kann. Schon die alten Ägypter waren Imker, ihnen ging es bei der Honigproduktion nicht nur um die Süße, sondern auch um die heilende Wirkung. In der Mythologie wird der Honig als »göttlicher Nektar« gepriesen, im Gelobten Land fließen Milch und Honig, Napoleon machte die Biene zu seinem Wappentier.

Heute ist Honig eigentlich nur noch Brotaufstrich und Süßungsmittel, ab und zu wird er auch noch in der Kosmetik verwendet. Seine Heilkräfte sind fast vergessen, nur die heiße Milch mit Honig wird noch gegen Halsschmerzen eingesetzt. Ein Blick auf die wertvollen Inhaltsstoffe lohnt sich dennoch allemal.

Beim Honig unterscheidet man zwei Grundarten. Blütenhonig wird von den Bienen aus dem süßen Nektar von blühenden Pflanzen produziert. Beim Blatt-, Tau- oder Waldhonig spielen noch andere Tiere mit. Hier sammeln die Bienen die zuckerhaltigen Ausscheidungen von Blatt- und Nadelläusen, die süße Pflanzensäfte gesaugt haben. Blatthonige sind meistens dunkler und kräftiger im Geschmack und haben etwas mehr Mineralstoffe.

Oft wird auch Sortenhonig angeboten. Es gibt Kleehonig, Akazienhonig, Lavendelhonig, Buchweizenhonig usw. Das liegt an der besonderen »Treue« der Bienen. Wenn sich ein Volk einmal für eine Pflanzenart entschieden hat, dann bleibt es in der Regel auch dabei.

Honig ist nie gleich Honig. Im Honig gibt es rund 180 Nähr- und Wirkstoffe, die Honigfachleute glauben außerdem, dass noch so manches ungelüftete Geheimnis im göttlichen Nektar verborgen ist. Die Hauptbestandteile des Honigs sind Kohlenhydrate in Form von Traubenzucker und Fruchtzucker. Sie stellen 75 bis 80 Prozent des Honigs und versorgen, weil sie Einfachzucker sind, den Körper schnell mit Energie. Neben den Einfachzuckern gibt es noch bis zu 130 weitere Zweifach- und Mehrfachzuckerverbindungen. Zu den Zuckern kommen Wasser, Aminosäuren, Spuren von wichtigen Fermenten, Enzyme, organische Säuren sowie mehr als 50 verschiedene Duft- und Aromastoffe. Darüber hinaus finden sich Mineralstoffe und Spurenelemente. All diese Stoffe werden höchst unterschiedlich vom Körper wahrgenommen, aufgenommen und verarbeitet.

Diese komplexe Zusammensetzung des Honigs und der Gehalt an Mehrfachzuckern bewirkt, dass der Blutzuckerspiegel nach dem Genuss von Honig nicht so stark ansteigt und wieder abfällt, wie es beim Weißzucker der Fall ist. Also belastet Honig den Stoffwechsel weniger stark und liefert neben den Kohlenhydraten auch noch viele Stoffe, die für die Zuckerverwertung im Organismus benötigt werden. Beim Honig gilt: Das Ganze ist mehr als die Summe seiner Teile. Honig ist ein Beispiel dafür, dass Nährstoffe immer dann am besten genutzt werden, wenn sie sich in ihrem natürlichen Verbund befinden und in dieser Form auch verzehrt werden.

---▷ Honig wird seit Jahrhunderten auch als Backzutat verwendet, das berühmteste Backwerk mit Honig ist wohl der Nürnberger Lebkuchen. Heute sollte man genau überlegen, wann und warum man mit Honig bäckt. Zwar entspricht der Einsatz von Honig statt Zucker der Forderung nach möglichst vollwertigen Zutaten, die wertvollen Inhaltsstoffe werden aber zum größten Teil durch die Hitze beim Backen zerstört – und das ist schade. Wenn man sich zum Backen mit Honig entscheidet und Zucker in einem Rezept durch Honig ersetzt, dann sollte man das Wasser im Honig mitrechnen und die angegebenen Flüssigkeitsmengen etwas reduzieren.

Heilkraft: Eigentlich ist Honig viel zu schade, um ihn nur als Süßungsmittel zu verwenden. Er ist gesund, er kann sogar heilen. In Hausrezepten wird Honig eingesetzt, um Bakterien zu töten, Nerven zu beruhigen, beim Einschlafen zu helfen, um Wunden zu heilen, um entzündliche Magen- und Darmerkrankungen zu lindern, bei Bronchialerkrankungen und bei Durchfall. Für Säuglinge ist er wegen der Allergiegefahr allerdings heute leider oft ungeeignet.

⌁⋯⋙ Auch wenn Honig sich gut als Nähr- bzw. Süßungsmittel eignet, sollte man gerade wegen seiner medizinischen Wirkung sparsam und bewusst damit umgehen. Für die Zähne ist Honig wegen seiner klebrigen Konsistenz noch schlechter als Zucker.

Zucht und Vermehrung: Bei der Biozucht legt man Wert auf eine robuste Biene, die mit Klima und Landschaft gut zurechtkommt. Die Vermehrung läuft natürlich, das Volk darf schwärmen, künstliche Besamung der Königin ist ebenso verboten wie das Beschneiden ihrer Flügel. Außerdem verzichtet man darauf, andere Bienenrassen einzukreuzen.

Standort der Bienenstöcke: Ein Biobienenstock wird so aufgestellt, dass in einem Umkreis von fünf Kilometern keine größeren Risiken zu befürchten sind. Fünf Kilometer entsprechen etwa dem Flugradius der Bienen, in diesem Umkreis sollten deshalb keine Industrieanlagen oder Hauptverkehrsstrecken liegen. Man hält sich zudem fern von konventionellen landwirtschaftlichen Intensivkulturen und sucht eher die Nähe von biologisch produzierenden Bauern.

Bienenwohnung: Die Bienenwohnung, die so genannte Beute, muss aus natürlichen Materialien wie Holz, Stroh oder Lehm bestehen. Die Beuten dürfen nur mit Bienenwachs, dem Bienenharz Propolis und Pflanzenölen behandelt werden. Reinigung und Desinfektion erfolgen mit Feuer, heißem Wasser, Bürsten, Schabern und sehr viel Muskelkraft. Nur in ganz seltenen Fällen bei akuten Infektionen darf Natronlauge verwendet werden, die danach sofort mit organischen Säuren neutralisiert werden muss. Das Hauptproblem in der ökologischen Imkerei ist die Warroafliege, die man nicht mit Chemie bekämpfen will.

Wachs und Waben: Normalerweise gibt der Imker dem Bienenvolk Wachsmittelwände mit eingeprägtem Sechseckmuster in den Stock, damit die Bienen auf diesem Muster ihre Waben bauen. Die Rahmen dieser Wachswände müssen in der Bioimkerei aus Holz sein, es darf auch nur in der jeweiligen Imkerei selbst oder von einer anderen ökologischen Imkerei erzeugtes Bienenwachs eingesetzt werden. Kunststoffmittelwände sind verboten. In den Waben wird der Wassergehalt des Nektars durch unzählige Flügelschläge auf 14 bis 20 Prozent gesenkt. Das dauert etwa 20 Minuten, und der Honig ist fertig.

Fütterung: Eine Bienenfütterung ist erlaubt, wenn sie für die gesunde Entwicklung der Völker notwendig ist. Die Bienen sollen möglichst mit Honig aus der eigenen Imkerei gefüttert werden, beim Füttern von Zucker muss eine Kontrollbehörde zustimmen. Zuckerfütterung ist nur im Winter erlaubt, im Sommer darf man nach der Honigentnahme kurzfristig Honig aus biologischer Bienenhaltung füttern. In der konventionellen Imkerei werden die Bienen oft das ganze Jahr über mit Zucker zugefüttert!

Bienengesundheit: Grundsatz der ökologischen Bienenhaltung ist es, die Vitalität und Gesundheit der Bienen über die Haltungsbedingungen und -maßnahmen zu fördern, um so der Entstehung von Krankheiten vorzubeugen. Krankheiten dürfen nur in Ausnahmefällen und auf keinen Fall vorbeugend mit Medikamenten behandelt werden. Diese Medikamente müssen für Mensch und Umwelt unbedenklich sein. Der Einsatz chemisch-synthetischer Medikamente wie Antibiotika ist verboten. Selbst die gefährliche Warroamilbe wird biologisch bekämpft. Der Imker wehrt sich gegen diesen aus Asien eingeschleppten Bienenparasit dadurch, dass er die besonders stark befallenen Drohnenbrut tötet, die Milben durch Hitze vernichtet und außerhalb der Trachtzeit vorsichtig organische Säuren einsetzt. Alle Behandlungsmaßnahmen müssen aufgezeichnet werden.

Ökologische Imkerei

Die Intensivierung und Industrialisierung hat längst die Imkerei erfasst. Das idyllische Bild des pfeifeschmauchenden, alten, weisen Teilzeit- oder Hobbyimkers gehört mehr oder weniger der Vergangenheit an. Heute werden Bienenköniginnen künstlich besamt, chemisch-synthetische Hilfsmittel und Medikamente werden im Bienenstock eingesetzt. Um auch in Zukunft biologisch einwandfreien Honig zu garantieren, haben die ökologischen Anbauverbände für die Imkerei, genau wie bei Ackerbau und Viehzucht, Richtlinien für eine ökologische Imkerei erstellt. Allerdings gibt es ein kleines Problem. Da man den Bienen nicht vorschreiben kann, nur auf Ökofeldern Nektar zu sammeln, musste man Kompromisse finden. Die Richtlinien zur ökologischen Bienenhaltung regeln deshalb hauptsächlich die Arbeit der Imker, nicht die der Bienen.

Grundvoraussetzung der ökologischen Imkerei ist eine den natürlichen Lebensgewohnheiten der Bienen angepasste Arbeitsweise und ein schonender Umgang mit den Tieren. Artgerecht heißt, der Imker überlässt es seinen Bienenvölkern, eine Wabe aus eigener Kraft zu bauen. Alle Waben werden von den Bienen angefertigt, sie vergrößern den Wabenkörper nach ihrem Bedarf. Lediglich im Honigraum darf der Imker aus Naturwachs gefertigte Trennwände einbauen. Erst kurz bevor der Schwarm einem natürlichen Trieb folgend, in Schwarmstimmung gerät, nimmt der Imker den Schwarm heraus und teilt ihn. So entstehen neue Völker mit neuen Königinnen, ganz ohne Reizfütterung oder Umhängen der Waben. Auch beim Abschleudern denkt der Bioimker an sein Volk und lässt ihm den Honig im Brutraum übrig. Im Winter genießen die Bienen nach der letzten Ernte die liebevolle Versorgung mit Kräutertee, Honig, Zucker und Salz.

Honigernte und -verarbeitung: Die Entnahme und die Verarbeitung des Honigs sind sensible Momente, in denen der Imker über die Qualität des Honigs mit entscheidet. In der ökologischen Bienenhaltung dürfen die Bienen bei der Honigernte nicht mit chemischen Mitteln vertrieben oder getötet werden. Es wird nur ausgereifter Honig aus verdeckelten Waben entnommen. Der Honig darf bei der Lagerung und Verarbeitung nicht über 40 °C erhitzt werden, um die hitzeempfindlichen Inhaltsstoffe zu erhalten. Der Honig soll noch vor dem ersten Festwerden abgefüllt werden, damit er nicht noch einmal erwärmt werden muss.

Honigqualität: Im Honig dürfen keine messbaren Rückstände von chemisch-synthetischen Arzneimitteln oder anderen chemischen Hilfsstoffen nachweisbar sein. Außerdem wird der Gehalt an Wasser und Hydromethylfurforalsäure überprüft. Diese Säure ist ein Hinweis darauf, wie stark der Honig erwärmt wurde.

Honig, der bei dieser Prüfung durchfällt, darf nur noch verarbeitet, nicht aber als Speisehonig mit dem Zeichen von Demeter, Bioland, Naturland oder einer EU-Kontrollstelle verkauft werden.

Agavendicksaft

Seit 1997 gibt es im Bioladen ein revolutionäres Süßungsmittel – den Agavendicksaft. Er süßt stark und ist dabei geschmacksneutral – eine echte Alternative zum Zucker. Die Agave kennen viele von der eigenen Fensterbank oder zumindest als Rohstoff für Tequila. Sie kommt aus Mittelamerika und wächst in fast alle tropischen und subtropischen Regionen der Welt sowie im Mittelmeerraum. Wichtigster Agaven-Rohstoff ist dabei der süße Pflanzensaft. Der in Deutschland erhältliche Agavendicksaft wird aus der »Wilden Agave« in sozialen und biologischen Projekten in Mexiko gewonnnen. Mit Regionalregierungen und lokalen Erzeugerkooperativen wurden langfristige Abnah-

meverträge für die Ernten und angemessene Preise vereinbart. Auf diese Weise gibt es bei den armen Indios Jobs
für junge Leute, die Landflucht wird gebremst, gemeinsam
produziert man nach hohen biologischen Standards. Für
jede geerntete Pflanze werden zwei neue gesetzt. Damit
verhindert man die Bodenerosion und steigert die zukünftigen Erträge. Für den Bioagavendicksaft wird der Rohsaft
zunächst fein gefiltert und anschließend im Vakuum eingedickt, so dass eine klare Flüssigkeit entsteht. Die löst
sich gut in kalten und heißen Getränken und eignet sich
als Allzweck-Süßungsmittel hervorragend für Müslis, Desserts, Joghurt, Backwaren, Fruchtzubereitungen und viele
andere Speisen. Durch seinen kaum vorhandenen Eigengeschmack unterstreicht der Agavendicksaft das Aroma
der anderen Zutaten.

Im Gegensatz zum Weißzucker hat Agavendicksaft einen
ungewöhnlich hohen Gehalt an Fruchtzucker, der bei etwa
90 Prozent des gesamten Kohlenhydratgehaltes liegt.
Außer Kohlenhydraten und Wasser enthält der Agavendicksaft einen vergleichsweise hohen Gehalt an Kalzium,
Kalium, Magnesium und Phosphor sowie viele wichtigen
Spurenelemente.

····∗ Agavendicksaft ist, wie schon sein Name sagt, eine
zähflüssige Angelegenheit und lässt sich nicht wie der
Zucker, den er ersetzen soll, streuen. Bevor man sich
aber darüber den Kopf zerbricht, wo und wie man Agavendicksaft einsetzen könnte, hilft die Erinnerung,
wo man überall Honig verwendet. Agavendicksaft
schmeckt im Tee und im Kuchen, Agavendicksaft kann
man in die Schlagsahne rühren, um damit frische Bio-
erdbeeren zu krönen, wer will, kann sogar mal versuchen, Agavendicksaft auf das Brot zu streichen. Aber
Achtung: Agavendicksaft kann nicht nur süßen, sondern auch laufen!

Malzextrakt

Beim Mälzen wird Getreidestärke in Getreidezucker umgewandelt. Wie beim Bier oder Malzkaffee werden die Getreidekörner eingeweicht und beginnen zu keimen. Es entstehen die Enzyme, die Stärke zu Zucker abbauen. Beim Reismalzextrakt werden Reisflocken eine Stunde lang gedämpft, dann wird in diesen Brei zerstoßene und gemälzte Gerste eingerührt. Danach wird diese Mischung bei etwa 70 °C warm gehalten, damit sich die Kohlenhydrate, Proteine und Fette des Vollkornreises in einfachere Zucker, Aminosäuren und Fettsäuren zerlegen. Je länger der Brei erwärmt wird, desto süßer und dunkler wird er. Kurz bevor die alkoholische Gärung einsetzt, wird der Brei in Baumwollsäcke gefüllt und ausgepresst. Die bernsteinfarbene Flüssigkeit, die aus der Presse tropft, wird gefiltert und schließlich eingedickt. Vollreismalz hat einen ausgeprägten, leicht nussigen Geschmack mit einem Hauch von Karamell. Es ist nicht ganz so süß wie Zucker, Honig oder Ahornsirup und eignet sich für Desserts und Snacks. Die Kunst der Vollreismalzextraktherstellung kommt aus Japan. Ganz ähnlich werden heute auch Malzextrakte auf der Basis von Gerste und Mais hergestellt.

Amazake

Amazake ist ein fermentierter süßer Vollreisbrei. Er besteht aus süßem Vollreis und Genmai-Koji (einem japanischen Ferment, das für viele japanische Lebensmittel verwendet wird, z. B. für Misosuppen). Er enthält alle Bestandteile des vollen Reises und ist dadurch sehr nahrhaft und bekömmlich. Man verwendet Amazake pur zum Süßen von Speisen oder mit zwei bis drei Teilen Wasser als Getränk. Amazake ist eines der beliebtesten Getränke in Japan und wird auch als süßer Sake bezeichnet. Zusammen mit Sojadrink und Früchten wird er zum erfrischenden Shake, er eignet sich zum Süßen von Pudding, Kuchen oder Waffeln, als Zutat von Salatdressings oder pur auf Brot oder Salzwaffeln. Amazake enthält viele verdauungsfördernde Enzyme.

Mirin

Mirin ist ein süßer Würzlikör, der in einem doppelten Fermentierungs- und Destillationsvorgang hergestellt wird. Mirin wird aus braunem Süßreis gewonnen, der gedämpft und mit Koji-Schimmelkulturen vergoren wird. Er ist vitamin- und eiweißreich sowie verdauungsfördernd. Mirin gilt neben Sojasauce und Kombubrühe als eine der drei wesentlichen Geschmacksnoten der alten japanischen Küche. Industriell hergestellter Mirin schmeckt allerdings fürchterlich und eignet sich nur als Gewürz, Bio-Mirin lässt sich dagegen pur trinken.

Apfel- und Birnendicksaft

Äpfel und Birnen haben im hochreifen Zustand Fruchtsüße, die man einfach gewinnen kann. Die Früchte werden zerkleinert und gefiltert, der Saft wird eingedickt.

Fruchtige Kraute

Fruchtige Kraute sind noch stärker eingedickte Dicksäfte und eignen sich dadurch auch als Aufstrich. Im Rheinland gehört die zähflüssige, fast schwarze Masse auf jeden Frühstückstisch. Es gibt Kraute in vielen Mischungen und Bezeichnungen: Apfelkraut, Apfel-Birnenkraut, Rüben-Apfelkraut, Birne-Dattelkraut, Birne-Apfelkraut.

Trockenfrüchte

Das sind die kleinen Kraftspender zwischendurch, sie eignen sich aber nicht nur dazu, ins Müsli, ins Studentenfutter oder auf den Kuchen geschnitten zu werden, sondern auch gut zum Süßen beim Kochen. Der Zucker der Frucht wird durch die Trocknung kristallisiert, viele wertvollen Vitamine und Geschmacksstoffe bleiben erhalten. Die bekanntesten Trockenfrüchte sind Trockenpflaumen und Trockenfeigen. Die meisten Biotrockenfrüchte stammen aus der Türkei, wo alle großen Hersteller seit Jahren ihre eigenen Anbau- und Verarbeitungsprojekte haben. Durch den steigenden Bioabsatz in Mitteleuropa können immer mehr türkische Landwirte auf Ökolandbau umstellen. Sie produzieren Feigen, Aprikosen, Pflaumen, Datteln, Sultaninen, Weinbeeren und Äpfel. Einige vergleichbare Ökoprojekte gibt es auch in Tunesien. In Sri Lanka trocknet man Ananas, in Griechenland Korinthen, in Costa Rica und der Dominikanischen Republik Bananen. Die Produktion nach biologischen Qualitätsmaßstäben wird zumeist durch Abgesandte der deutschen Unternehmen in den jeweiligen Ländern kontrolliert.

····⟩ Als 15-Jähriger habe ich die marokkanische Küche mit ihren Trockenfrüchten kennen und lieben gelernt. Bei meinen Trips durch Wüste und Gebirge gab es immer wieder einmal marokkanisches Huhn und Lammfleisch. Das Geheimnis dieser Gerichte sind die Trockenfrüchte, die dem Fleisch den Geschmack herauskitzeln. So wie das Salz den Eigengeschmack der Zutaten verstärkt, kann es auch der Zucker. Aprikosen und Feigen machen Huhn und Lamm zur Delikatesse, die Früchte ergeben zusammen mit frischen Kräutern eine wunderbare sämige Sauce. Die Ökotrockenfrüchte an marokkanisch-bayerischem Gockel, den meine Frau einmal im Monat zubereitet, bringen mich in meiner Phantasie immer wieder zurück nach Marokko.

Georg Schweisfurth

Softfrüchte

Immer mehr Trockenfrüchte gibt es inzwischen auch als Softfrüchte. Das sind Früchte, die nicht vollständig getrocknet werden und deshalb weich bleiben. Sie essen sich besonders bequem und eignen sich auch gut zum Kochen.

Konfitüren und Fruchtaufstriche

Bei den Biokonfitüren und Fruchtaufstrichen werden meist biologische Süßungsmittel anstelle von weißem Zucker verarbeitet. Das macht sie werthaltiger und gesünder. Die zum Einkochen oder Entsaften verwendeten Biofrüchte tun dann noch ihren Teil dazu. Die Früchte werden in der vollen Süße geerntet, noch im Ursprungsland sortiert, zerkleinert, eventuell vorerhitzt und dann zur Weiterverarbeitung nach Mitteleuropa transportiert. Zur Süßung und damit Konservierung nimmt man gerne Agavendicksaft oder Honig, jeder Hersteller hat da sein eigenes Rezept oder Geheimnis. Biologische Konfitüren und Fruchtaufstriche schmecken nicht einfach nur süß, sondern sie sind einfach besser als fast alles, was die Industrie uns einkocht. Inzwischen gibt es auch Konfitüresorten wie Guave, Mango und Amla. Das ist eine indische Stachelbeerart, die mit Schwarzen Johannisbeeren zu Fruchtaufstrich verarbeitet wird.

Zum Süßen und als Brotaufstriche sind natürlich auch heimische Klassiker wie Apfelmus, Apfelmark, Apfelmus mit Agavendicksaft, Apfel-Mangomark, Apfel-Bananenmark, Apfelkompott, Pflaumenmus, Zuckerrübenkraut und Zuckerrübensirup geeignet.

Bei den zahlreichen Biosüßmitteln stößt man aber auch manchmal an die Grenzen der ursprünglichen, werthaltigen und qualitativ hochwertigen Ernährung. Der Industriezucker hat uns längst konditioniert: Wir haben gelernt, dass es die »reine Süße« gibt, ohne Eigengeschmack, ohne eigenen Charakter, ohne die Herkunft zu verleugnen. Dem Industriezucker hat, egal, ob er aus Rüben, Zuckerrohr oder vielleicht in mittlerer Zukunft aus irgendwelchen schnell wachsenden Genpflanzen in riesigen Monokulturen produziert wird, die industrielle Verarbeitung jeden Charakter genommen.

Wenn man also an diese Grenze der Biosüße stößt, dann muss man sich vielleicht in Erinnerung rufen, dass es die »reine Süße« eigentlich kaum geben kann. Und wenn das Problem dann immer noch nicht gelöst ist, muss man eben doch zum Weißzucker greifen.

Getreide
&
Korn

Körner

Der Begriff »Körner« umfasst ein riesiges Gebiet an Ackerbauprodukten, von Weizen bis Bohnen, von Amaranth bis Erbsen. Zu den Körnern zählt man das stärkereiche Getreide wie Dinkel oder Reis, eiweißreiche Hülsenfrüchte wie Erbsen und Bohnen sowie die fetten Ölsaaten, vom Sesam bis zum Sonnenblumenkern. Sollte man sich bei der Zuordnung einmal unsicher sein, ob man zum Beispiel ein Korn oder ein Gemüse vor sich hat, dann hilft eine Faustregel: Körnerfrüchte werden gedroschen! Deshalb wird eine Trockenbohne zu den Körnern gezählt und ein Prinzessböhnchen, das man samt Schote verspeist, eben nicht.

Nirgends ist die Bandbreite an unterschiedlichen Körnern und Kornprodukten so groß wie im Bioladen, es gibt schon Gründe, warum vor 25 Jahren die Urmütter und Urväter der biologischen Landwirtschaft spöttisch »Körnerfresser« genannt wurden. Heute ist man da nicht nur einen ganzen Schritt, sondern schon einen ganzen Marsch weiter. Selbstverständlich kennt der Spitzenkoch Wildreis, natürlich greift der Gourmet zum Buchweizen und der Allergiker zum Kamut. Aber auch die Entwicklung zum Negativen hat sich in den letzten Jahren dramatisch verschärft. Gentechnisch veränderter Mais und genetisch umprogrammierte Soja werden zwar von den Verbrauchern rundweg abgelehnt, drohen aber als Zutat bereits verarbeiteter Produkte dann doch auf den Tisch zu kommen.

Dem industriellen Ackerbau stellt sich der ökologische entgegen. Er wird nicht umsonst als die »Königsdisziplin« des Biobauern bezeichnet. Da geht es um die richtige Versorgung des Bodens, der die Frucht trägt, um Fruchtfolge, Bodenaufbau, Besonderheiten des Klimas und – als Ergebnis des ganzen Wissens und Könnens – den Erhalt der Bodenfruchtbarkeit ohne die chemische Düngerkeule der Agroindustrie. Da aber weltweit der schnelle Ertrag dem Erhalt der Krume vorgezogen wird, sehen die Biobauern eine ernsthafte existenzielle Bedrohung der Mensch-

Gensoja

Sou, die große Bohne, wurde in China neben Reis, Weizen, Gerste und Hirse als eines der fünf heiligen Körner verehrt. Die Sojabohne übertrifft alle anderen Nahrungsmittel, einschließlich Fleisch und Fisch, was den Eiweißgehalt betrifft. Dieses Eiweiß ist außerordentlich hochwertig, denn es enthält alle acht essenziellen Aminosäuren. Soja hat einen hohen Lezithingehalt (beeinflusst Cholesterinspiegel und Nervensystem), weist viele Mineralstoffe und einen Rekordwert an Vitamin E auf. Erst im 18. Jahrhundert kam Soja nach Europa und Anfang des 19. Jahrhunderts in die USA. Dort interessierte man sich zunächst wenig für die Energiebombe. Heute gehören die USA zu den Hauptproduzenten mit über 25 Millionen Hektar Anbaufläche. Dabei geht es in erster Linie um die Produktion von Kraftfutter. Hier werden bereits auf rund der Hälfte der Sojabohnenplantagen manipulierte Sojabohnen ausgesät. Die Farmer tun das, da die gentechnisch veränderten Sorten etwas billiger sind und etwas höhere Erträge liefern. Die USA exportieren jährlich etwa 10 Millionen Tonnen Soja nach Europa. Seit dem 1. 9. 1998 müssen hier bestimmte gentechnisch veränderte Lebensmittel zwar gekennzeichnet werden, das hat das Verbrauchervertrauen jedoch nicht gesteigert. In Deutschland wird deshalb versucht, ebenfalls im größeren Maßstab Soja anzubauen, um die Gefahr, an genmanipulierte Soja zu geraten, zu verringern, denn die Gefahren, die genmanipulierte Soja mit sich bringt, sind groß: Bis zur Unkenntlichkeit verarbeitet tauchen Sojabestandteile in bis zu 60 Prozent der industriellen Nahrungsmittel auf. Auch für Allergiker heißt es Vorsicht: Forscher fanden heraus, dass Personen, die allergisch auf Paranüsse sind, toxische Reaktionen beim Verzehr von Sojabohnen zeigten, die mit nur einem Gen der Paranuss manipuliert waren.

heit. Wenn die Humusschicht immer dünner wird, wenn die Erde nur ausgebeutet wird und der Mensch nicht versucht, mit ihr in einer Symbiose zu leben, dann wird die Wüstenbildung nicht zu stoppen und infolgedessen der Hunger kaum zu bremsen sein. Ein langfristiges Umsteuern, weg vom »Bodendoping« hin zum verantwortungsvollen Umgang mit der Natur, müsste eigentlich sofort beginnen – nicht nur aus ethischen, sondern auch aus ganz pragmatischen Gründen.

Mais
Vorsicht! Wie Soja gehört Mais zu den Körnern, die sehr häufig gentechnisch verändert auf den Markt kommen. Der Besuch des Bioladens ist also dringend zu empfehlen. Ursprünglich kommt der Mais aus Amerika, seit dem 15. Jahrhundert gibt es ihn auch in Europa. Mais wird meist als Tierfutter angebaut. Während getrocknete Maiskörner dem Getreide zugeordnet werden, gelten frische Maiskolben als Gemüse. Besonders fein sind sie gegrillt mit etwas Butter. Auch Popcorn und Cornflakes sind aus Mais – auch wenn das manch einer nicht weiß. Maisgrieß ist der Grundstoff für Polenta.

Buchweizen
Er ist ein Knöterichgewächs und gehört nicht, wie die meisten anderen Getreidesorten, zu den Gräsern. Zöliakiepatienten greifen zum Buchweizen, da er glutenfrei ist.

----> Gluten ist ein Klebereiweiß, das beim Backen mit dafür sorgt, dass der Teig quillt und gut bindet. In der Regel bewirkt es im menschlichen Körper nichts, es sei denn, man leidet an Zöliakie, einer Krankheit, die zur Schädigung der Dünndarmschleimhaut führt. Zöliakie wird durch Gluten ausgelöst, es ist im Weizenmehl enthalten. Ähnliche Eiweißkörper gibt es auch in Roggen, Gerste, Dinkel, Grünkern, Kamut und Hafer.

Buchweizen lässt sich schnell zubereiten und eignet sich für Grütze, Bratlinge, Aufläufe, Suppeneinlagen und Salate. Aus Buchweizen kann man Nudeln machen, man findet seine Flocken auch in vielen Müslimischungen. In Nordamerika gibt es ausgesprochen köstliche Buchweizenpfannkuchen, die mit Ahornsirup serviert werden. In Südtirol findet man Buchweizenflädle.

Quinoa

Bei den Inkas gehörte Quinoa neben Kartoffeln, Tomaten, Bohnen und Mais zu den Grundnahrungsmitteln. Die Körner sehen aus wie eine Kreuzung aus Sesam und Hirse. Öko-Quinoa kommt meist aus Bolivien, wo es in Sozialprojekten angebaut wird, die Bauern also auch einen fairen Lohn für ihre Arbeit erhalten. Quinoa ist ein Scheingetreide und eigentlich mit Mangold oder Spinat verwandt. Auch Quinoa ist glutenfrei, im Großen und Ganzen wird es wie Amaranth verwendet. Quinoa sollte man gut waschen, damit es nicht bitter schmeckt, beim Kochen sollte man dann aber sparsam mit dem Wasser sein, sonst geht viel Geschmack verloren. Pito, das Mehl aus gerösteten Quinoakörnern, gibt Brot und Kuchen ein nussiges Aroma.

Amaranth

Dieses Getreide stammt aus Mittelamerika, wo es schon die Inkas, Azteken und Mayas anbauten. Es war so hoch angesehen, dass es den Göttern geopfert wurde, um gute Ernten zu erflehen oder für gute Ernten zu danken. Wie Buchweizen ist Amaranth eigentlich kein Getreide, wird aber genauso verwendet. Es ist sehr nährstoffreich, eisenhaltig und glutenfrei! Amaranth war aus den Küchen und Backstuben über Jahrhunderte so gut wie verschwunden und feiert seit den 1990er Jahren ein Comeback. Europäisches Hauptanbauland von Amaranth ist Österreich. Man findet es in Müslimischungen, Gebäck und Brot. Die Blätter des Amaranth kann man wie Spinat verwenden. Der Sage nach heilt Amaranth viele Leiden und verlängert das Leben. Übersetzt heißt es »unsterblich« oder »nicht welkend«.

Getreide

Getreide gehört zur Familie der Gräser und ist eines der ältesten Nahrungsmittel der Menschheit. Ackerbau gab es schon bei den Sumerern und Ägyptern vor mehr als 7000 Jahren. Gestampftes Korn mit etwas Wasser zu einem Brei vermengt und im Ofen oder über dem offenen Feuer gebacken, ergibt Getreidefladen – und die zählen noch heute in vielen ärmeren Ländern zu den wichtigsten Grundnahrungsmitteln. Getreide ist gesund: es enthält Eiweiß, Fett, Kohlenhydrate, Mineralstoffe, Spurenelemente und Vitamine. Getreide gehört wie Obst, Fleisch und Gemüse zur ausgewogenen Ernährung.

Das Getreidekorn besteht aus der Schale, dem Keimling und Mehlkörper. In der Schale sitzen die Mineralstoffe, Spurenelemente, wasserlöslichen Vitamine und Ballaststoffe. Der Keimling enthält das Öl und der Mehlkörper das Mehl, d. h. die Kohlenhydrate.

Ursprünglich wurde stets das volle Korn verwendet, erst vor etwa 150 Jahren begann man die Schalen zu entfernen, um möglichst weißes Brot backen zu können. Das war teuer und aufwändig, das weiße Brot also ein Statussymbol der Oberschicht. Heute ist es gerade umgekehrt. Da greifen viele etwas tiefer in den Geldbeutel, um ursprüngliche Lebensmittel zu bekommen, industriell hergestelltes Weißmehlbrot ist spottbillig.

Nur volles Korn und Vollkornprodukte garantieren die ganze Kraft des Korns. Und da die Pestizide in die Randschichten der Körner eindringen und Kunstdünger bis zum Keimling vordringt, bietet nur der Einkauf von Getreide aus biologischem Anbau den unverfälschten, sicheren Genuss.

Weizen

Der Weizen gehört zu den berühmtesten und ältesten Kulturpflanzen überhaupt. Der größte Teil der weltweiten Weizenproduktion findet durch die Agroindustrie statt, die das Korn ohne Rücksicht auf Geschmack und Qualität auf maximalen Ertrag hin gezüchtet hat. Weizen braucht viel Stickstoff und wird deshalb massiv mit chemisch-synthetischen, leicht löslichen Mineraldüngern gedüngt. Wegen der einseitigen Züchtung ist er besonders anfällig, man behilft sich mit reichlich Pflanzenschutzmitteln. Viele Allergiker fürchten Weizen und greifen lieber zu anderen, unverfälschteren Körnern. Weizenvollkornmehl hat einen hervorragenden Geschmack. Der hohe Anteil an Kleberstoffen sorgt für besonders lockere Teige.

⤑ Auf jeder Mehlpackung findet sich eine Zahl, die Typenbezeichnung. Sie gibt an, wie viel Milligramm Mineralstoffe übrig bleiben, wenn man 100 Gramm Mehl zu Asche verbrennt. Je niedriger diese Zahl ist, desto geringer ist der Mineralstoffanteil, um so ernährungsphysiologisch minderwertiger ist das Mehl. Industriemehl gibt es meist als Type 405, Ökomehl ab Type 550 aufwärts.

Bioweizen muss nicht Vollkornweizen sein, so wie Vollkornweizen nicht unbedingt Bioweizen ist.

⤑ Bioweizenmehl Type 550: fast weiß, mit wenig Schalenanteilen und wenig Keimlingen, also ballaststoffarm.
⤑ Bioweizenmehl Type 1050: mittlerer Siebegrad, einige Ballaststoffe.
⤑ Bioweizenmehl Type 1150: geringer Siebegrad, zahlreiche Ballaststoffe.
⤑ Vollkornweizenmehl: Schale, Keimling und Mehlkörper enthalten alle Enzyme und ätherische Öle.

Weizenflocken sind gequetschte Weizenkörner, Weizenvollkorngrieß ist das geschrotete volle Weizenkorn. Im Bioladen gibt es auch vorbereiteten Weizenpizzateig. Außerdem findet man Weizen noch in verschiedenen Müslimischungen und als mit Honig geröstete Weizenflocken.

Durum, Hartweizen

Diese Bezeichnung liest man oft auf den Nudelpackungen der Italiener. Sie bevorzugen Hartweizennudeln, im Gegensatz zu den in Deutschland immer noch beliebten Eiernudeln (wenn die wohlmeinende deutsche Hausfrau nur wüsste, was in ihren »Eier«-Nudeln drin ist ...). Hartweizen stammt vom Emmer, einer Urweizenart, ab. Angebaut wird er hauptsächlich in Südeuropa zur Herstellung von Teigwaren. Hartweizengrieß ist die Basis für Couscous und Bulgur. Für hausgemachte Nudeln ist Hartweizenmehl natürlich die erste Wahl.

Dinkel

Dinkel ist so etwas wie Weizen in seiner Urform. Dinkel leistet der Agroindustrie passiven Widerstand, er ist der Mahatma Ghandi unter den Körnern. Er reagiert schlichtweg nicht auf chemisch-synthetischen, leicht löslichen Mineraldünger, daher lohnt sich sein Anbau unter industriellen Aspekten nicht, wohl aber unter biologischen: Dinkel ist robust und anspruchslos, er hat neben seinem feinnussigen Aroma auch allerlei Ernährungsphysiologisches zu bieten. Im Dinkel finden sich viele Vitamine, Ballast- und Mineralstoffe, sein Eiweiß ist besonders hochwertig.

»Modern« ist der Dinkel in den letzten Jahren durch die wieder entdeckten Schriften der Hildegard von Bingen geworden. Als Hildegard 1141 von Gott persönlich den Auftrag bekam, all ihr Wissen aufzuschreiben, um es den Menschen zugänglich zu machen, schrieb sie ihr Werk »Scivias – Wisse die Wege«, das ihre Visionen von der Schöpfung bis zur Erlösung enthält. Genau dazwischen, in der Mitte des Weltenweges vom ersten bis zum letzten Tag, steht der Dinkel. Hildegard schreibt: »Der Dinkel ist das beste Getreide, er ist warm, fett und kräftig und milder als andere Getreide. Jemand, der nichts mehr essen kann, wird durch Dinkel genesen.« Recht hat sie – und wer würde es heute wagen, der heiligen Hildegard mit all ihrer Weisheit zu widersprechen?

┈┈⟩ Dinkelmehl eignet sich hervorragend zum Backen. Es wird ganz genau so verarbeitet wie Weizenmehl. Wenn Ihr Backbuch bei einem Rezept ein Pfund Weizenmehl empfiehlt, nehmen Sie zehn Prozent weniger Dinkelmehl, denn es saugt mehr Wasser auf!

Grünkern

Grünkern ist gedarrter Dinkel in der Milchreife, er lässt bei vielen unerfreuliche Erinnerungen an geschmackfreie Bratlinge in Teestuben der 1970er und 1980er Jahre aufsteigen. Grünkern war ein Lebensmittel der Nachkriegszeit, in der Getreide vorzeitig geerntet wurde, weil der Hunger zu groß war, um die Reife abzuwarten. Heute gibt es eine Vielzahl schmackhafter Rezepte.

Die Dinkelfamilie im Bioladenregal besteht in der Regel aus Dinkelkörnern, Dinkelmehl der Typen 630 und 1050, Dinkelvollkornmehl, Dinkelspätzle, Dinkelnudeln, Dinkelflocken, Dinkelvollkorngrieß, Grünkernprodukten und Dinkelkaffee nach der hl. Hildegard. Der ist allerdings etwas für harte Ökos. Er macht fromm, das Stoßgebet lautet: »Heilige Hildegard, lass diese Tasse schnell leer sein!«

┈┈⟩ Mit Dinkel kann man nicht nur backen oder Bier brauen, auf seinen Spelzen lässt sich auch gut schlafen. Dinkelkissen sind längst ein Verkaufsschlager geworden. Auch wenn es die Wissenschaft noch nicht nachgewiesen hat, so sind die Anhänger doch überzeugt: Verspannungen und Gelenkschmerzen lösen sich wie von selbst, Durchblutung und Kreislauf werden spürbar angeregt, Nieren und Darm werden unterstützt, Frauenleiden wie Regel- und Wechselbeschwerden gelindert, man schwitzt weniger und schläft tief.

261

Roggen

Dieses Getreide ist extrem frosthart und braucht wenig Wasser. Roggen ist heute nach dem Weizen das wichtigste Brotgetreide. Roggenmehl ist dunkel und entsprach in den letzten Jahrzehnten nicht dem Zeitgeist, deshalb hat es bis zur Renaissance des Roggenmehls eine Zeit gedauert. Sein Eiweiß ist hochwertiger als das des Weizen. Roggen eignet sich zum Brotbacken, aber auch für herzhafte Aufläufe, als Suppeneinlage und als Salatzugabe.

Das Bioroggensortiment besteht meist aus Roggenkörnern, Roggenmehl Type 1150, Roggenvollkornmehl und Roggenflocken.

Gerste

Bei Gerste horcht der Biertrinker ebenso auf wie der Oberstudiendirektor. Homer schrieb dereinst, Gerste sei das Mark der Männer. Heute spielt Gerste eine untergeordnete Rolle. Gerstenbrot ist selten, Gerstengraupen und Gerstenkaffee sind kaum noch zu haben. Im Biobereich taucht Gerste heute außerhalb der Brauereien nur noch als Zutat von Getreidemischungen auf. Es gibt noch ein paar Hausrezepte, zu denen man Gerste braucht: Gerstenschleim, um den Magen zu beruhigen, oder Gerstenaufguss, um Fieber zu senken.

Hirse

Die Hirse kommt jetzt aus südlichen Ländern. Sie ist die älteste kultivierte Getreidesorte der Welt und war früher als Rispenhirse weit verbreitet. Hirse verträgt große Hitze und schlechte Böden, nicht aber niedrige Temperaturen. Die Körner sind klein und rundlich. Die Hirse ist wie der Buchweizen glutenfrei und deshalb für Zöliakiepatienten geeignet. Da das Klebereiweiß fehlt, kann man mit ihr nicht gut backen. Hirse wird vielmehr als ganzes Korn gekocht und für Aufläufe, Gemüsegerichte und Bratlinge verwendet. In den traditionellen Anbaugebieten im Süden gibt es köstliches Fladenbrot aus Hirse.

⋯⋯> Hirse ist reich an Nährstoffen; sie enthält Eiweiß, Magnesium und Eisen sowie viel Kieselsäure. Die ist gut für stabile Fingernägel, volles Haar und zarte Haut. Da Kieselsäure regenerierend auf den ganzen Organsimus und die Psyche wirkt, ist Hirse besonders nach einer Erkrankung oder im Rahmen einer Diät geeignet.

Kamut

Wie der Dinkel ist Kamut ein uraltes, ursprüngliches Getreide, aus dessen Mehl man sehr gute Brote backen kann. Kamut ist das ägyptische Wort für Weizen. Es stammt ganz ursprünglich aus der fruchtbaren Region zwischen Euphrat und Tigris, genau von da, wo das Paradies gelegen haben soll. Kamutkörner sind doppelt bis dreimal so groß wie Weizenkörner, sie enthalten viel Eiweiß und Selen. Wegen des hohen Eiweißgehalts besitzt Kamut gute Backeigenschaften. Der Geschmack ist mild-nussig, deshalb wird Kamut gelegentlich auch als süßer Weizen bezeichnet. Der Legende nach entdeckte ein US-Soldat nach dem Zweiten Weltkrieg in einem ägyptischen Pharaonengrab, das er plünderte, einige Körner und nahm sie mit nach Hause. Dort gab er sie einem befreundeten Farmer, der sie erfolgreich aussäte. Wegen des fehlenden Massenmarktes für Kamut kann man ziemlich sicher sein, dass Kamutprodukte aus biologischem Anbau stammen.

⋯⋯> Viele Weizenallergiker vertragen Kamut gut. Das zeigt eine Studie der International Food Allergy Association. Dies, so wird vermutet, liegt daran, dass Kamut züchterisch nie verfälscht und auf Höchstleistung getrimmt worden ist. Auch wenn der letzte Beweis noch fehlt, so lohnt doch ein Gespräch mit dem Allergologen, ob und wie man es mal mit Kamut versuchen sollte.

Hafer

Er diente früher hauptsächlich als Pferdefutter. Heute kennt man vor allem seine Flocken – die Haferflocken. Das sind gequetschte Haferkörner. Durch das Quetschen werden die Vitamine, Spurenelemente und ätherischen Öle für den menschlichen Organismus leichter verwertbar. Haferflocken sind ein wichtiger Bestandteil der Vollwerternährung. Bei den Haferflocken unterscheidet man Kleinblatt- und Großblatthaferflocken. Bei der ersten Variante wird das Korn vor dem Quetschen einmal gebrochen.

Reis

Reis gehört zu den wichtigsten Nahrungsmitteln der Welt, insbesondere in Asien geht ohne Reis eigentlich gar nichts. Und während viele andere Getreidesorten auf trockenen Böden gedeihen, braucht der Reis viel Wasser. Deshalb macht ihm der asiatische Monsunregen auch nichts aus, ganz im Gegenteil. Für ein Kilo Reiskörner braucht man 300 bis 1000 Liter Wasser. Eine Ausnahme ist japanischer Bioreis. Hier haben sich einige Bauern auf die uralte Form der Trockenpflanzung besonnen und produzieren heute einen sehr schmackhaften und nährstoffreichen Reis. Der Regelanbau, auch von Bioreis, ist folgender: Die kleinen Reissetzlinge werden in Wasserbecken gepflanzt, wenn die Pflanzen eine bestimmte Größe erreicht haben, lässt man das Wasser ab, damit die Körner trocknen können. Danach wird geerntet.

Auch in Europa, in der Camargue, wird Bioreis angebaut. Einerseits bewahrt dieser Anbau die Schönheit des Naturschutzgebiets, andererseits ist der Reis aus der Camargue von besonderer Qualität: Die ersten Biobauern machten sich 1965 zum Trocknen der Körner den Mistral zunutze. Der extrem starke und trockene Wind wird mit Hilfe von Ventilatoren angesaugt und über das erntefeuchte Getreide gepustet. So wird der Reis sehr langsam getrocknet, das Ergebnis ist weniger Bruch und keimfähiges und damit besonders hochwertiges Korn.

Reis hat eine ideale Nährstoffzusammensetzung. Alle essenziellen Aminosäuren sind dabei, viel Kalium und B-Vitamine. Reis ist glutenfrei und wirkt entschlackend. Das Reiskorn selbst wird in drei Formen angebaut, die direkt mit der Klebrigkeit beim Kochen zusammenhängen. Langkornreis dessen Körner als Vollkornreis länger als 6,6 Millimeter sein müssen, klebt nicht. Rundkornreis, der auch in kälteren Regionen gut gedeiht, so z. B. in der Camargue, hat runde Körner (kürzer als 5,2 Milimeter) und kocht weich. Mittelkornreis ist eine Krezuzung der beiden Sorten.

Es ist übrigens eine amerikanisch-europäische Vorstellung, dass Reis nicht kleben soll; »sticky-rice« ist z. B. in Thailand ein absolutes Muss! Neben der Form des Korns ist auch seine Farbe wichtig. Weißer Reis ist geschält und poliert, die Schalen mit ihren wichtigen Nährstoffen fehlen. Brauner Reis ist volles Korn und enthält all seine Betandteile. Im Bioladen gibt es sowohl weißen als auch braunen Reis. Eine Sonderrolle spielt der »Parboiled Rice«, den uns über Jahre ein gewisser Uncle Ben in seinen Werbespots anpries. Hier werden die Nährstoffe der Schalen unter hohem Druck in das Korninnere gepresst, danach wird der Reis geschält. Damit ist ein Teil der Nährstoffe gerettet, außerdem halbiert sich die Kochzeit.

Neben dem normalen Lang-, Mittel- und Rundkornreis in weiß und braun gibt es im Bioladen auch noch Basmatireis mit einer leichten Kokosnote; Jasminreis mit seinem blumigen Aroma; Süßreis, der sich besonders für Desserts, süße Aufläufe oder Milchreis eignet; und den »Kaviar« unter den Reissorten, den Wildreis. Dieser ist der Samen eines Sumpfgrases, das wild an den Ufern nordamerikanischer Seen wächst und von Booten aus gesammelt wird. Wildreis ist selten und teuer. Außerdem finden sich im Reisregal auch noch Reisflocken und Reiswaffeln in vielen Varianten. Für diese federleichte Spezialität wird der Reis für Sekunden auf ca. 280 °C erhitzt. Die Reiskörner puffen ähnlich dem Popcorn aus Maiskörnern auf .

Getreide in der Mühle

Einen (hoffentlich ungespritzten) Apfel kann man vom Baum pflücken und einfach essen. Eine Mohrrübe kann man ausgraben, waschen und verzehren. Alle Getreide jedoch müssen »aufgeschlossen« werden, bevor sie der Mensch verdauen kann. Ein Getreidekorn ist nichts anderes als ein Samenkorn, das sich fest vorgenommen hat, auch unter widrigsten Bedingungen zu überleben. Es ist ein geschlossener pflanzlicher Organismus, der seine wertvollen Inhaltsstoffe niemals freiwillig preisgeben würde. Darum muss man ihm Gewalt antun. Und genau das geschieht in der Mühle. Da wird gequetscht, geschrotet und gemahlen, was das Zeug hält.

Quetschen: Das Korn wird zwischen zwei Walzen platt gedrückt und kommt als Flocke wieder heraus. Nimmt man das ganze Korn, dann bekommt man großblättrige Flocken, schneidet man das Korn vorher einmal durch, so gibt es kleinblättrige Flocken. Die berühmteste Getreideflocke ist sicher die Haferflocke. Getreideflocken findet man in Müslis, im englischen Porridge oder in Plätzchen.

Schroten: Das Korn wird in einem einzigen Arbeitsgang grob zerkleinert. Ein klassisches Produkt ist die Getreidegrütze, bei der die Körner einfach geschnitten werden.

Mahlen: die aufwändigste und langwierigste Methode, die sich im alltäglichen Sprachgebrauch wieder findet, wenn irgendwo wieder einmal die »Mühlen der Justiz« besonders langsam mahlen.

Bevor das Mehl die Mühle verlässt, ist es einen langen Weg gegangen. Mahlen ist im Prinzip eine ständige Wiederholung von Zerkleinern und Sieben, Zerkleinern und Sieben, Zerkleinern und Sieben. Zunächst wird die Randschicht des Getreidekorns abgetrennt. Dann wird der Mehlkörper beziehungsweise das Mehl 14- bis 20-mal gemahlen und gesiebt, bis endlich der gewünschte Feinheitsgrad erreicht ist. Bricht man den Vorgang nach einigen Durchgängen ab, dann hat man Grieß. Er ist von den Inhaltsstoffen her identisch, nur etwas gröber. Während in Industriemühlen die Schale des Korns z. B. als Viehfutter ausgesondert wird, mahlt der Biomüller die Schale ebenfalls, bis die gewünschte Feinheit erreicht ist, und mischt sie dann unter das Weißmehl. Die getrennte Behandlung ist nötig, da die Schale eine ganz andere Elastizität als das Mehl des Mehlkörpers hat und man sonst nie ein feines, gleichmäßig gemahlenes Mehl bekommen würde.

Wer Wert auf den ungeschmälerten Reichtum des Getreides legt, kann sein Getreide natürlich auch selber mahlen. Handmühlen sind dabei nur dann empfehlenswert, wenn nur kleine Mengen für Müsli zu mahlen oder zu schroten sind. Bei den Elektromühlen unterscheidet man zwischen Permanent- und Kondensatormotoren, wobei Letztere relativ leise und wartungsfrei sind. Bei den Mahlwerken gibt es zum einen die Kegelmahlwerke aus Stein, Stahl oder Keramik. Sie mahlen höchstens feinkörnig. Sehr feines, flockiges Mehl lässt sich nur mit scheibenförmigen Mahlwerken, meist aus Gussstein auf Magnesitbasis oder Natursteingranulat, mahlen. Sie sind äußerst hart und schärfen sich selbst. Sie lassen sich problemlos auf die gewünschte Feinheit einstellen, lohnen sich aber nur für Großfamilien und Restaurants.

Achten Sie bei Vollkornmehl auf das Mindesthaltbarkeitsdatum! Da es den fetthaltigen Keimling enthält, kann es ranzig werden.

Brot

Nirgendwo auf der Welt gibt es so viele Brotsorten wie in Deutschland. Die genaue Zahl kennt keiner, da ständig neue hinzu erfunden werden, mehr als 1200 sind es aber auf jeden Fall. Deutsche Bäcker haben weltweit einen guten Ruf, es gibt eigentlich keine Großstadt und kein Touristenzentrum auf der Erde mehr, wo sich nicht vor ein paar Jahren ein deutscher Bäcker niedergelassen und längst eine treue Kundschaft an sich gebunden hat. Leider gibt es aber auch die andere Seite der Medaille: Viele Bäcker sind eigentlich gar keine mehr, sie beziehen fertige Backmischungen aus riesigen Silos, rühren sie mit Wasser an und stecken sie in den Ofen. Von handwerklicher Kunst kann da wahrlich keine Rede mehr sein.

Es empfiehlt sich also der Gang zum Biobäcker. Brot ist auch das ideale Produkt für den Bioanfänger oder für denjenigen, der erst noch überzeugt werden muss. Man schmeckt den Unterschied zum Industriebrot sofort. Hat man das Glück, ein warmes Brot direkt aus der Backstube zu erwischen, ist es eigentlich schon Pflicht, sofort hineinzubeißen. Zusammen mit guter Fassbutter gehört ein frisches Brot zu den einfachen und großen Genüssen.

Beim Brot ist es im Bioladen wie bei allen anderen Produkten: Man nimmt die ganz einfachen, reinen Zutaten und verzichtet auf die Tricks der Industrie.

Vollkorn- oder Weißmehlbrot?

Das ist heute keine Frage der Einstellung mehr, sondern eine Frage des Geschmacks. Beide Brotsorten gibt es in Bioqualität. Betrachtet man den Nährwert der beiden Brotsorten, so ist das Vollkornbrot wegen des Vollkornmehls ungeschlagen, aber zu einem französischen Käse mit einem Glas Wein passt natürlich nichts besser als ein Weißmehlbaguette. Auch das italienische Ciabatta mit Oliven gehört zu den stark nachgefragten Broten beim Biobäcker. Grundsätzlich gilt: Vollkornbrot ist schwerer, gehaltvoller, ein echtes Nahrungsmittel mit vielen Mineral- und Ballaststoffen sowie B-Vitaminen. Da gibt es mehr zu kauen und zu schmecken als bei Weißmehlbroten. Es gilt: Je weißer das Mehl, desto näher ist das Brot dem Kuchen.

⤏ Es war in der Mitte der 1980er Jahre, als ich begann, meine Ernährung umzustellen. Besonders intensiv habe ich den Umstieg auf Sauerteigbrot erlebt. Danach fühlte mich besser, kraftvoller und gesünder. Zu Hause essen wir, also meine Frau, unsere drei Kinder und ich, viel Brot, es ist ein wirkliches Grundnahrungsmittel. Da wir neugierig sind, begannen wir mit Biobrot zu experimentieren. Wir versuchten es mal mit Sonnenblumenkernen, mal mit Kürbiskernen und auch mal mit geröstetem Sesam. Weil es viele dieser Dinge im normalen Supermarkt nicht gab, war der Weg in den Bioladen vorgezeichnet. Heute kaufe ich mein Biobrot bei unserem Herrmannsdorfer Bäcker oder einem aus unserer Region, der eine eigene Mühle mit Steinmahlwerk hat. Er mahlt täglich frisch und verarbeitet das Mehl sofort. Das gibt mir die Garantie, dass sich die ätherischen Öle nicht verflüchtigen können. Denn auch beim Biobrot gilt: Erstklassige Zutaten, schnell verarbeitet, ohne lange Wege, das ist Qualität. Leider hat sich in den letzten Jahren außerhalb der Biobäckereien viel zum Nachteil verändert. Heute kommt das Backgetreide oft aus Frankreich oder Osteuropa, weil es dort billiger ist. Dort, wo ich als Junge – natürlich höchst verbotenerweise – durch die hohen Ähren lief, dort steht heute nur noch Silomais. Aber selbst in den Getreideanbaugebieten kann heutzutage von wogenden Ährenfeldern, in denen sich ein Kind verstecken kann, kaum noch die Rede sein. Mit der chemischen Keule wird der Getreidehalm verkürzt, damit die Pflanze den teuren Kunstdünger nicht ins Längenwachstum steckt.

Georg Schweisfurth

Hefe, Sauerteig und Backferment

Auch der Biobäcker kommt natürlich nicht ohne Hilfe aus, damit sein Teig »geht«. Er greift nur nicht zu industriell hergestellten Backmitteln, sondern zu Biohefe, Sauerteig und aus Honig gewonnenem Backferment. Hefe verwendet man bei Weißbrot und Gebäck, Sauerteig ist ideal für Dinkelvollkorn-, Roggen- und Roggenmischbrote. Backfermentbrot ist meist etwas milder als echtes Sauerteigbrot. Was man letztlich nimmt, ist Geschmacksache. Kleinere Biobäcker entscheiden sich meist grundsätzlich für beziehungsweise gegen Sauerteig oder Backferment.

Spaß am Ausprobieren

Die Zahl der Brotsorten in Deutschland und bei den Biobäckern ist natürlich auch deshalb so groß, weil es Spaß macht, mal etwas Neues auszuprobieren. Da wird gewürzt, gemischt, mit Kernen bestreut, da kommen Früchte oder Gemüseschnipsel in den Teig, da wird das Wasser durch Molke ersetzt oder Sauerrahm hinzugefügt, da wird in unterschiedlichen Formen und Backöfen gebacken. Und jedes Mal eröffnet sich für den Brotliebhaber eine neue Welt.

┈┈┈▶ Wenn Sie beim Biobäcker den Mann/die Frau Ihres Lebens treffen, achten Sie darauf, welches Brot er/sie kauft. Ist es ein freigeschobener 3-Kilo-Laib, dann ist die Hoffnung vergebens, weil zu Hause die Familie wartet. Ist es dagegen ein 500-Gramm-Kastenbrot, dann ist die Vermutung »Aha, Single« nahe liegend. Und was könnte eine romantischere Kontaktaufnahme sein als die Frage: »Entschuldigen Sie, würden Sie ein großes Brot mit mir teilen?«

Brotformen

Die Grundformen sind das Kastenbrot und das »Freigeschobene« – also das Brot, das ohne beengende Form

»frei« in den Ofen kommt. Beides hat Vorteile: Freigeschobenes Brot geht besser auf, Kastenbrot bleibt in der kleinen Form saftig, da relativ flüssiger Teig verwendet werden kann. Außerdem gibt es noch Stangenbrot, Fladenbrot, Brotkringel usw.

⋯⋯> Aufbewahrung: Brot sollte in einem luftdurchlässigen, aber geschlossenen Brotkasten oder Brottopf aufbewahrt werden, damit es weder schimmelt noch austrocknet. Brotkrümel immer gleich wegwerfen, zusammen mit Feuchtigkeit schimmeln sie sehr schnell. Toastbrot kann man auch gut im Tiefkühlfach aufbewahren und einzelne Scheiben zum Toasten entnehmen.

Brotsorten
Ein paar nur, alle 1200 würden dann doch den Rahmen sprengen:

Vollkornstandardbrote: reines Roggensauerteigbrot, reines Mischbrot, rundes Dinkelbrot, Dinkelkastenbrot, Gewürzlaib, Sonnenblumen-Kastenbrot, Weizentoast aus vollem Korn, Sechs-, Sieben-, Achtkornbrot.

Vollkornspezialbrote: Dinkelbaguette, Barbara-Rütting-Brot, Dinkel-Grünkern-Brot, Rudolf-Steiner-Brot, Kamutlaib, Amaranth-Dinkel-Backfermentbrot, Kamut-Leinsamen-Brot, Essener-Keim-Brot, Dinkel-Saaten-Laib, Haferbrot.

Milchbrote (hier wird das Wasser im Teig ganz oder teilweise durch Milcherzeugnisse ersetzt): Molkelaib, Buttermilchbrot, Sauerrahmbrot.

Brote mit Saaten, Nüssen, Kräutern, Gemüse und Trockenfrüchten: Kürbiskernbrot Nuss-Rosinen-Brot, Sojabrot, Walnussbrot, Kerndllaib, Roggenkeimbrot, gekeimtes Weizenbrot, Müsli-Kastenbrot mit Flocken, Aprikosenbrot, Pflaumen-Walnussbrot, Kräuterbrot, Tomatenbrot.

Weißmehlbrote: Baguette, Toastbrot, Ciabatta, Olivenciabatta, Weißer Ring, Dinkellaib, Pide, Frankenbrot, Tiroler Roggenlaib.

Für Zöliakiepatienten: Hirsebrot glutenfrei, Buchweizenbrot glutenfrei, Mais-Lupinen-Brot glutenfrei, Delikatessknäckebrot glutenfrei.

Dann gibt es noch Pumpernickel, Zwieback und vieles mehr.

Brötchen und Brezen

Das sind die kleinen Geschwister des Brotes. Sie werden aus Weißmehl und aus Vollkornmehl hergestellt. Die Qualitätskriterien sind die selben wie beim Brot. Eine Spezialität sind die rotbraunen Laugenbrezen. Hier wird der Teig »gelaugt«, d. h. die geformten Brezen werden mit Lauge besprüht und dann mit Salz bestreut. Vereinzelt gibt es auch Laugenbrötchen und Laugenstangen. Eine Spezialität ist die Butterbreze. Eine frische, noch warme Breze aufschneiden und mit Butter bestreichen – eine köstliche Delikatesse!

Weißmehlbrötchen und Weißmehlbrezen: Weizenbrötchen, Dinkelbrötchen, Krusti, Dinkelkrusti, Laugenbrezen, Brezen ohne Lauge, Dinkelbreze.

Weißmehlbackwaren nahe am Kuchen: Zopf, Christstollen, Osterfladen.

Vollkornbrötchen und Vollkorn-Brezeln: Weizenbrötchen, Mohnbrötchen, Sesambrötchen, Kümmelbrötchen, Kürbisbrötchen, Haferbrötchen, Sonnenblumenbrötchen, Nuss-Rosinenbrötchen, Krustis, Dinkelhörnchen, Kürbiskernstangen, Käsebrezen, Käsestangen, Laugenbreze, Breze ohne Lauge, Dinkelbreze, Riesenbreze.

Ölsaaten

Ölsaaten sind all die Körner, aus denen man Öl gewinnen kann, also Kürbiskerne, Sesam, Leinsamen, Mohn und so weiter. Um das Öl geht es im Kapitel Essig & Öl, nimmt man Ölsaaten zum Knabbern, stehen sie im Kapitel Knabbereien. Hier, im Kapitel Körner, interessieren sie uns als Zutaten zum Kochen und Backen.

Sesam

Sesam ist eine uralte Kulturpflanze, die schon seit Jahrtausenden in Afrika und Indien angebaut wird. Heute gibt es Sesamplantagen auch in Mittel- und Südamerika. Sesam ist sehr sortenreich, es gibt ihn fast weiß, rot, hellbraun und schwarz. Bis heute ist die Sesamernte extrem arbeitsintensiv, da keine Maschinen eingesetzt werden können. Die reifen Sesamkapseln öffnen sich schon bei geringer Berührung, bei maschineller Ernte wäre der Verlust zu groß. Sesam kennt jedes Kind – die Fernsehgeneration wird mit der »Sesamstraße« groß, diejenigen, die noch Märchen erzählt bekommen, kennen den Spruch »Sesam öffne dich« aus den Märchen »Ali Baba und die 40 Räuber« aus 1001 Nacht. Manche glauben auch, dass der Spruch, mit dem sich die versteckte Pforte zu der Höhle mit dem Räuberschatz öffnet, ein Hinweis auf den Reichtum an Nährstoffen im Sesam ist. Sesam enthält viel mehrfach ungesättigte Linolsäure, eine essenzielle Fettsäure, die der Körper braucht, aber nicht selbst herstellen kann. Sie hilft Herz, Kreislauf und Immunsystem und wirkt positiv auf den Cholesterinspiegel. Dazu kommt noch die einfach ungesättigte Ölsäure. Sesamkörner finden sich in Müslis und Bratlingen, werden leicht geröstet über den Salat gestreut, verschaffen Aufläufen eine knusprige Kruste und schmecken auch im Brot.

Sonnenblumenkerne

Die große Sonnenblume ist erst seit ein paar Jahrhunderten eine Europäerin, sie stammt ursprünglich aus Nordamerika. Ihr Öl ist dem des Sesam nicht unähnlich, auch hier spielt die mehrfach ungesättigte, essenzielle Linolsäure eine zentrale Rolle. Neben einfach ungesättigter Ölsäure enthält der Sonneblumenkern auch noch viel Vitamin E. Sonnenblumenkerne werden geröstet oder ungeröstet in Salat und Brot gegeben.

Leinsamen

Die Leinpflanze ist eine der ältesten einheimischen Kulturpflanzen. Aus der Leinpflanze wird Flachs zur Textilherstellung gewonnen, eingeweichte Leinsamen gelten als verdauungsfördernd. Leinsamen finden sich häufig in Müsli, Brot, Brötchen, Knäckebrot oder Kleingebäck. Sie schmecken leicht geröstet aber auch zu Fruchtigem wie z. B. Obstsalat. Da es sie in braun und goldgelb gibt, haben die Leinsamen schon oft für Verwirrung gesorgt. Es handelt sich hierbei nicht etwa um geschälte und ungeschälte Körner, sondern um zwei Arten. Beide Arten enthalten die selten vorkommende Omega-3-Fettsäure, die den Sauerstofftransport im Blut fördert, entzündungshemmend und schmerzstillend wirkt.

⋯⋯> Wenn man die verdauungsförderliche Wirkung des Leinsamens wirklich erreichen will, dann müssen die Körner nicht nur eingeweicht werden, sondern dann muss man auch noch viel dazu trinken. Sonst marschiert der Leinsamen einfach durch und die ganze Sache funktioniert nicht.

Kürbiskerne

Der Kürbis ist eigentlich eine Beere, eine etwas groß geratene. Nah mit ihm verwandt sind Gurken und Zucchini. Der Ölkürbis Cucurbita pepo oder Cucurbita maxima ist eine besondere Züchtung mit wenig Fruchtfleisch und vielen schalenlosen Kernen. Regelmäßiges Kauen von Kürbiskernen beugt Prostataleiden vor, allerdings sollte man spätestens mit zehn Jahren damit anfangen und bis zum Tod nicht aufhören. Fettsäuren und Vitamine entsprechen in etwa denen in Sonnenblumenkernen, Leinsamen und Sesam.

Hanfsamen

Sie versetzen so manchen guten Bürger in helle Aufregung. Dabei ist der in Deutschland angebaute Hanf meist frei von der Droge Tetrahydrocannabiol. Abgesehen von Linolsäure und Omega-3-Fettsäure enthalten Hanfsamen die ebenfalls essenzielle, dreifach ungesättigte wertvolle Gamma-Linolensäure. Diese seltene Fettsäure ist äußerst wirksam im Hormonhaushalt und hilft bei Hauterkrankungen. Hanfsamen gibt es im Bioladen meist in Müsli, Gebäck, Brot und Schokolade. Leicht angeröstet sind sie eine kernige Zutat für Bratlinge oder Salate.

Mohn

Noch eine Drogenpflanze – aber auch sie ist inzwischen völlig entschärft. Die Hülsen der Mohnpflanze enthalten viele hundert blaugraue, nierenförmige Samen, sie werden auf Brötchen gestreut, man kann mit ihnen Kuchen backen, sie finden sich auch in Kleingebäck und Nachspeisen.

Hülsenfrüchte

Hülsenfrüchte, also Erbsen, Bohnen und Linsen, gehören seit Jahrtausenden zu den Grundnahrungsmitteln der Menschheit. Sie enthalten viel Eiweiß, Mineralien und Ballaststoffe, sie sättigen schnell und liefern viel Energie. Durch ihren großen Eiweißanteil dienen sie in armen Ländern als Ersatz für Fleisch. Eine ganz besondere Rolle spielt hier die Sojabohne beziehungsweise der aus ihr gewonnene Tofu. Er dient amerikanischen und europäischen Vegetariern als Fleischersatz.

In Deutschland wurden die Hülsenfrüchte in den Wirtschaftswunderjahren ein wenig in den Hintergrund gedrängt, sie galten als »Arme-Leute-Essen«, als schwer verdaulich und langwierig zuzubereiten. Wenn schon serviert, dann kamen Bohnen, Erbsen und Linsen als Halbfertigprodukt aus der Dose auf den Tisch.

Zur Zubereitung eines Biobohnen-, Linsen- oder Erbsengerichts braucht man tatsächlich etwas Zeit, da die Körner stundenlang eingeweicht werden müssen. Stellt man sich aber dieser eher geringen Herausforderung, öffnet sich eine ganze Welt köstlicher und gesunder Nahrungsmittel. Außerdem lassen sie sich ideal zur Vorratshaltung verwenden. Denn wenn die Samen von Bohne, Erbsen und Linsen ausreifen und trocken gelagert werden, sind sie jahrelang haltbar.

----> Salzen Sie Hülsenfrüchte erst, wenn das Gericht fertig ist. Sonst verstopft das Salz die Poren und die Hülsenfrüchte werden nicht weich.

Im biologischen Landbau spielten die Hülsenfrüchte von Anfang an eine große Rolle. Sie sind ein wichtiges Glied in der Fruchtfolge, da sie in Symbiose mit so genannten »Knöllchenbakterien« leben, welche den Pflanzen Stickstoff liefern. Das ist die biologische Alternative zur künstlichen Stickstoffdüngung.

----> Das Eiweiß der Hülsenfrüchte harmoniert mit dem Eiweiß des Getreides, beide sind in ihrer Kombination dem tierischen Eiweiß sogar überlegen.

Bohnen
Sie treten in zwei Grundformen auf: niedrige Buschbohnen und hoch wachsenden Stangen- oder Kletterbohnen. Einige Bohnensorten werden frisch als Gemüse verzehrt, andere als voll ausgereifte und getrocknete Samen in Tüten verpackt und in großer Auswahl angeboten:

Ackerbohnen gehören zu den ältesten Kulturpflanzen und stammen vermutlich aus Nordafrika oder dem Himalaya. Bis zum Siegeszug der Kartoffel in Europa waren Ackerbohnen ein wichtiges Grundnahrungsmittel. Dicke Bohnen sind unreif geerntete Ackerbohnen, sie schmecken am besten gegart mit Kräutern, Knoblauch und Olivenöl.

Kidneybohnen stammen aus Afrika und kamen mit den Sklaven nach Amerika. Kidneybohnen kennt man in Deutschland vor allem als Hauptzutat von Chili con Carne. Weil sie so schön rot sind, machen sie auch im Salat etwas her.

Azukibohnen kennt der Feinschmecker auch als Rote Sojabohnen. Sie sind sehr selten, haben eine zarte Schale und schmecken süß. Sie eignen sich als Beilage zu herzhaften Reis- und Getreidegerichten sowie für Aufläufe, Suppen oder Salate. Püriert man sie gemeinsam mit Rosinen, bekommt man ein exquisites Dessert.

Schwarze Bohnen sind eher rund als bohnenförmig, sie kommen aus Amerika und Indien. Beim Kochen verlieren sie etwas an Farbe, behalten aber immer die Form. Das mehlige Bohnenmus ist leicht süßlich und spielt eine wichtige Rolle in der lateinamerikanischen und asiatischen Küche.

Mungbohnen werden nicht direkt verspeist, man verzehrt ihre Sprossen. Sie werden fälschlicherweise auch als grüne Sojabohnen bezeichnet. Obwohl sie aus Indien stammen, werden sie gelegentlich auch als Jerusalem-Bohnen verkauft. Sie sind klein, rund und olivgrün. Mungbohnensprossen findet man in der asiatischen Küche.

Weiße Bohnen gehören zu den beliebtesten Bohnen überhaupt, sie schmecken mild und werden beim Kochen weich und sämig. Mit weißen Bohnen gelingen Bohnensuppen und Bohneneintöpfe, aber auch Aufläufe und

Püree. Amerikaner frühstücken sie als »Baked Beans« mit Spiegelei und Würstchen. Weiße Bohnen nehmen Aromen gut auf und lassen sich deshalb vielfältig würzen.

Borlottibohnen faszinieren vor allem Kinder-Köche: Sie sind klein und rot-braun gesprenkelt; beim Kochen verfärben sie sich allerdings grünlich. Aus der italienischen Küche für Salate, Saucen und Suppen sind sie nicht wegzudenken.

Pintobohnen erkennt man sofort. Sie sind gesprenkelt wie Wachteleier und werden deshalb auch Wachtelbohnen genannt. Sie werden genauso verarbeitet wie rote und weiße Bohnen. Die drei Bohnengeschwister eignen sich wegen ihrer Mehligkeit insbesondere für deftige Eintöpfe, Salate, Aufläufe und herzhafte Füllungen. Sie passen gut zu Mais- oder Reisgerichten.

⸺⸥ Die Pintobohne ist die einzige Bohne, die nach einem Pferd benannt wurde. Oder war es das Pintopferd, das nach der Bohne benannt wurde? Es ist wie mit der Henne und dem Ei . . . Das gescheckte Pintopferd erkennen Generationen von Bonanza-Guckern sofort als das Pferd von Little Joe. In meinem Stall steht ein Pintowallach, der auch wie ein Lebensmittel heißt: »Macchiato«. Und während ich die Latte Macchiato am liebsten zum Frühstück trinke, benutze ich die Pintobohne gerne als Grundlage für Vorspeisenteller beim Abendessen. Erst werden sie gekocht, dann mit Sauerrahm oder Joghurt gestampft und mit Zitrone, frischen Kräutern und einer Prise Meersalz abgeschmeckt.

Georg Schweisfurth

Soja

Die Sojabohne gehört zu den wichtigsten Nahrungsmitteln überhaupt. Sie ist eine großartige Eiweiß- und Öllieferantin. Die Sojabohne braucht viel Wärme und Wasser, deshalb ist der Süden der USA ebenso wie Lateinamerika und Südostasien »Sojagebiet«. In Mitteleuropa ist sie die Ausnahme. Die Sojabohne hat ein großes Problem. Seit Jahren wird an ihrem Erbgut herumgebastelt, neben dem Mais ist Soja die wichtigste transgene Kulturpflanze.

Die Samen der Sojabohne können rot, grün oder schwarz sein. Die meisten Sorten allerdings sind weißlich bis gelb. Die kugelförmigen Samen haben einen Durchmesser zwischen fünf und zwölf Millimetern, sind reich an Eiweiß und Mineralstoffen und enthalten viele ungesättigten Fettsäuren. Keine Hülsenfrucht ist so fett wie die Sojabohne, deshalb ist sie auch die einzige, aus der man leicht Öl gewinnen kann. Sojamehl enthält kein Gluten und wird zum Backen daher oft mit Weizenmehl gemischt. Sojabohnen sollte man nicht direkt essen, sie sind zu knackig. Wichtig ist die Sojabohne als Grundlage für Sojamilch, für Tofu, als Keimbohne für Sojasprossen und für viele fermentierte Lebensmittel wie Miso, Tempeh oder die Sojasauce.

Tofu

Tofu ist die geronnene Milch der ausgekochten und ausgepressten Sojabohne. Damit diese Milch gerinnt, nehmen die Japaner Nigari, ein Meersalzextrakt; die Chinesen sind etwas profaner und schütten Gips hinein. In Deutschland nimmt man eine Kombination aus beidem. Die Tofuherstellung ähnelt dem Käsen – mit dem Unterschied, dass die Milch eben aus der Bohne und nicht aus dem Tier kommt. Deshalb taucht auch manchmal die Bezeichnung »Sojakäse« auf. Tofu hat kaum Eigengeschmack und kann daher fast beliebig kombiniert werden. Seit kurzer Zeit gibt es einen Seidentofu in bester Bioqualität. Dieser Seidentofu ist etwas transparent und schwimmt wunderbar leicht in Misosuppe. Ein deutscher Tofuhersteller versucht, Sojabohnen am Oberrhein zu züchten, er will sich von Importen unabhängig machen, da die Gefahr, an genmanipulierte Sojabohnen zu geraten, immer größer wird.

Tofu eint und spaltet die Menschheit – ich habe es in diesem Jahr wieder einmal erlebt. Ein älteres Ehepaar war zu Gast in einem recht vornehmen Münchner vegetarischen Restaurant. Sie bio-angehaucht, er höchst kritisch. »Tofu? Dieses Gummizeug ess ich nicht!« Eine Mahlzeit später war der Herr überzeugt: Tofu ist auch etwas für Genießer, nicht nur für Vegetarier, die trübe in ihrer Sojamilch rühren. Dennoch: Tofu kommt natürlich aus der vegetarischen Ecke, dort ist er der wichtigste Eiweißlieferant überhaupt, anstelle von Fleisch. Tofu ist deshalb so genial, weil er eigentlich recht geschmacklos ist. Der ideale Grundstoff für immer neue Erfindungen und Kreationen. Es gibt Tofu, der aussieht und schmeckt wie Leberwurst, Tofu, der an Sushi erinnert, Tofuaufstrich, Tofu im Salat und Tofu in der Pfanne. Gerade wenn mal wieder über Mast- und Hormonskandale berichtet wird, ist das fleischfreie Tofuwürstchen der Renner der Saison. Als gelernter Metzger habe ich natürlich ein Herz für gute Wurst und bestes Fleisch – aber trotzdem kein Problem mit Tofu. Tofu enthält nämlich 3- bis 4-mal so viel Eisen wie gegartes Fleisch. Und der wahre Tofugenießer sollte wenigstens einmal im Leben nach Japan fahren. Dort tut sich eine wahre Tofu-Wunderwelt auf. Wir versuchen in unseren Basic-Läden ein bisschen davon zu zeigen: Tofu Natur, Seiden-Tofu, Tofu mit Kräutern, Tofu mit Nüssen, Tofu mit Gemüse, Tofu geräuchert, Tofu pikant, Tofu-Bratlinge, Tofu-Räucherlinge, Tofu-Knusperstäbchen, Tofu-Rollen, Tofu-Taschen, Tofu-Terrinen, Tofu-Knacker, Tofu-Sombreros, Tofu-Wienerwürstchen, Tofu-Curry-Knacker, Tofu-Debecziner, Tofu-Erdnusstaler, Tofu-Clipper, Tofu-Party-Würstchen, Tofu-Burgern, Tofu-Aufschnitt, Tofu-Teewurst, Tofu-Bratwürste und so weiter. Mein persönlicher Rat: kaufen Sie auch einmal Naturtofu oder Seidentofu, und verarbeiten Sie ihn selbst, nach Ihren Ideen oder mit einem gut übersetzten japanischen Tofukochbuch.

Georg Schweisfurth

Erbsen

Die Erbse spielt in Europa erst seit dem 16. Jahrhundert eine Rolle, der französische Königshof hat sie damals populär gemacht. In Zentralasien werden Erbsen aber schon seit 9000 Jahren angebaut, zubereitet und verzehrt. Heute gilt die Erbse als völlig aus der Mode gekommen. Grund ist hier die Dosenkultur, die uns Jahrzehnte relativ geschmackloser, pappiger Erbsen gebracht hat. Es ist also höchste Zeit, die Erbse wieder zu entdecken. Modern ist z. B. Erbspüree mit Butter oder Crème frâiche. Aber auch als Zutat zu Aufläufen eignet sich die Erbse hervorragend. Die Erbse, von der hier die Rede ist, ist die eher herb schmeckende Trockenspeiseerbse. Man sollte sie ungeschält über Nacht einweichen und dann weiterverarbeiten. Die Zuckererbse wird als Gemüse verwendet.

Grüne Erbsen sind fest und im Inneren mehlig, herzhaft im Geschmack und passen in kräftige Suppen, Aufläufe oder Eintopfgerichte. Köstlich ist Erbenspüree mit frischen Kräutern. Vegetarier geben Erbsen gerne auch in die Pfanne oder machen einen Brotaufstrich daraus.

┈┈┈⟩ Trockenerbsen werden verlesen und gründlich gewaschen. Ungeschälte ganze Erbsen weicht man vor dem Garen sechs Stunden ein, halbierte nur eine Stunde. Einweichwasser auf jeden Fall weiterverwenden! Bei geschälten Erbsen ist Einweichen nicht notwendig.

Kichererbsen sind schrumplig und hellbeige bis braun, schmecken deutlich milder und süßer als alle anderen Linsen und lassen sich gut würzen. Kichererbsen lassen sich zu Mehl verarbeiten, das in der israelisch-arabischen Küche eine große Rolle spielt. Falafel sind frittierte Kichererbsenbällchen, Houmus ist ein gewürztes Kichererbsenmus. Kichererbsen eignen sich für Suppen, Eintöpfe, Salate sowie püriert für Dips und Brotaufstriche.

Linsen

Was braucht der Pharao für seine Reise in das Reich der Toten? Natürlich Schätze, Sklaven und . . . Linsen. Da Linsen tatsächlich in Pharaonengräbern gefunden wurden, kann man sich vorstellen, welche Wertschätzung diesen Körnern entgegengebracht wurde. Als die Römer den Mittelmeerraum beherrschten, waren Linsen der Exportschlager Ägyptens, auch Julius Cäsar und Kleopatra sollen sich bei einem Linsengericht etwas näher gekommen sein. Linsen kommen heute auch aus Europa, den USA und Asien. Sie lieben es warm und trocken und kommen mit nährstoffarmen Böden gut zurecht. Deshalb haben sie sich in der »Konkurrenz« auch gegen Erbsen und Bohnen behaupten können, obwohl sie weniger Ertrag bringen. Die Linse ist der Same einer einjährigen krautigen Pflanze. Haupterzeugerländer sind heute die Türkei, Indien, Kanada, China und Syrien. Je nach Größe des Korns unterscheidet man Riesenlinsen (7 Millimeter), Tellerlinsen (6–7 Millimeter), Mittellinsen (4,5–6 Millimeter) und Zuckerlinsen (max. 4 Millimeter). Man braucht jetzt aber keine Schieblehre, sondern kann sich auf seinen Geschmack verlassen: Je kleiner die Linse ist, desto intensiver schmeckt sie.

Braune Linsen sind die Linsen, die jeder kennt. Sie sind die größten unter den Biolinsen, kochen sämig weich und eignen sich für Eintöpfe, Bratlinge, Aufläufe und Brotaufstriche.

»Champagner«-Linsen sind sehr klein und rotbraun. Sie kommen aus Frankreich, aus der Champagne, schmecken ausgezeichnet und werden von Feinschmeckern sehr geschätzt, deshalb nennt man sie auch Gourmetlinsen. Sie bleiben beim Kochen kernig und nehmen Würzaromen sehr gut auf.

Kanadische Berglinsen sind klein und rotbraun, werden wie braune Linsen verarbeitet, sind aber intensiver im Geschmack.

Rote Linsen sind geschälte braune Linsen. Da die Schale fehlt, kochen sie schneller und müssen nicht eingeweicht werden. Sie werden beim Kochen gelb und lösen sich zu Brei auf. Sie eignen sich für Suppen, Eintöpfe und püriert für pikante Vorspeisen.

⋯⋯> Ein Teller Linsen lässt's Arscherl grinsen – oder auch nicht. Rote Linsen blähen wesentlich weniger als alle ihre Schwestern. Im indischen Restaurant lohnt es sich, einmal nach Gerichten mit »dhal« Ausschau zu halten. Rote Linsen gehören zu den indischen Grundnahrungsmitteln, deshalb gibt es eine ganze Anzahl von dhal-Speisen.

Grüne Linsen sind klein und kräftig im Geschmack, sie behalten beim Kochen ihre Form und eignen sich für Salate, als Beilage zu Gemüse- und Kartoffelgerichten, für Gemüsefüllungen, Bratlinge und zum Keimen von Sprossen.

»Vertes Du Puy«-Linsen sind kleine, grün gesprenkelte Linsen. Das Pigment der Sprengsel heißt Anthozyan und kommt auch in dunklen Trauben und Heidelbeeren vor. Man sagt ihm eine die Blutgefäße stärkende Wirkung nach. Vertes Du Puy-Linsen kommen aus der Auvergne, dem Verlay, einer vulkanischen Landschaft, deren Hauptstadt Le Puy ist. Die Bezeichnung ist geschützt. Sie sind kräftig und nussig im Aroma und behalten beim Kochen ihre Form: Sie sind schlicht die besten unter den grünen Linsen und besonders gut verträglich. Man verwendet sie für Eintöpfe, Aufläufe und Pasteten, aus ihren Keimen macht man Salat.

Beluga-Linsen sind noch vornehmer. Sie gelten als »Kaviar« unter den Linsen und haben einen einzigartig würzig-aromatischen Geschmack. Sie werden wie grüne Linsen verwendet.

Pasta & Nudelsaucen

Pasta ist das italienische Wort für Nudeln, es grenzt die Familie der Nudeln aber auch zugleich ein. Nudeln gibt es aus Buchweizen, Reis und Sojabohnen, in Nudeln findet man Zutaten wie Eier, die italienische Pasta aber besteht aus Hartweizengrieß, Wasser und gelegentlich etwas natürlichem Farbstoff. Als Nudelerfinder betrachten sich Chinesen, Japaner, Franzosen und Italiener, es hält sich auch die Geschichte, Marco Polo habe die Nudel aus Fernost nach Europa gebracht. Wenn ich hier von Pasta spreche, dann meine ich Nudeln aus italienischer Produktion oder nach italienischem Rezept. Nach italienischem Vorbild sind auch viele köstliche Pastasaucen komponiert, die aus der Nudel mehr machen als nur eine Sättigungsbeilage.

Der wichtigste Pastabestandteil ist Hartweizengrieß, also grob gemahlener Hartweizen. Der italienische Hartweizengrieß zeichnet sich durch einen hohen Eiweißanteil aus, das macht die Pasta fest und gut kochbar.

┈┈> Dass man Pasta bissfest, also »al dente« zubereitet, weiß heute jedes Kind, nicht aber, wie man den richtigen Zeitpunkt erwischt, ohne sich ständig die Zunge zu verbrennen. Ein uralter Trick ist es, eine Nudel aus dem Topf zu fischen und an die Wand zu werfen. Wenn sie kleben bleibt, ist die Pasta durch.

Der beste Hartweizen »grano duro« kommt aus Italien. Seine Qualität hängt aber natürlich vom Boden, vom Standort und vom verwendeten Weizen ab. Allerdings sollte man auch bei italienischer Pasta genau hinschauen, ob denn der Weizen auch aus Italien kommt. Tonnen und Abertonnen ukrainischen Weizens beispielsweise werden nach Italien gekarrt, um dort zu italienischen Nudeln zu werden. Auf der sicheren Seite ist man stets mit italienischen Bionudeln.

Da die Zutaten zur Pasta so einfach sind, liegt das Geheimnis der »Superpasta« in der Herstellung. Der Unterschied zwischen der industriell und der handwerklich hergestellten Pasta ist meist leicht zu erkennen. Es ist eben ein Unterschied, ob die Nudel durch eine lange Maschinerie gejagt wird, oder ob sie aus einem kleinen »Pastificio« stammt, in dem sich ein Nudelmeister noch selbst um die Herstellung des Teiges und um den Trocknungsprozess kümmert. Beste Pasta trocknet langsam bei nicht zu hohen Temperaturen, diese Zeit und Geduld fehlt in den Nudelfabriken. In Fabriken wird der Nudelteig zudem mit hohem Druck und hoher Geschwindigkeit durch die Nudelmatritzen gepresst, in kleineren handwerklichen Betrieben nimmt man sich auch hier mehr Zeit. Der am stärksten erfahrbare Unterschied ist aber an der Nudeloberfläche zu entdecken. Industrienudeln sind schick, glatt und glänzend, aus dem Pastificio stammende Nudeln sind unscheinbarer und wesentlich rauer. Ganz klar, wo die Pastasauce, der Sugo, besser haftet, welche Nudel besser schmeckt.

Natürlich hat sich die Industrie sehr bewusst für High-Tech-Matritzen mit Teflonbeschichtung entschieden. Sie sind pflegeleichter und stabiler. Allerdings nehmen sie der Nudel den Charakter, den sie in den traditionellen Bronzematritzen erhält, mit denen die Arbeit umständlicher, die Herstellung langsamer und der Verschleiß höher ist. Allerdings kann man sich ebenso leicht vorstellen, wo mit mehr Hingabe und Liebe gearbeitet wird. Manchmal, so erzählen sich die Italiener, herrscht aber auch ein bisschen Angst bei den Nudelmeistern, Angst vor der höchsten Institiution, die der Italiener kennt. Es ist nicht der Papst, es ist la Mamma. Und wehe, wenn die eine Tagesproduktion verdammt!

Normalerweise umgibt der Sugo die Nudel – es gibt aber auch Pasta, die sozusagen auf links gezogen ist. Das sind die gefüllten Nudeln, die Tortellini oder Ravioli. Sie können immer nur so gut sein, wie ihre Füllung, deshalb lohnt sich auch hier die Suche nach Bioqualität. Es dauert Jahre, um die Kunst der Nudelfüllung zu erlernen, und es braucht Geduld. Deswegen gehören Tortellini und Ravioli meist in den Kompetenzbereich der Nonna, der Oma.

Da all dies so ursprünglich italienisch ist, lässt es sich in Deutschland kaum nachmachen – das zwingt die Bioläden zum Import. Beste frische italienische Pasta gibt es aber auch im guten italienischen Restaurant.

Glücklicherweise gibt es inzwischen auch in Deutschland einige kleine italienischen Biofrischnudelhersteller, oft Emigranten, die die Marktlücke erkannt haben. Die haben außerdem einen deutschen Wunsch nach Italien gebracht: die Biovollkornnudel. Eigentlich hat sie in Italien nie eine Rolle gespielt, da die Pasta aus »grano duro integrale« aber nachgefragt war, hat man begonnen, sie herzustellen.

····> Fragen Sie Ihren Bioladenbesitzer, ob er ein italienisches Restaurant kennt, in dem Biozutaten verarbeitet werden. Der Küchenchef, der nur die besten Zutaten verwendet, wird mit großer Wahrscheinlichkeit auch köstlich kochen.

Die Zahl der Paste ist Legion, die bekanntesten sind sicherlich Spaghetti, Spaghettini, Fettucine, Canneloni, Fusili, Makkaroni, Penne, Rigatoni, Farfalle und Gnocchi. Auch unbekanntere Sorten wie Zite, Rotini oder Ditali gibt es heute schon in manchen Bioläden, ebenso wie Pipe rigate, Fagottini, Papardelle, Amorini oder Cappolini. Entscheidend ist immer, dass man genau weiß, wozu die Pasta besonders geeignet ist: zum Aufdrehen, zum Schichten oder zum Füllen. Ganz klar auch, dass sie aus besten Zutaten besteht. Der Bioladen ist da die richtige Adresse. Hier findet man inzwischen auch bunte Nudeln, die zwar nicht immer wesentlich anders schmecken, aber optisch viel hermachen. Da gibt es schwarze Sepianudeln, rote Paprika-Chili-Nudeln, grüne Spinat-, Pesto- oder Rucolanudeln, aber auch Nudeln aus besonderen Rohstoffen wie Kamut, Hirse, Mais und Reis. Auch asiatische Nudeln findet man inzwischen im Bioladen. Sie passen gut dorthin; denn als Symbol für ein langes Leben werden asiatische Nudeln meistens zu unterschiedlich langen und breiten Fäden geformt. Es gibt sie als Weizennudeln, Reisnudeln, Mungobohnennudeln oder Buchweizennudeln. Reisnudeln bestehen aus Reismehl und Wasser. Es gibt sie in unterschiedlichen Formen und Größen. Wenn man sie nicht gerade als Suppeneinlage verwendet, sollte man sie vor dem Kochen oder Braten einige Minuten in kaltem Wasser einweichen. Auch die durchsichtigen Mungobohnennudeln sollte man vor dem Garen etwa zehn Minuten einweichen, da sie während des Garens sehr viel Flüssigkeit aufnehmen. Buchweizennudeln, in Japan als Soba bekannt, müssen nicht eingeweicht, sondern nur in sprudelndem Wasser bissfest gegart werden. Wantanblätter schließlich sind feine Teigblätter aus Weizen, Wasser, Eiern und Salz, die mit Fleisch, Fisch, Meeresfrüchten oder Gemüse gefüllt werden. Diese köstliche asiatische Version der Ravioli findet man allerdings nur sehr selten in Bioqualität.

·····⟩ In kleinen italienischen Restaurants auf dem Lande, die man nicht vor 20 Uhr betreten sollte, um sich nicht als größter Touristentrottel erkennen zu geben, gibt es oft keine Speisekarte. Da kommt die Mamma aus der Küche und erzählt, was es zu essen gibt. Das geht derart schnell, dass es mir eher spanisch vorkommt. Ich bekomme trotzdem immer die allerfeinsten Sachen, da ich der Mamma erkläre, dass ich mich ganz in ihre Hand begebe. Sie soll entscheiden, was wir essen, sie soll das Menü zusammenstellen. Ich bin noch nie enttäuscht worden. *Georg Schweisfurth*

Nudelsaucen

Auf, in, über, unter oder neben die Pasta muss die Nudelsauce. Es gibt sie meist auf Öl- oder Tomatenbasis, die wichtigsten Nudelsaucen sind Pesto, eine köstliche Mischung aus Kräutern, Öl und anderen Zutaten, und die Tomatensauce in ihren zahllosen Formen, die aber bitte nicht mit Ketchup verwechselt werden darf.

Wer es bequem haben will, der verwendet fertige Saucenzubereitungen. Da aber gerade bei Fertigprodukten das ganze Grauen der Lebensmittelindustrie zuschlägt, sollte man unbedingt zur Biofertigsauce im Glas greifen. Sie unterscheidet sich von den konventionellen Saucen in der Regel durch eine schonendere Art der Herstellung und vor allem durch den Verzicht auf Aromastoffe, unnatürliche Geschmacksverstärker und Stabilisatoren.

Tomatensauce: Wichtig ist bei dieser Grundsauce immer die Auswahl der Tomate. Es wäre völlig verkehrt, die Tomaten zu verwenden, die man nicht im Salat haben möchte. Nur die beste Qualität darf in die Sauce. Ganz klar, dass die von Biobauern kommt. In Italien gibt es spezielle Tomatensorten, die nur in einer bestimmten Region oder sogar nur von einer einzigen Familie angebaut werden und deshalb von kleinen handwerklichen Biobetrieben zu einzigartigen Pastasaucen verarbeitet werden.

Biogemüse hat im Gegensatz zu Industriegemüse Saison – es gibt nicht immer alles zu jeder Jahreszeit. Deshalb findet man die besten südländischen Biotomaten im Spätsommer und Frühherbst. Bereitet man daraus seine Pastasauce, dann braucht man kaum noch nachzubessern. Statt einer ganzen Batterie von Gewürzen reicht oft ein einziges frisches Gewürz wie Basilikum oder Thymian, eine Knoblauchzehe und ein Tropfen sehr guten Olivenöls, um die Sauce abzuschmecken. Die Schärfe reguliert man dann noch ganz einfach mit einer Prise Pfeffer oder einer mitköchelnden Peperoncini-Schote. Genauso wie das Öl und das Salz hebt auch eine Prise Vollrohrzucker den Geschmack. Am besten schmeckt die Sauce, wenn sie einen Tag lang ungekühlt ziehen kann, um ihr volles Aroma zu entfalten.

Pesto: Die zweite Familie der Nudelsaucen basiert auf erstklassigen Ölen. Natürlich kann man auch etwas gutes Bioolivenöl in einer Pfanne vorsichtig erwärmen und etwas Knoblauch sowie etwas Pfeffer und Salz hinzugeben. Etwas abwechslungsreicher ist aber die Gewürzpaste, der Pesto. Im Grundrezept nimmt man gehacktes Basilikum, geriebene Pinienkerne, feinstes Olivenöl und eine Prise Salz. Man kann ihn natürlich auch schon fertig in Bioqualität kaufen. Da die Zubereitung eigentlich einfach ist und man keine Tricks anwenden kann, sind beste Zutaten nötig, um den wirklich feinen Geschmack zu erreichen. Man bekommt Pesto natürlich im Bioladen.

Neben klassischem Pesto und all seinen Spielarten gibt es im Biohandel noch Pasten auf Ölbasis, beispielsweise mit zerkleinerten aromatischen schwarzen Oliven. Auf Gemüsebasis gibt es viele Varianten mit und aus Paprika, Auberginen, Zucchini oder Artischocken. Auch hier bietet der Biohandel alles, was das Herz begehrt, immer auf höchstem Niveau.

Alla bolognese: ein Klassiker der italienischen Küche, der dort allerdings nie zu Spaghetti, sondern zu Eiernudeln serviert wird. Hackfleisch (gemischt) wird mit Zwiebel- und, je nach Geschmack, Sellerie- und Karottenwürfeln angebraten, dann mit Rotwein und Fleisch- oder Gemüsebrühe aufgegossen. Wer die Sauce eher trocken will, gibt Tomatenmark zu, alle anderen klein geschnittene, gehäutete Tomaten (deren Säure man dann mit Tomatenmark etwas mildern kann). Gewürzt wird mit Salz und Pfeffer. Es gibt unzählige Geschmacksvarianten: Man kann eingeweichte Trockenpilze zugeben, fein gehackte Geflügelleber oder dünne Schinken- oder Salamistreifen.

Kochen mit Körnern

In Zeiten von Nudel-up und Instant-Quatsch von Tüten-suppe mit Rindfleischklößchen und 5-Minuten-Grießbrei aus der Tüte ist der Umgang mit Grundnahrungsmitteln, die nicht chemisch aufbereitet oder technisch aufgepeppt wurden, etwas ungewohnt.

Beim Kochen von und mit Getreide dauert alles ein biss-chen länger, dafür bleibt aber auch mehr von der ursprünglichen Kraft erhalten. Hier ein paar Tipps:

-----> Durch das Garen verändern sich die Körner. Die Stärke beginnt zu quellen, die Schale wird weicher, und auch der Geschmack verändert sich.
-----> Damit die Stärke aufquellen kann, benötigen die meis-ten Getreidearten reichlich Wasser oder Brühe (siehe Tabelle rechts).
-----> Wird zu viel Flüssigkeit verwendet, verkocht alles, zu wenig Wasser führt zu harten, trockenen Körnern.
-----> Kleine Körner werden schneller gar als große, kleben aber auch leicht zusammen. Um das zu verhindern, kann man sie vorher etwas in kaltem Wasser schwen-ken und dann erst in das kochende Wasser geben oder in einer Pfanne 4 bis 5 Minuten rösten.
-----> Vor dem Kochen sollte man das Getreide kalt waschen und 12 bis 24 Stunden einweichen. Dann gibt man die Körner in einen Topf, lässt das Ganze 1 bis 2 Minuten kochen und reduziert die Hitze und gart sie zugedeckt, bis die gesamte Flüssigkeit aufgesogen ist.
-----> Achtung: Während des Kochens vermehrt sich das Volumen der Körner um das Drei- bis Vierfache!

Diese Zubereitungsmethode hat ernährungsphysiologi-sche Vorteile: Durch das lange Quellen werden die Enzy-me im Getreide gelöst und sind dadurch für den mensch-lichen Körper wesentlich besser verfügbar. Außerdem ist die Verdaulichkeit von Zerealien deutlich besser. Auch die Eiweiße sind bereits »vorverdaut«.

250g	Benötigte Flüssigkeit (in ml)	Kochzeit
Polenta	1000	25 bis 30 Minuten
Buchweizen	500	10 bis 15 Minuten
Wildreis	750	45 bis 60 Minuten
Vollkornreis	500	45 bis 60 Minuten
Graupen (geschälte Gerste)	750-1000	60 Minuten
Gerste (ganze Körner)	500	45 Minuten
Hirse	500	30 bis 40 Minuten
Sojaflocken	500	60 Minuten
Roggenflocken	500	60 Minuten
Weizenflocken	500	60 Minuten
Haferflocken	250	5 Minuten
Couscous	250	Kochendes Wasser hinzufügen, 5 Minuten quellen lassen
Bulgur	500	25 bis 35 Minuten zugedeckt bei schwacher Hitze
Weizen (ganze Körner)	500	60 bis 90 Minuten
Weizen (geschrotet)	500-750	30 bis 40 Minuten
Hafer (ganze Körner)	500-750	60 Minuten

Nährwerttabelle für Getreide & Getreideprodukte

Die Angaben beziehen sich jeweils auf 100 Gramm netto

	KJ/kcal	Eiweiß	Fett	Kohlen-hydrate
Buchweizen, Vollkornmehl	1426/341	11 g	3 g	67 g
Dinkel (Grünkern), Korn	1358/324	11 g	3 g	63 g
Dinkel (Grünkern), Vollkornmehl	1442/344	10 g	2 g	71 g
Gerste, Vollkornmehl	1405/336	10 g	2 g	69 g
Hafer, Korn	1478/353	13 g	12 g	60 g
Haferflocken	1548/370	13 g	7 g	63 g
Hafergrütze	1553/370	13 g	6 g	66 g
Hirse, Korn	1384/331	10 g	4 g	64 g
Maisgrieß (Polenta)	1444/345	9 g	1 g	74 g
Reis (ungeschält)	1463/349	7 g	2 g	74 g
Reis (geschält)	1460/349	7 g	1 g	78 g
Roggen, Korn	1231/294	9 g	2 g	60 g

Ballast-stoffe	Vitamin E	Eisen	Zink	Enthält viel ...
4 g	2 mg	2 mg	3 mg	Vitamin B1 (0,6 mg)
9 g	0,3 mg	4 mg	4 mg	Magnesium (130 mg)
6 g	0,3 mg	3 mg	4 mg	Mangan (3 mg)
5 g	0,9 mg	5 mg	3 mg	Magnesium (155 mg)
6 g	0,8 mg	6 mg	5 mg	B1 (0,5 mg)
5 g	1,5 mg	5 mg	4 mg	Magnesium (139 mg)
4 g	1,2 mg	4 mg	4 mg	Vitamin B1 (0,6 mg)
13 g	0,2 mg	9 mg	3 mg	Mangan (0,7 mg)
5 g	0,70 mg	1 mg	0,4 mg	Magnesium (20 mg)
2 g	0,7 mg	3 mg	2 mg	Mangan (1,1 mg)
1 g	0,2 mg	0,6 mg	0,5 mg	Mangan (2 mg)
14 g	2 mg	5 mg	4 mg	Magnesium (120 mg)

Nährwerttabelle für
Getreide & Getreideprodukte
Die Angaben beziehen sich jeweils auf 100 Gramm netto

	KJ/kcal	Eiweiß	Fett	Kohlen-hydrate
Roggenmehl (Type 815)	1355/324	6 g	1 g	71 g
Roggenmehl (Type 1150)	1332/318	8 g	1 g	67 g
Sojamehl	1543/366	43 g	21 g	3 g
Weizen, Korn	1310/313	12 g	2 g	61 g
Weizenflocken	1310/313	12 g	2 g	61 g
Weizengrieß	1363/326	10 g	1 g	69 g
Weizenkeime	1313/314	27 g	9 g	31 g
Weizenmehl (Type 405)	1409/337	10 g	1 g	71 g
Weizenmehl (Type 550)	1412/337	10 g	1 g	71 g
Weizenmehl (Type 1050)	1398/334	11 g	2 g	67 g
Weizenmehl (Type 1700)	1346/321	11 g	2 g	63 g
Nudeln (Hartweizen-grieß)	1455/348	13 g	1 g	70 g

Ballast- stoffe	Vitamin E	Eisen	Zink	Enthält viel ...
7 g	0,5 mg	2 mg	2 mg	Mangan (2 mg)
9 g	0,9 mg	3 mg	2 mg	Kupfer (0,5 mg)
20 g	2 mg	11 mg	5 mg	Kalzium (200 mg)
10 g	1,4 mg	3 mg	3 mg	Mangan (4 mg)
10 g	1,4 mg	3 mg	3 mg	Magnesium (128 mg)
7 g	0,8 mg	1 mg	3 mg	Phosphor (87 mg)
18 g	25 mg	8 mg	12 mg	Folsäure (0,3 mg)
4 g	0,3 mg	2 mg	1 mg	–
4 g	0,3 mg	2 mg	1 mg	Phosphor (113 mg)
5 g	0,6 mg	3 mg	2 mg	Mangan (2 mg)
9 g	2 mg	4 mg	3 mg	Magnesium (140 mg)
5 g	0 mg	2 mg	2 mg	–

Nährwerttabelle für Getreide & Getreideprodukte

Die Angaben beziehen sich jeweils auf 100 Gramm netto

	KJ/kcal	Eiweiß	Fett	Kohlen-hydrate
Nudeln (Weizen-vollkorn)	1351/323	13 g	3 g	61 g
Eiernudeln	1474/352	12 g	3 g	68 g
Toastbrot (Weizen)	1085/259	8 g	3 g	48 g
Brötchen (Milch-)	1121/270	9 g	3 g	52 g
Vollkorn-brötchen	935/223	8 g	2 g	44 g
Mischbrot (Weizen)	916/219	7 g	1 g	45 g
Vollkornbrot (Weizen)	1041/249	9 g	4 g	44 g
Roggenbrot	884/211	6 g	1 g	44 g
Vollkornbrot (Roggen)	784/187	6 g	1 g	37 g
Knäckebrot	1498/358	11 g	2 g	73 g
Pumpernickel	784/187	6 g	1 g	37 g
Baguette	1053/252	8 g	1 g	51 g
Vollkornbrot (Soja)	1623/388	8 g	1 g	46 g
Vollkornbröt-chen (Roggen)	974/233	8 g	1 g	46 g

Ballast-stoffe	Vitamin E	Eisen	Zink	Enthält viel ...
12 g	0 mg	4 mg	3 mg	–
5 g	0 mg	4 mg	3 mg	–
3 g	1 mg	2 mg	1 mg	–
3 g	0 mg	2 mg	1 mg	Kalzium (57 mg)
7 g	1 mg	3 mg	2 mg	Magnesium (96 mg)
4 g	1 mg	2 mg	1 mg	–
6 g	2 mg	3 mg	2 mg	Magnesium (100 mg)
5 g	1 mg	2 mg	2 mg	–
9 g	1 mg	3 mg	2 mg	–
4 g	1 mg	2 mg	5 mg	–
9 g	1 mg	3 mg	2 mg	-
3 g	0 mg	2 mg	1 mg	–
9 g	1 mg	3 mg	3 mg	Mangan (1,2 mg)
9 g	1 mg	3 mg	3 mg	Mangan (1,2 mg)

Kräuter
&
Gewürze

Gewürze, Würzpflanzen und Würzen

Gewürze sind das Tüpfelchen auf dem i, das Salz in der Suppe. Ohne Würze sind die meisten Speisen fade und langweilig. Würzen ist eine Kunst, die mit höchster Sparsamkeit einhergeht. Meist ist es eine Prise, ein Hauch, ein Körnchen vom richtigen Gewürz, das den Ausschlag gibt, das Speisen für Gourmets von den Speisen von Gourmands trennt. Mit Gewürzen sind Reichtümer angehäuft worden, für Gewürze sind Menschen getötet worden, mit Gewürzen kann man heilen – und, auch davon sind viele überzeugt, mit Gewürzen kann man sich Männlein wie Weiblein zu Willen machen. Dann sagt man dazu aber Aphrodisiaka.

Schon im Alten Testament werden Senf und Kümmel erwähnt, die Sumerer kannten Thymian und Lorbeer. In Ägypten liebte man Minze und Knoblauch. Dass Gewürze und Würzpflanzen auch heilende Wirkungen haben, wussten die Menschen schon immer – aufgeschrieben hat es (neben anderen) Hippokrates. Der Urvater aller Ärzte beschrieb über 200 Heilpflanzen und ihre Wirkung.

Mönche, Kräuterweiber und »Hexen«

In den christlichen Klöstern des Mittelalters wurden die Kräutergärtchen entwickelt. Vor allem die Benediktiner verfassten umfangreiche Werke über die Anzucht und Kultur der Gewürz- und Heilkräuter, Karl der Große gab in seinem berühmten »Capitulare de Villis«, seiner Anleitung für die Krongüter, genaue Anweisung für den Anbau von Gewürzpflanzen und Heilkräutern. In der patriarchalischen Gesellschaft gab es neben den Mönchen noch eine andere Gruppe, die sich sehr gut mit Gewürzen und Kräutern auskannte – es waren die Kräuterweiber. Weil Mönche, Feldscher und andere heilkundige Männer darin eine unziemliche Konkurrenz sahen, kamen diese Frauen schnell in Verruf und wurden als Hexen stigmatisiert. Sie wurden verfolgt und gequält, Abertausende endeten auf dem Scheiterhaufen.

Die Kreuzfahrer brachten von ihren »Befreiungsfeldzügen« wertvolle Gewürze mit nach Hause, Christoph Kolumbus entdeckte aus Versehen Amerika, weil er einen Weg in das Gewürzland Indien gesucht hat. Zu den Hochzeiten der mehr oder weniger christlichen Seefahrt waren der Handel mit Gewürzen und die Sucht nach Reichtum zentrale Triebfedern. Gewürze waren gut zu transportieren und zu verkaufen, wer Ursprungsländer seltener Gewürze beherrschte, kam in Europa zu Reichtum. Dieser Reichtum wurde mit Blut und Terror erkauft, ob Portugiesen oder Holländer, ob Spanier oder Briten, Kolonialherren hatten stets Blut an den Händen.

Salz und Pfeffer

Salz war über Jahrhunderte ein ausgesprochen kostbares Gewürz, ein Luxusartikel für die Oberklasse und so beliebt und wertvoll, dass sich wegen des Salzhandels die ersten Handelswege entwickelten. Im römischen Reich wurde Salz sogar als Zahlungsmittel verwendet, daran erinnert noch heute das Wort »Salär«. Bis heute verdient der Staat mit der Salzsteuer an jeder Prise Salz mit, steuerbefreites Salz, zum Beispiel für die Spülmaschine, wird aufwändig vergällt, damit es sich ja nicht mehr für den menschlichen Genuss eignet. Salz gibt es in zwei Grundsorten – Steinsalz und Meersalz. Steinsalz wird aus Salzstöcken gewonnen, der berühmteste deutsche Salzstock dürfte wohl er von Gorleben sein. Salz wird hier nicht mehr gewonnen, dafür Atommüll gelagert. Meersalz wird aus Meerwasser gewonnen, das in flache Bodenpfannen geleitet wird. Das Wasser verdampft, zurück bleibt das Salz. Salz ist nicht nur Gewürz, sondern war vor der Erfindung des Kühlschranks auch ein wichtiges Konservierungsmittel. Da Salz die Bildung von Schimmel und die Vermehrung von Bakterien bremst, bleiben eingesalzenes Fleisch oder eingesalzener Käse länger haltbar. Leider essen wir alle viel zu viel Salz. Es ist in vielen Speisen und Zutaten enthalten, man sollte so sparsam wie möglich mit Salz umgehen.

Pfeffer stammt aus Indien, Pfefferkörner wurden den Göttern geopfert, mit Pfeffer konnte man bezahlen, mit Pfeffer wurden die Städte an den Handelswegen reich und mächtig. Heute kennt man mehr als 100 Pfefferarten, die alle in den Tropen wachsen. Pfefferkörner sind die Samen der Pfefferpflanze, eines Rankgewächses, das bis zu zehn Meter lang werden kann.

Grüner Pfeffer ist nicht wirklich scharf, sondern eher fruchtig, es handelt sich um grün geerntete Pfefferbeeren, die meist in Essig oder Salzlake eingelegt werden. Grüner Pfeffer ist eine beliebte Beigabe zu Steaks.

Schwarzer Pfeffer wird aus halbreifen ganzen Beeren gewonnen, die nach dem Pflücken austrocknen und zusammenschrumpeln. Schwarzer Pfeffer ist am schärfsten.

Weißen Pfeffer macht man aus reifen Pfefferbeeren, es handelt sich um den Samen der Beere. Weißer Pfeffer ist nicht so scharf wie sein schwarzer Bruder.

Grauer Pfeffer ist entweder eine Mischung aus schwarzem und weißem Pfeffer oder aber gewaschener schwarzer Pfeffer.

·····⟩ Natürlich kann man gemahlenen Pfeffer kaufen, in einfacheren Gaststätten steht ein Pfefferstreuer meist mit einem Salzstreuer und ein paar Zahnstochern in einem langweiligen Tischset. Viel besser schmeckt aber frisch gemahlener schwarzer Pfeffer, direkt aus der Mühle. Verzichten Sie dabei auf Schnickschnack wie Elektromühlen mit einer Lampe, um den Pfeffersegen besser zu erkennen. Investieren Sie lieber in ein gutes Mahlwerk. Weltberühmt sind die Mahlwerke von Peugeot, andere gute Werke erkennt man meist an einer Garantie, die einige Jahrzehnte gilt.

Roter Pfeffer schließlich ist etwas ganz anderes. Er wächst an anderen Pflanzen auf einem anderen Kontinent, in Südamerika. Die getrockneten Beeren haben ein köstliches, aber flüchtiges Aroma.

┈┈> Pfeffern Sie Ihre Gerichte immer ganz zum Schluss. Wird Pfeffer zu lange mitgekocht, verliert er sein Aroma oder wird bitter.

Kräuter

Was Kräuter angeht, ist Deutschland eine öde, leere Wüstenei. Wer jemals einen Kräutermarkt in der arabischen Altstadt von Jerusalem oder auch nur in einer türkischen Touristenstadt besucht hat, der weiß, dass es so viele Kräuter gibt, dass man jeden Tag des Jahres eine neue Entdeckung machen könnte. Auch in Mitteleuropa kannte man vor ein paar Jahrhunderten noch viel mehr Kräuter als heute. Der Grund für diesen Niedergang waren die exotischen Gewürze, die in immer größerer Zahl und immer billiger nach Europa kamen. Da man sie gut aufbewahren konnte, ging es mit den pflegeintensiven Kräutergärten immer weiter bergab.

Eine Renaissance erlebten die Kräuter, als immer mehr Deutsche im Wirtschaftswunder der 1950er und 1960er Jahre nach Italien fuhren. Da erlebten sie die Geschmackswelten von Oregano, Thymian, Basilikum und Rosmarin. Das sind heute die beliebtesten Frischkräuter, die es auch problemlos in Bioqualität zu kaufen gibt.

Kräuter und Gewürze kann man trocken oder frisch, im Ganzen oder gemahlen verwenden, in Öl oder Lake einlegen, sie zu Würzpasten oder Würzölen verarbeiten, es gibt Würzwürfel und Würzpulver und natürlich Kräutermischungen. Gewürzt wird auch mit süßen Sachen, mit Essig

und Öl oder auch mit Trockenfrüchten. Zum Würzen nimmt man auch allerlei dem Europäer mehr oder weniger fremde Dinge aus der japanischen, arabischen oder indischen Küche, die in diesem Kapitel gesondert behandelt werden.

Anis

Eine intensiv riechende Pflanze, deren Geruch jeder erkennt, der schon einmal Ouzo, Pastis, Arrak oder Sambuca getrunken hat. Die Römer aßen Anis, um ihre Verdauung und eine andere ganz wichtige Körperfunkion anzuregen. Die aphrodisierende Wirkung ist allerdings etwas eingeschränkt. Bei starkem Anisschnapskonsum mag die Lust steigen, dafür sinkt das Vermögen. Anis wird auch gerne für Salate, Suppen, Gemüse und Fleisch verwendet. Kinder kommen mit Anis meist über Lakritze das erste Mal in Kontakt. Und aus der Weihnachtsbäckerei ist Anis nicht mehr wegzudenken.

Basilikum

Es stammt eigentlich aus Indien, ist aber seit Jahrtausenden auch in Europa zu Hause. Es wird in der italienischen wie in der thailändischen Küche reichlich verwendet. Eines der zahllosen italienischen Nationalgerichte sind Tomaten mit Mozarella und Basilikum. Das schmeckt nicht nur, das hat auch die italienischen Nationalfarben. Basilikum schmeckt frisch am besten, es gibt es aber auch getrocknet oder mit Olivenöl zu Pesto verarbeitet.

⋯⋯> Es macht nicht viel Mühe, es sieht gut aus und es liefert feine Küchenkräuter: das Kräutergärtchen auf der Fensterbank. Ein paar Lieblingskräuter, z. B. Basilikum, Petersilie, Schnittlauch, Rosmarin, Thymian, einfach in einen Blumentopf pflanzen und auf eine sonnige Fensterbank stellen – fertig ist der kleine Garten. Wenn man das Gärtchen in einem schönen Terrakottakasten anlegt, hat man ein wunderbares und beliebtes Gastgeschenk.

Beifuß

Er wächst wie Unkraut auf Ödflächen und Feldrändern. Man sollte die Knospen vor der Blüte ernten, da der Beifuß sonst bitter schmeckt. Er gilt als Heilmittel für Frauenleiden und schwere Füße.

Bohnenkraut

Schon die Römer würzten damit Saucen und Essig, sie glaubten auch, ihrer Männlichkeit damit einen Gefallen zu tun. Der Duft von Bohnenkraut erinnert an Minze und Thymian. Es passt gut zu Lamm und dunklem Fleisch, aber natürlich auch zu Bohnengerichten. Sein Tee hilft gegen Durchfall und Magenbeschwerden.

Borretsch

Er stammt vermutlich aus Syrien, sein Name leitet sich von dem arabischen Begriff für »Vater des Schweißes« ab. Sein Tee ist also schweißtreibend, die Blätter werden in der Kräuterküche für Salatsaucen und das Einlegen von Gurken verwendet.

Dill

Er kommt ebenfalls aus dem Mittelmeerraum und ist mit dem Fenchel verwandt. Die feinen Blätter würzen Saucen, Salate, Fisch und Kräuterbutter. Die Blüten und Fruchtdolden eignen sich zum Einlegen von Gurken. Dill wirkt harntreibend und löst Blähungen.

Estragon

Die auch Drachen- oder Schlangenkraut genannte Pflanze stammt aus Sibirien, ist aber schon lange im Mittelmeerraum zu Hause. Mit Estragon werden Senf, Essig und saures Gemüse gewürzt. Ein Pflichtgewürz ist Estragon in der Sauce béarnaise. Estragon hilft gegen Rheuma und Arthrose.

Fenchel

Der Fenchel ist ein Gemüse, seine Samen aber gehören zu den Gewürzen. Man verwendet sie zur Verfeinerung von

Käse, Brot, Suppen und Wein. Sein Öl wird in der Parfumindustrie verarbeitet.

Gartenkresse
Sie gehört zu den am einfachsten zu ziehenden Kräutern. Mit einem kleinen Kressetöpfchen kann man Kinder für's Garteln begeistern – schließlich wächst Kresse so schnell, dass man fast zuschauen kann. Kresse enthält viel Vitamin C, wirkt darmreinigend und harntreibend, ist gut für die Nieren.

Gewürznelke
Es handelt sich um die getrockneten Blütenknospen eines Baumes, der ursprünglich in Indonesien wuchs. Sie ähneln entfernt kleinen Nägeln und werden zusammen mit Zwiebeln in der Schmorküche verwendet. Manche mögen auch eine Prise Nelken im Kaffee. Wichtig ist die Gewürznelke auch für Glühwein und Früchtebrot, ihr Aroma gehört wie das von Zimt in die Weihnachtszeit.

Ingwer
Gegessen wird die Wurzel der Pflanze. Frischer Ingwer ist ein wichtiges Gewürz in der asiatischen Küche. Die Briten machen daraus eine säuerliche Marmelade. Ingwerpulver wird für Kekse und Lebkuchen verwendet.

Kardamom
Er steht im Würzalphabet nicht nur genau hinter dem Ingwer, sondern ist auch direkt mit ihm verwandt. Kardamom ist ein wichtiger Bestandteil von Curry, er ist gemeinsam mit Safran und Vanille eines der teuersten Gewürze überhaupt. Die Araber würzen mit Kardamom ihren Kaffee, die Europäer Kuchen, Kekse und Kompott.

Kerbel
Dieses petersilieähnliche Kraut wird auch wie Petersilie verwendet. Kerbel sollte frisch sein, da sein Aroma äußerst flüchtig ist. In der französischen Küche kennt man

das Viergestirn der »fines herbes« – es sind neben Kerbel noch Petersilie, Estragon und Schnittlauch.

Knoblauch

Eigentlich ist der Knoblauch eine Zwiebelpflanze, seine größte Wirkung aber zeigt er in der mediterranen Küche und bei der Abwehr von Vampiren. Außerdem hilft er noch gegen Bluthochdruck, regt Leber und Galle an, fördert die Durchblutung, desinfiziert und spaltet am anderen Morgen ganze Familien, wenn nicht alle Knoblauch gegessen haben.

⸺▷ Der Knoblauch ist eine sehr freundliche Pflanze. Man stinkt zwar fürchterlich danach, merkt es selber aber nicht. Knoblauchverzehr vor einem Zahnarzt- oder Kundenbesuch gehört zu den gröberen Unhöflichkeiten. Verwendet man Knoblauch aber sparsam als Gewürz und nicht als Gemüse, kann man die schrecklichen Folgen für die Umwelt schnell lindern. Etwas Milch trinken und etwas frische Petersilie kauen, das macht den Knoblauchfreund wieder gesellschaftsfähig.

Koriander

Die Pflanze aus dem Mittelmeerraum wird auch chinesische Petersilie oder Cilantro genannt. Man verwendet die Körner ebenso wie die Blätter, Koriander ist verdauungsfördernd und findet sich auch im Melissengeist. Koriander ist ein Pflichtgewürz in der lateinamerikanischen Küche, von ihm stammt der leicht säuerliche Geschmack der Taco-, Enchilada- und Burritofüllungen, der Lust auf mehr macht.

Kümmel

Er ist seit mehr als 5000 Jahren in Küchen und an Feuerstellen zu Hause, Kümmel gehört zu den ältesten Würzpflanzen der Welt. Kümmel verwendet man für Brot, Braten, Sauerkraut, Eintöpfe und vieles mehr. Aus Kümmel

macht man auch Schnaps. Gemeinsam mit Anis, Fenchel und Koriander gehört Kümmel zu den »vier scharfen Samen« die in alten Arzneibüchern erwähnt werden.

Lavendel
Ein stark duftendes Kraut, das selten pur verzehrt wird, da es zu intensiv schmeckt. Lavendel ist aber oft Bestandteil provençalischer Gewürzmischungen. Lavendelöl im Bad beruhigt die Nerven, ein Lavendelsäckchen im Kleiderschrank beunruhigt die Motten.

Liebstöckel
Die Pflanze ist auch als Maggikraut bekannt, da sie riecht wie die Würzbrühe. Damit sind die Gemeinsamkeiten aber auch schon am Ende, Liebstöckel ist deutlich besser. Schon so mache langweilige vegetarische Suppe wurde durch Liebstöckel gerettet. Fleischesser verwenden Liebstöckel als Fleischgewürz, sein Tee hilft bei Nierenleiden.

Lorbeer
Lorbeer lässt sich zu allen möglichen Dingen verwenden – nur ausruhen sollte man sich darauf nicht. Der Ausspruch kommt aus dem Griechischen, wo Sportler und Künstler mit Lorbeer bekränzt wurden. Lorbeerblätter werden in der Regel getrocknet verwendet, da die frischen Blätter bitter schmecken. Lorbeer würzt Saucen, Suppen, Eintöpfe, Fleisch und Gemüse.

Majoran
Der süße Marojan ist ein Bruder des wilden Majorans, den man meist als Oregano kennt. Der Marojanstrauch blüht weiß und rosa, der Oreganostrauch rot. Marojan ist etwas süßlicher als Oregano. Beide Kräuter spielen in der Mittelmeerküche eine wichtige Rolle. Griechen und Römer sahen im Majoran ein Symbol des Glücks. In Mitteleuropa glaubte man lange, er verhindere das Sauerwerden der Milch. Majoran wird auch in der Wurstproduktion reichlich verwendet.

Meerrettich

Das Gartengemüse, das in Österreich Kren genannt wird, ist in Frankreich auch als »deutscher Senf« bekannt. Genau so wird er zum Beispiel in Nürnberger Traditionsgaststätten verwendet – dort bestellt man ein Dutzend Nürnberger Bratwürste mit Meerrettich. Meerrettich ist reich an Vitamin C; wem er zu scharf ist, dem sei die Meerrettichsahne empfohlen. Meerrettich gehört neben die Bratwurst und zum Fisch oder zum Tafelspitz.

Muskatnuss

Die Stadt Muskat liegt ganz in der Nähe der Stadt Mekka auf der Arabischen Halbinsel im heutigen Jemen. Das waren schon vor Jahrhunderten wichtige Handelshäfen, der Reichtum der Königin von Saba ist bis heute legendär. Ursprünglich kommt die Muskatnuss aus Indonesien. Muskatnüsse müssen stets frisch gerieben werden, da sonst das Aroma verfliegt. Muskat wirkt anregend und verdauungsfördernd. Mit Muskatnüssen werden Kartoffeln, Eier, Kuchen, Pudding, Spinat und Fleisch gewürzt.

┈┈▷ Jugendliche, die mit Drogen experimentieren, versuchen es oft auch mit der Muskatnuss, da diese Mystirinsäure enthält, einen euphorisierenden und narkotisierenden Stoff. Das klappt jedoch fast nie, den Muskatkiffern wird meistens nur schlecht. Selbstverständlich wird hier nicht verraten, wie man Muskatnüsse »richtig« einsetzt. Sorry.

Paprika

Paprika ist das ungarische Wort für »süßer Pfeffer« und Paprika ist so ungarisch wie sonst nur Gulasch. Dabei kommt der Paprika eigentlich aus Lateinamerika. Paprikapulver wird aus süßen Paprikaschoten gewonnen, Cayennepfeffer ist das scharfe Pulver aus getrockneten und gemahlenen Chilischoten, Harissa eine Würzmischung auf

Chilibasis und Chilipulver schließlich ist eine Würzmischung aus Pfeffer, Kümmel, Oregano, Paprika, Nelken und Knoblauch. Die kleinen scharfen Chilischoten kann man auch direkt als Gewürz verwenden – zum Beispiel im »Chili con Carne«.

Petersilie

Sie könnte eigentlich auch Karl-Silie heißen, da Karl der Große sie massenweise anbauen ließ. Es gibt die krause Petersilie, die glatte Petersilie und die Wurzelpetersilie, sie findet sich in Suppen, auf Broten und in Salaten. Roh gegessen, vertreibt sie Knoblauchgestank. Sie hilft gegen Blähungen, regt die Verdauung an und löst Krämpfe.

Pfeffer

Dieses »Hauptgewürz« steht am Anfang unserer Gewürzeliste (siehe Seite 302f.).

Pfefferminze

Auch diese Duftpflanze stammt aus dem Mittelmeerraum. Sie hat das stärkste Aroma aller Minzen und ist ein wichtiger Rohstoff für Kaugummi. Die Briten würzen ihren Lammbraten mit Minze, in der arabischen Welt verfeinert man Joghurt mit ihr. Die Heilkraft der Pfefferminze kommt aus ihrem hohen Mentholgehalt. Pfefferminze hilft bei Koliken und Krämpfen, außerdem regt sie an und führt ab. Etwas Pfefferminztee beruhigt, zu viel raubt den Schlaf.

┈┈┈▸ Nehmen Sie nicht irgendeinen Teebeutel, sondern getrocknete Pfefferminzblätter aus dem Bioladen oder der Apotheke. Pro Tasse Pfefferminztee wird ein Teelöffel getrocknete Pfefferminzblätter mit siedendem Wasser übergossen, der Tee muss zehn Minuten ziehen. Sie sollten ihn jedoch nicht als ständigen Durstlöscher genießen. Wie alle Heilpflanzen wirkt er nämlich bei Bedarf nicht mehr, wenn man ihn zu sehr gewohnt ist.

Rosmarin

Der Strauch wächst in Meernähe (ros marinus = Meeres-
tau) und wird nicht nur wegen seines Aromas schon seit
langen Zeiten verwendet. Rosmarin ist ein gutes natürliches Konservierungsmittel und deshalb auch Sinnbild von
Treue und Beständigkeit. Rosmarin schmeckt in und
zu Saucen, Suppen, Bratkartoffeln, Tomatengerichten,
Fleisch und Wild. Rosmarin reguliert die Menstruation,
löst Krämpfe und entwässert.

Salbei

»Salvus« heißt gesund – und genau so ist der Salbei.
Schon die Römer waren fest davon überzeugt, dass Salbei
das Leben verlängert. Pfarrer Sebastian Kneipp sagte
einmal: »Wie kann ein Mensch sterben, solange Salbei in
seinem Garten wächst?« Salbei ist reich an ätherischen
Ölen, Kampher, Bitter- und Gerbstoffen sowie Harzen. Frische Blätter würzen Salat und Frischkäse, frische und
getrocknete gehören zu Wild, Schweinebraten und Ham-
melfleisch.

Salz

Dieses »Hauptgewürz« steht am Anfang unserer Gewürzeliste (siehe Seite 301).

Schalotte

Schon wieder ein angebliches Aphrodisiakum. Die Schalotte ist so etwas wie die Mutter aller Zwiebeln. Die knob-
lauchknollengroße Schalotte ist etwas aromatischer und
feiner als Zwiebel oder Knoblauch.

Sellerie

Die Blätter des Stangenselleries werden als Gewürz verwendet, man verfeinert Salate, Suppen und Brühen. Die
Samen sind etwas bitter, aber sehr geschmackreich. Mit
ihnen würzt man Gebäck, Marinaden und Saucen. Und
auch ihm werden männlichkeitsförderliche Fähigkeiten
angedichtet.

Senf

Senf ist ein ganz wichtiges Gewürz – und es gibt eine unüberschaubare Reihe von Sorten. Dijonsenf schmeckt anders als deutscher Senf, ostdeutscher Senf hat eine andere Farbe als westdeutscher, die Bayern essen süßen Senf, und in Berlin wurde bereits »Senf für Frauen« gesichtet, ohne dass auf dem Glas erklärt wird, was das denn schon wieder soll. Schon die Römer und Byzantiner wussten, wie man Senf herstellt. Senfkörner werden eingeweicht und dann zu einer Paste zerdrückt. Farbe und Geschmack hängen vom Senfsamen selbst, von der Einweichflüssigkeit und von den zusätzlichen Gewürzen wie Knoblauch, Estragon oder Pfeffer ab. Senföl hilft gegen Hexenschuss und rheumatische Krankheiten.

Thymian

Dieses Gewürz gehört auf jede Pizza. Ein Zweiglein Thymian verfeinert Saucen, Ragouts, Braten und Rohkost. Thymian wirkt in Hustensaft und in Hustenbonbons als Krampflöser. Es gibt auch Thymianseife und Thymianbad.

Vanille

Diese Orchideenfrucht kommt aus Mexiko, wo schon Aztekenkaiser Montezuma wusste, dass der Kakao mit Vanille besonders gut schmeckt. Bevor die Vanillepflanze ihren Siegeszug durch zahlreiche tropische Länder begann, musste zunächst das Bestäubungsproblem gelöst werden. In den Heimatländern besorgen das ganz bestimmte Insekten und Kolibris. Erst im 19. Jahrhundert gelang die Bestäubung per Hand, seitdem wächst Vanille auch in Madagaskar, Uganda und Indonesien.

Achten Sie genau auf die Zutatenliste, wenn Sie Vanilleprodukte kaufen. Die sind häufig mit synthetischer Vanille hergestellt, weil echte Vanille nach wie vor recht teuer ist. Die schmeckt dafür aber viel feiner und eleganter.

Wacholderbeeren

Die Wacholderbeeren gehören zu der Minderheit von Gewürzen, die wirklich nordeuropäisch sind. Nichtsdestotrotz haben sie sich bis nach Ägypten und Nordamerika verbreitet. Im Ganzen und auch zerdrückt würzt man mit Wacholderbeeren Fleisch, Krautsalat, Sauerkraut, Kohlgemüse und Pökelbrühe. Beim Kauf der Wacholderbeeren sollte man auf die bereits zerdrückten verzichten. Sie sind zwar bequemer zu verwenden, haben aber oft schon einen Teil ihres Aromas verloren. Wacholderbeeren wirken entwässernd und verdauungsfördernd. Sie helfen bei rheumatischen Krankheiten und Arthritis.

Zimt

Auch der Zimt zählt zu den ältesten Gewürzen der Welt. Der Zimtbaum, dessen getrocknete Rinde das Gewürz ergibt, stammt aus Fernost. Bei der Ernte werden die dreijährigen Schößlinge geerntet und der Länge nach aufgeschnitten. Die Innenrinde rollt sich ein und bildet die bekannten Zimtstangen. Zimt ist ein »Weihnachtsgewürz«, er gehört in Glühwein, Tee, heiße Schokolade, Kaffee, Kompotte und Breigerichte. Zimt schmeckt zu Äpfeln, Pflaumen und Gebäck.

Zitronenmelisse

Sie gehört zur Familie der Minze und spielt in der asiatischen Küche eine wichtige Rolle. Zitronenmelisse gibt man erst kurz vor dem Servieren ins Gericht, dass ihr Aroma sehr flüchtig ist. Aus den getrockneten Blättern wird der Melissengeist gewonnen. Melissentee wirkt beruhigend.

Zwiebel

Die Zwiebel ist nicht nur Gemüse, sondern auch Gewürz und Heilmittel. Der Gewürzcharakter wird besonders bei Röstzwiebeln, Zwiebelpulver und Zwiebelsalz deutlich. Zwiebel wirkt harntreibend und schleimlösend, mit Zwiebelwickeln bekämpft man Ohrenschmerzen.

Kräutermedizin

Die größte Apotheke der Welt sind unsere Würz- und Heilpflanzen:

⋯⋯> Basilikum wirkt als Tee gegen Blähungen.

⋯⋯> Beifuss regt den Appetit an und bringt eine träge Magentätigkeit auf Trab.

⋯⋯> Bohnenkraut: Das stark antibiotische ätherische Öl hilft bei Pilzinfektionen, z. B. Soor, beruhigt die Verdauung.

⋯⋯> Borretsch: Der hohe Schleimgehalt hat günstige Wirkung bei Husten. Die Blüten sind schweiß- die Blätter harntreibend. Das Samenöl dient zur Behandlung prämenstrueller oder rheumatischer Beschwerden, hilft auch bei Ekzemen oder chronischen Hautkrankheiten.

⋯⋯> Dill wirkt gegen Appetitlosigkeit, Blähungen und Magen- und Darmbeschwerden.

⋯⋯> Estragon ist verdauungsanregend, ein leichtes Beruhigungs- und Schlafmittel. Die Wurzel wird auch bei Zahnschmerzen und menstruationseinleitend verwendet.

⋯⋯> Fenchel wirkt bei Husten lösend und beruhigend, leicht harntreibend und krampflösend.

⋯⋯> Gartenkresse ist sehr nahrhaft und wirkt generell entgiftend, harntreibend, lindert rheumatische Schmerzen.

⋯⋯> Gewürznelken wirken Infektionen von Krätze bis Cholera entgegen.

⋯⋯> Ingwer dient als Anti-Brechmittel bei Reisekrankheit, wirkt Kreislauf stimulierend, Husten lindernd, entzündungshemmend.

⋯⋯> Kardamon lindert Magenbeschwerden und schlechten Atem besonders bei gleichzeitigem Knoblauchkonsum.

⋯⋯> Kerbel beruhigt die Verdauung, senkt den Blutdruck, dient der Blutreinigung.

⋯⋯> Knoblauch wirkt einem Schlaganfall entgegen, weil er das Blut dünn hält, verlangsamt die Blutgerinnung, senkt den Blutdruck und dient als Wurmmittel.

⋯⋯> Koriander ist ein mildes Mittel gegen Völlegefühl und Bauchgrimmen.

⋯⋯> Kümmel wirkt gut gegen Blähungen und Mundgeruch.

⫸ **Lavendel** wirkt beruhigend auf das Zentralnervensystem, beseitigt Einschlafschwierigkeiten, wirkt außerdem antidepressiv, antiseptisch, antibakteriell.

⫸ **Lorbeer** beruhigt und tonisiert den Magen.

⫸ **Majoran** hilft gegen Kopfschmerzen, lindert Angstzustände und Schlaflosigkeit, dämpft die Libido.

⫸ **Meerrettich** gilt als leichtes Antibiotikum, das bei Atem- und Harnwegsinfektionen angewandt wird, wirkt außerdem harntreibend und fördert das Schwitzen.

⫸ **Muskatnuss** wirkt anregend, verhindert Erbrechen und gilt als blähungstreibend.

⫸ **Petersilie** hilft bei Blähungen und Blasenentzündungen.

⫸ **Pfeffer** wirkt allgemein anregend, stärkend, blähungstreibend und lindert Muskelkrämpfe.

⫸ **Pfefferminze** hilft bei Katarrh, Blähungen, Koliken, wirkt fiebersenkend und antiseptisch in den Atemwegen.

⫸ **Rosmarin** wirkt anregend, entzündungshemmend, blähungstreibend, adstringierend.

⫸ **Salbei** wirkt beruhigend und entzündungshemmend. Hilft außerdem bei krankhafter Speichel- oder Schweißabsonderung und hat eine östrogene Wirkung.

⫸ **Sellerie** verringert die Säure im Körper und desinfiziert Blasen- und Harnwege. Die Samen wirken Arthritis entgegen, weil sie den Körper entgiften.

⫸ **Senf** entlastet den Kreislauf und fördert bei Kindern den Appetit. Senfwickel helfen bei Ischias, Gicht und Rheuma oder Bronchitis. Senfsamen wirken günstig bei Magen- und Darmbeschwerden.

⫸ **Thymian** hilft bei Husten und Magenschleimhautentzündung und gilt als Wurmmittel.

⫸ **Zimt** gilt als wärmendes Anregungsmittel, blähungstreibend, krampflösend, antiseptisch, wird auch bei Übelkeit und Erbrechen und bei viralen Infektionen wie Erkältungen angewandt.

⫸ **Zitronenmelisse** wirkt krampflösend, schweißtreibend, blähungstreibend und gilt als Nerventonikum.

⫸ **Zwiebel:** Inhalationen mit Zwiebeldampf wirken hervorragend gegen Schnupfen.

Vorrats-
haltung

Vorratshaltung

Wer sich mit ökologischen Lebensmitteln versorgt und auch ansonsten ökologisch hohe Ansprüche stellt, wird sich über kurz oder lang mit dem Thema »Vorräte« beschäftigen, »... wenn man sich nicht vornehmlich aus Konservendosen und dem Gefrierfach ernährt«. Nun sind die modernen 3-Zimmer-Appartements selten mit einem Gemüsekeller mit Miete für Karotten und Kartoffeln, einer Speisekammer für eingekochte Gemüse- und Obstkonserven, gepökeltes Fleisch oder einem Rauch für Wurst und Schinken ausgestattet.

Mit viel Glück hat man einen kleinen Vorratsraum oder etwas mehr Platz im Kühlschrank. Ein solcher Kühlschrank kann sich zum wahren Freund entwickeln, wie die Kolumne von Axel Hacke mit seinem Freund BOSCH im SZ-Magazin belegt. Wer ihn gut pflegt und richtig befüllt, wird ihn nicht nur in so mancher schwachen Stunde lieben.

Ideal: die Frischkühl-Technik

Wer öfter auf den Bauernhof fährt oder günstige Angebote nutzen will, wird sein Obst und Gemüse optimal in einem Kühlschrank mit der so genannten Frischkühl-Technik lagern. Gegenüber einem normalen Kühlschrank, der zwischen +4 °C und +8 °C kühlt, bieten diese Kühlschränke eine abgesenkte Temperatur nahe 0 °C und zwei Klimazonen mit unterschiedlicher Luftfeuchtigkeit. Mit dieser Technik kühlen die Profis schon lange die Kühlhäuser. Die niedrigere Lagertemperatur macht insofern Sinn, dass sich Fleisch, Fisch oder Milchprodukte bei ca. 50 Prozent Luftfeuchtigkeit besser halten. Salat, Gemüse, Obst und Kräuter hingegen lieben die feuchte Klimazone mit 95 Prozent Luftfeuchtigkeit.

Die Folgen:
⋯⋯> Die Lebensmittel bleiben etwa dreimal so lange frisch; Radieschen und Salat machen nicht so schnell schlapp, d.h sie behalten ihre natürliche Form und Farbe.

⤐ Sie behalten ihren hohen Vitamingehalt und Mineralstoffgehalt, da Reife- und Abbauprozesse bei 0 °C
gehemmt werden.

⤐ Ihr Einkauf ist ergiebiger, da weniger Abfall anfällt.

⤐ Sie können Angebote nutzen und sparen Zeit und
Kosten durch den Einkauf größerer Mengen in größeren Zeitabständen.

⤐ Sie können mit Lust und Liebe einkaufen und müssen
sich Ihren Spaß nicht verderben lassen.

In Kühlschränken ohne Frischkühl-Technik halten sich Lebensmittel unterschiedlich lange.	
Frische Dinkel-Hartweizen und andere Vollgetreidenudeln	1-2 Tage
Gefüllte Nudeln, Tortellini oder Ravioli	1 Tag
Gekochte Nudeln, Reis	3-4 Tage
Fleisch, roh	2-5 Tage
Fleisch, gegart	2-6 Tage
Hackfleisch, roh	6-8 Stunden
Hackfleisch, gegart	2-4 Tage
Fisch, roh	Max. 24 Stunden
Fisch, gegart	2-3 Tage
Milch, Sahne, Joghurt, Frischkäse	4-5 Tage
Schnittkäse	8-10 Tage
Eier	3-4 Wochen
Gemüse, roh	3-5 Tage
Gemüse, gegart	1-3 Tage
Salate	1-3 Tage
Beerenobst	2-6 Tage

Der Umwelt zuliebe

Der Umwelt zuliebe und Ihrer eigenen Stromrechnung zuliebe sollten Sie auf jeden Fall nur Geräte verwenden, die völlig frei von FCKW – also ozonunschädlich – sind. Die meisten Markenkühlschrankhersteller verzichten inzwischen auch auf FKW, das für den Treibhauseffekt mitverantwortlich ist. Achten Sie beim Kauf eines neuen Gerätes auch auf eine gute Isolierung, damit kann man bis zu 45 Prozent Strom einsparen. Inzwischen werden in allen europäischen Ländern Kühl- und Gefriergeräte mit dem Eurolabel gekennzeichnet. Die Geräte werden von A bis G in so genannte Energie-Effizienz-Klassen eingeteilt; A bezeichnet die wirtschaftlichste, G die unwirtschaftlichste Klasse.

Tiefkühlen

Einfrieren unterbricht das Wachstum und die Aktivität von Lebensmittel verderbenden Mikroorganismen. Der Vitaminabbau wird minimiert. Erntefrisch gefrostetes Gemüse enthält daher erheblich mehr Vitamine als frisches Gemüse, das drei Tage im Regal gelegen hat. Das funktioniert aber nur, wenn man weiß wie.

Hier ein paar Tipps:

⤑ Obst und Gemüse vor dem Einfrieren schonend putzen und waschen.

⤑ Gemüse blanchieren und mit Eiswasser abschrecken. Nicht zu große Portionen abpacken, maximal ein Kilogramm.

⤑ Salat, Bananen, Radieschen, Kresse, roher Knoblauch, ganze Tomaten, ganze Äpfel und Birnen, Weintrauben und Avocados lassen sich nicht einfrieren.

⤑ Süße und saure Sahne, Milch und Joghurt flocken nach dem Einfrieren leicht aus.

⤑ Butter, Quark, Frisch-, Weich-, Schnitt- und Hartkäse eignen sich prinzipiell zum Einfrieren. Bei Käse müssen aber Einbußen bzgl. des Aromas in Kauf genommen werden.

---> Fleisch, Fisch und Geflügel lassen sich problemlos einfrieren, die Stücke sollten aber nicht größer als drei Kilo sein.

---> Eier mit Schale lassen sich nicht einfrieren, ganze Eimasse oder Eigelb und Eiweiß getrennt lassen sich problemlos einfrieren.

Vorbereitete Gerichte im Kühlschrank

Die Verwendung von Öl, Salz, Zucker, Marinaden, die alte Methode der Säuerung mit Hilfe von Milchsäurebakterien, der alkoholische Prozess sowie die Trocknung von Lebensmitteln sind aus alter Zeit überlieferte Möglichkeiten zur Vorratshaltung, die wir auch heute anwenden können. Früher gab es keine modernen Kühlmöglichkeiten. Außerdem war es in vielen Teilen der Welt notwendig, die Vitamine der Früchte des Sommers in den Winter zu »retten«, um auch dann von ihnen leben zu können.

Heute ist das nicht unbedingt mehr der Fall, da wir inzwischen auch in Ökoqualität fast alles, was das Herz begehrt, bekommen. Öl wird in südlichen Ländern gern zur Haltbarmachung verwendet, Antipasti sind ja so gemacht. Diese kann man mit der eigenen Rezeptur selbst machen. Knoblauch und Salz stabilisieren die in Öl engelegten gebratenen, gekochten oder rohen Gemüse, von denen man eine Woche naschen kann.

Zucker oder Honig oder ein anderes der in diesem Buch vorgestellten Süßungsmittel funktionieren ähnlich wie Salz, indem sie verhindern, dass sich trotz hohen Wassergehalts Bakterien vermehren können. Nicht nur Früchte – kurzfristig ungekocht – lassen sich so haltbar machen, sondern auch Gemüse wie z. B. Kürbis. Hier kann man selbst eine Menge Rezepte ausprobieren.

Fleisch und Fisch lassen sich köstlich marinieren, das heißt mit verdünntem und gewürztem Essig als saure Marinade einlegen. Man kann die Marinade auch etwas süßen!

Das Ökolabel

Die Bundesregierung fördert – nach zahlreichen Skandalen – jetzt auch die Option »Klasse statt Masse« und möchte den Marktanteil von Bioprodukten von derzeit 3 Prozent auf 20 Prozent steigern. In diesem Zusammenhang wird es ab Herbst 2001 ein neues Biosiegel geben, das mehr Klarheit für den Verbraucher schaffen soll. Aber auch auf dem Biomarkt gibt es Unterschiede, die bisher durch unterschiedliche Gütezeichen gekennzeichnet wurden. Und daran wird sich wohl auch in Zukunft nichts ändern. Im Wesentlichen gehen die Unterschiede auf die einzelnen Anbauverbände und deren Konzepte zurück. Prägend sind Bioland und Demeter. Sie haben als Pioniere des ökologischen Landbaus den Boden bereitet für ANOG, Biokreis, Biopark, ECOVIN, Gäa, Naturland, Ökosiegel. Alle neuen Anbauverbände haben in ihren Richtlinien ähnliche Grundprinzipien verankert. Demeter bildet insoweit eine Ausnahme, als nur hier biologisch-dynamische Präparate verwendet und kosmische Einflüsse berücksichtigt werden.

Verbands- und Warenzeichen

Ökologische Anbauverbände bestehen aus Gärtnern und Landwirten mit den gleichen Zielen und Überzeugungen. Sie haben sich zum Erfahrungsaustausch und zur gemeinsamen Vertretung ihrer Interessen zusammengeschlossen. Die Anbauverbände haben jeder für sich ihre Art der ökologischen Arbeitsweise in Verbandsrichtlinien festgeschrieben, und jedes Mitglied ist durch Vertrag verpflichtet, sich daran zu halten. Darüber hinaus muss sich jeder Betrieb regelmäßig kontrollieren lassen. Daher stammt auch die Bezeichnung »aus kontrolliert biologischem Anbau«. Die Mitglieder des Verbandes zahlen eine vertraglich geregelte Nutzungsgebühr. Dafür erhält dann alles, was entsprechend den Verbandsrichtlinien produziert wird, ein eingetragenes und geschütztes Warenzeichen (z. B. Bioland, ANOG, Naturland, Demeter). Zwei gro-

ße Anbauverbände, Demeter und Bioland, charakterisieren die zwei grundlegenden Anbaurichtungen bzw. Wirtschaftsweisen innerhalb der ökologischen Landbaubewegung.

Biologisch-dynamisch

Demeter ist der Name der griechischen Göttin der Erdenfruchtbarkeit und kennzeichnet die biologisch–dynamische Wirtschaftsweise. Demeter ist die älteste Anbaurichtung des ökologischen Landbaus in Deutschland. Gemessen an der Anzahl der Betriebe ist Demeter mit 1336 Betreiben der zweitgrößte ökologische Anbauverband in Deutschland. Weltweit wird in mehr als 30 Ländern auf über 3 500 Demeter-Betrieben nach den Prinzipien der biologisch-dynamischen Wirtschaftsweise gearbeitet. Sie geht auf die anthroposophische Geisteshaltung zurück. 1924 gab Rudolf Steiner den Landwirten nicht nur wertvolle Hinweise zum Gedeihen der Landwirtschaft. Er vertrat die Auffassung, dass der landwirtschaftliche Betrieb als lebendiger Organismus zu sehen ist, in dem der Landwirt die Rolle eines Mitgestalters der Natur übernimmt. Er hat die Aufgabe, den einzelnen Gliedern dieses Betriebsorganismus (Boden, Pflanzen, Tiere) diejenigen Lebensbedingungen zu schaffen, die eine wesensgemäße Entfaltung ermöglichen, damit sie ihren Beitrag zum Erhalt des Ganzen leisten können. Steiner ging davon aus, dass alles Lebendige einen geistigen Ursprung hat. Bei der Gestaltung des Betriebes, beim Säen, Pflanzen, Ernten, soll der Landwirt daher auch auf immaterielle Einwirkungen und Kräfte, wie z. B. günstige Mondphasen und Gestirnskonstellationen, achten.

Spezielle Präparate aus Heilpflanzen (Baldrian, Brennnessel, Löwenzahn, Schafgarbe, Eichenrinde, Kamille) werden dem Kompost beigemengt, um die Verrottung zu fördern und einen besonders fruchtbaren Dünger zu erhalten.

Feldspritzpräparate, die in homöophatischen Dosen auf die Felder ausgebracht werden, sollen die Pflanzen für aus dem Erdboden und aus dem Kosmos einwirkende Kräfte sensibilisieren. Die Feldspritzpräparate werden aus Kuhmist und feinstvermahlenem Quarzmehl gewonnen. In einem stundenlangen Rührprozess werden die Substanzen mit Wasser vermengt, das bezeichnet man als »dynamisiert«. In Hinblick auf einen geschlossenen Betriebskreislauf und eine ganzheitliche Betriebsgestaltung ist schließlich die Tierhaltung aufgrund der Verwendung tierischer Ausgangssubstanzen bei der Präparateherstellung verbindlich vorgeschrieben.

Organisch-biologisch

Dr. Hans Müller sah schon in den 1930er Jahren den harten Existenzkampf der Bauern innerhalb der Industriegesellschaft. Er kämpfte für den Erhalt einer bäuerlichen Landwirtschaft und zielte auf eine größere Unabhängigkeit der Landwirte von zugekauften Betriebsmitteln aus der chemischen Industrie. Er gründete 1932 mit seiner Frau Maria die »Bauernheimatschule auf dem Möschberg« in der Schweiz. Ursprünglich war die Arbeit der Müllers von den Gedanken Rudolf Steiners geprägt. Nach einem Zusammentreffen mit dem Arzt und Mikrobiologen Dr. Hans Peter Rusch wurde die Arbeit der Müllers nach 1951 eindeutig naturwissenschaftlich bestimmt. Rusch hatte sich viel mit der Verbesserung der Bodenfruchtbarkeit durch Aktivierung des Bodenlebens beschäftigt. Er vertrat die Ansicht, dass Menschen, Tiere und Pflanzen Teil eines eng vernetzten, sinnvoll aufeinander abgestimmten und sich gegenseitig bedingenden Stoffkreislaufes sind. Er entwickelte mit Hans Müller die organisch-biologische Landbaumethode auf der Grundlage geschlossener, natürlicher Nährstoffkreisläufe. 1971 gründete sich die erste Gruppe, die nach den Prinzipien von Müller und Rusch wirtschafte-

te. Die Gruppe entwickelte sich dann zu »Bioland –Verband für organisch-biologischen Landbau e.V.«. Etwa 3583 Betriebe in Deutschland wirtschaften nach Bioland-Richtlinien. Bioland ist der größte ökologische Anbauverband in Deutschland.

ANOG

ANOG steht für Arbeitsgemeinschaft für naturnahen Obst-, Gemüse- und Feldfruchtanbau. Und wie der Name schon sagt, wurde dieser Anbauverband 1962 mit spezieller Ausrichtung auf den Ost- und Gemüseanbau gegründet. ANOG hat 67 Mitglieder, die eine Gesamtfläche von 2956 Hektar bewirtschaften.

Biokreis e.V

Der Biokreis geht auf eine Initiative von Landwirten und Verbrauchern in Ostbayern zurück. 1979 gegründet, umfasst er heute 317 Mitglieder, die es sich zum Ziel gemacht haben, den ökologischen Land- und Gartenbau sowie eine gesunde Ernährung zu fördern. Biokreis-Verarbeiter werden von der EU-Kontrollstelle Lacon zertifiziert.

Biopark

Erst 1991 wurde Biopark in Mecklenburg-Vorpommern gegründet. Biopark ist mit 575 Mitgliedern hauptsächlich in den neuen Bundesländern, Niedersachsen und Schleswig-Holstein aktiv.

325

ECOVIN

Anfang der 1980er Jahre gab es immer mehr Ökowinzer innerhalb der einzelnen Anbauverbände. Aus der Notwendigkeit, eindeutige Rahmenrichtlinien für die Erzeugung von ökologischem Wein zu festzulegen, entstand zunächst der BÖW (Bundesverband ökologisch arbeitender Winzer). Seit 1990 heißt der Verband ECOVIN und vertreibt die nach den Richtlinien produzierten Weine auch unter diesem Warenzeichen. Mittlerweile haben aber auch die einzelnen Anbauverbände eigene Richtlinien entwickelt, sodass es heute auch bei Demeter, Bioland, Naturland und Gäa Öko-Winzer gibt. ECOVIN hat daher nur noch 194 Biowinzer.

Gäa

Noch vor der Wende wurde 1989 in Dresden Gäa (gr. = Mutter Erde) gegründet. davor war der Bedarf nach Umstellung auf eine ökologische Landwirtschaft eher gering (einige Gärtnereien oder vereinzelt kirchliche Landwirtschaft). Nach der Wende änderte sich das schnell; viele Landwirtschaftliche Produktionsgemeinschaften LPG beschlossen die Umstellung nach Gäa-Richtlinien. 1992 wurde die Gäa in die Arbeitsgemeinschaft Ökologischer Landbau (AGÖL) aufgenommen. Gäa-Landwirte können übrigens wählen, ob sie organisch-biologisch (vgl. Bioland) oder biologisch-dynamisch (vgl. Demeter) anbauen wollen. Heute wirtschaften rund 354 Betriebe hauptsächlich in den neuen Bundesländern nach Gäa-Richtlinien.

Naturland

Frei von Ideologien, Dogmen, liberal und praxisbezogen sollte der 1982 von Verbrauchern, Wissenschaftlern und

Landwirten gegründete Anbauverband sein. Die ursprünglich nur für den Pflanzenbau definierten Richtlinien des naturgemäßen Landbaus wurden später auch für die Tierhaltung durchgesetzt. Dabei haben sich die Naturland-Mitglieder intensiv um die Entwicklung einer ökologischen Fischzucht und Waldwirtschaft verdient gemacht. Ein großer Schwerpunkt der Arbeit von Naturland liegt auch in der Initiierung, Betreuung und Zertifizierung von Anbauprojekten im nichteuropäischen Ausland. Ein großer Teil des Biokaffees wird nach Naturland–Richtlinien erzeugt.

Ökosiegel
1988 in Norddeutschland gegründet, ist dieser Anbauverband mit 24 Mitgliedern der kleinste Anbauverband.

Die Dachverbände AGÖL und IFOAM
Die Arbeitsgemeinschaft Ökologischer Landbau (AGÖL) wurde 1988 als Dachverband der Anbauverbände gegründet. Bis zum März 2001 waren hier alle neun Anbauverbände zusammengeschlossen. Jetzt haben Bioland und Demeter die AGÖL verlassen. Sie wollen in Zukunft mehr mit Bündnispartnern aus dem Verbraucher-, Umwelt- und Naturschutz zusammenarbeiten. Ihr Ziel ist, den derzeitigen Umbruch in der Agrarpolitik in Richtung einer verstärkten Förderung des ökologischen Landbaus effektiver als in der AGÖL derzeit möglich öffentlichkeitswirksam betreiben zu können.

327

Grundsätzlich hatte sich die AGÖL zur Aufgabe gemacht, ihre Mitgliedsverbände gegenüber Behörden und Verbänden in wichtigen Fragen zu vertreten und eine gemeinsame Presse- und Öffentlichkeitsarbeit zu gestalten. Schon Mitte der 1980er Jahre hatte die AGÖL vor Inkrafttreten der EG-Bioverordnung verbandsübergreifend strenge Richtlinien für Erzeugung und Verarbeitung erarbeitet, die seit 1991 für alle Verbände verbindlich sind.

Die International Federation of Organic Agriculture Movements (IFOAM) versteht sich als weltweite Plattform des ökologischen Landbaus. Sie wurde 1972 in Versailles gegründet und ist eher auf international-politischer Ebene tätig und um eine weltweite Angleichung von Rahmenrichtlinien und Anbaustandards bemüht. Die von ihr verabschiedeten Basisrichtlinien waren die Grundlage für die im Jahr 1993 in Kraft getretene EG-Bioverordnung. Die von IFOAM herausgegebenen Zeitschriften »Ökologie und Landbau« und »Ecology and Farming« informieren drei bzw. viermal im Jahr über aktuelle Entwicklungen im ökologischen Landbau.

Die EG-Bioverordnung

Offiziell heißt die 1991 vom Agrarministerrat der Europäischen Gemeinschaft verabschiedete Verordnung: »Verordnung Nr. 2092/91/EWG über den ökologischen Landbau und die entsprechende Kennzeichnung der landwirtschaftlichen Erzeugnisse und Lebensmittel«. Hier werden für alle Länder der EU verbindlich Mindeststandards für Erzeugung, Verarbeitung, Kontrolle und Kennzeichnung von Bioprodukten definiert.

Zunächst galt die Verordnung nur für pflanzliche Produkte, seit August 2000 umfasst sie auch Tierhaltung und Erzeugnisse aus tierischer Produktion. Pilze und Beeren, die in der freien Natur gesammelt werden, können unter bestimmten Auflagen ebenfalls mit dem Kontrollvermerk der EG-Bioverordnung gekennzeichnet sein

»Bio« und »Öko« gesetzlich geschützt

Nur wo »Bio« drin ist, darf auch »Bio« draufstehen. Das ist wohl die weitreichendste Konsequenz, die seit Inkrafttreten der EG-Bioverordnung den Produkten, die nach diesen Richtlinien hergestellt werden, zuteil wird. Die Begriffe »Bio«, »Öko«, »aus kontrolliert biologischem Anbau«, »aus kontrolliert ökologischem Anbau«, »aus biologischem Anbau« »aus ökologischem Anbau« etc. sind gesetzlich geschützt.

Trotzdem heißt es Vorsicht für den Verbraucher! Zum einen gibt es Begriffe wie »aus extensiver Landwirtschaft« oder »naturecht«, die suggerieren, dass es sich um ein naturgemäßes Produkt handelt, welches nach den EU-Richtlinien hergestellt wird, aber in Wirklichkeit nichts garantieren. Zum anderen gilt für einige Markennamen wie »Biogurth« oder »Biolabor« (Traubenzucker) eine Übergangsfrist bis Mitte 2006. So lange darf der Name zwar noch verwendet werden, aber nur mit einem klaren Hinweis, dass es sich eben nicht um ein Produkt aus kontrolliert biologischem Landbau handelt.

»Bio« und »Öko« doppelt kontrolliert

Vertrauen ist gut – Kontrolle ist besser. Nach dieser Devise kontrollieren qualifizierte Fachleute die Einhaltung der EG-Richtlinien. Die Kontrollstellen – in Deutschland gibt es etwa 30 – bedürfen einer staatlichen Zulassung. Sie überprüfen automatisch mindestens einmal im Jahr alle Landwirte und Verarbeiter. Und dabei wird der gesamte Produktionsablauf überprüft: Vom Landwirt, der das Getreide liefert, über den Müller bis zum Bäcker, der das Brot backt, werden alle Schritte vom Rohstoff bis zum Endprodukt geprüft, damit keine Vermischung mit konventioneller Ware stattfinden kann. Neben den routinemäßigen Kontrollen gibt es auch unangemeldete Kontrollen. Außerdem müssen Landwirte und Verarbeiter Bewirtschaftungsmaßnahmen, Verarbeitungsprozesse, Warenein- und ausgänge sowie Rezepturen protokollieren. Die Betriebsprotokolle werden

vor Ort überprüft, ebenso Ackerflächen, Stallungen, Verarbeitungs- und Lagerräume. Die Ergebnisse der Inspektion werden im Kontrollbericht festgehalten. Werden Mängel festgestellt, wird auf Grundlage eines Sanktionskatalogs gegen den Betrieb vorgegangen. In schweren Fällen kann dem Betrieb die Anerkennung entzogen werden.

DE-oo6-Öko-Kontrollstelle

Mit einem solchen Codeschema ist in Deutschland jedes verpackte Lebensmittel aus ökologischem Landbau gekennzeichnet. »DE« steht für Deutschland und allgemein für das Land, in dem die jeweilige Kontrollstelle ansässig ist; die Zahl ist die Kennziffer der jeweiligen Kontrollstelle. Manche Produkte tragen darüber hinaus den freiwilligen Stempel »EWG-Kontrollsystem – ökologische Agrarwirtschaft«. Diese Produkte sind nach der EG-Bioverordnung erzeugt, und alle verwendeten Zutaten stammen aus der EU.

Bioprodukte aus anderen Ländern

Die EG-Bioverordnung gilt nicht nur für die in der EU hergestellten Produkte, sondern auch für Importware. Die EU hat eine Liste derjenigen Drittländer aufgestellt, die ihre Produkte als ökologisch in der EU verkaufen können. Bisher wurden Argentinien, Australien, Israel, Schweiz, Tschechien und Ungarn in diese Liste aufgenommen. Die Aufnahmekriterien orientieren sich an der EG-Bioverordnung, d.h. die Länder müssen nachweisen, dass die ökologischen Produkte in einem EU-Standard entsprechenden Verfahren produziert, verarbeitet und kontrolliert werden. Diese Länder müssen, im Gegensatz zu allen anderen, nicht bei jedem Import einen Extraantrag stellen. Wer nicht in die Liste aufgenommen ist, muss nämlich für jeden Import einen Extraantrag bei der zuständigen Kontrollstelle stellen und ein recht kompliziertes Genehmigungsverfahren durchlaufen. So bekommen auch Bioimportprodukte aus nicht EU-Ländern eine Kontrollnummer. Oft tragen die Produkte zusätzlich das Warenzeichen des jeweiligen natio-

nalen Anbauverbandes, z. B. AIAB (Italien), Biokultura (Ungarn), CRAE (Spanien), ERNTE (Österreich), Nature & Progrès (Frankreich), OGBA (USA) oder das Warenzeichen der internationalen Anbauverbände DEMETER und NATUR-LAND.

331

Der ökologische Landbau

Wenn ein Landwirt oder Gärtner seinen bisher konventionellen Betrieb auf ökologische Bewirtschaftung umstellen will, muss er zunächst in einen der neun Verbände eintreten und jährlich einen Mitgliedschaftsbeitrag entrichten. Dann wird man einen Erzeugervertrag abschließen. Ab jetzt begleitet ihn der Verband durch das gesamte Umstellungsprozedere. Auf der Grundlage des aktuellen konventionellen Betriebsspiegels erarbeiten ein Beauftragter des Verbandes und der Erzeuger gemeinsam einen ganz individuellen Umstellungsplan. Hier wird verbindlich festgelegt, wie sich die einzelnen Umstellungsschritte gestalten sollen und wann das Warenzeichen/der Verbandsname für die einzelnen Betriebsbereiche genutzt werden kann. So werden z. B. eine genaue Fruchtfolgenplanung, ein Düngeplan sowie die Entwicklung der Viehhaltung (auch eventuelle bauliche Veränderungen in Hinblick auf eine artgerechte Viehhaltung) erarbeitet. Alle Umstellungsschritte müssen vom Landwirt genau protokolliert werden. Die Umstellung soll zügig erfolgen. In der Regel sollte die Pflanzenbauumstellung in einem Schritt erfolgen. Nur in Ausnahmefällen kann auch eine schrittweise Umstellung erfolgen, diese muss aber nach maximal fünf Jahren komplett abgeschlossen sein. Eine Teilumstellung ist grundsätzlich nicht möglich, sämtliche Flächen und Produktionszweige müssen entsprechend der Richtlinien des jeweiligen Anbauverbandes bewirtschaftet werden. Das wird streng kontrolliert. Chemisch-synthetische Mineraldünger, Pestizide und andere Stoffe, deren Anwendung gemäß den Richtlinien nicht ausgebracht werden können, dürfen auf dem Betrieb auch nicht vorhanden sein.

In Umstellung auf …

Nach dem ersten Umstellungsjahr, also 12 Monate nach der Aussaat, dürfen pflanzliche Erzeugnisse mit dem Zusatz »In Umstellung auf … (Demeter, Naturland etc.)« verkauft werden. Erst nach dem zweiten, bei Demeter erst nach dem dritten Umstellungsjahr, darf das Verbandszei-

chen bzw. Warenzeichen ohne den Zusatz »In Umstellung auf ...« verwendet werden. Erst dann und unter der Voraussetzung, dass alle im Umstellungsvertrag festgelegten Ziele erreicht wurden, erkennt der Verband den Betrieb voll an. Die Umstellungsfrist kann sich u.U. verkürzen, wenn der Betrieb nachweisen kann, dass er schon vor der Umstellung extensiv gewirtschaftet hat.

Bevor tierische Produkte mit dem Zusatz »In Umstellung auf ...« auf den Markt kommen dürfen, müssen die Tiere eine bestimmte Zeit richtliniengemäß gefüttert werden:

---> Milchkühe 12 Wochen
---> Rinder zur Fleischerzeugung 1 Jahr
---> Mastschweine ab Mastbeginn
---> Legehennen vier Wochen
---> Mastgeflügel ab Mastbeginn
---> Milchschafe und Milchziegen 12 Wochen
---> Schafe und Ziegen zur Fleischerzeugung 6 Monate

Bevor eine Vollanerkennung des Betriebes erfolgt, müssen gewisse Mindestkriterien erfüllt sein. So muss z. B. die Käfighaltung von Geflügel komplett aufgegeben werden, weitere Voraussetzung sind eingestreute Liegeflächen bei Wiederkäuern und Schweinen. Außerdem müssen alle Richtlinien, die Anforderungen an eine artgerechte Tierhaltung stellen, erfüllt sein, es sei denn, sie bedürfen großer baulicher Veränderungen.

Das Verbandszeichen ohne den Zusatz »In Umstellung auf ...« darf für tierische Erzeugnisse auch dann erst vergeben werden, wenn es im pflanzlichen Bereich genutzt werden darf und die Tierhaltung den Richtlinien entspricht.

Nach Abschluss der Umstellung wird eine schriftliche Anerkennung ausgesprochen, die durch jährliche Kontrollen immer wieder neu vergeben wird. Bei Zuwiderhandlung kann die Anerkennung auch wieder entzogen werden.

Über den Autor

Georg Schweisfurth ist gelernter Metzger und Diplomvolks-
wirt. Er gründete 1998 die Basic Lebensmittelhandel AG.
Neben drei Bio-Supermärkten in München und Stuttgart
eröffnete er auch das erste japanische Bio-Restaurant
Deutschlands. Georg Schweisfurth hat drei Kinder und lebt
in München.

Hinweis

Das vorliegende Buch ist sorgfältig erarbeitet worden.
Dennoch erfolgen alle Angaben ohne Gewähr. Weder Autor
noch Verlag können für eventuelle Nachteile oder Schäden,
die aus den im Buch gemachten praktischen Hinweisen
resultieren, eine Haftung übernehmen.

Bildnachweis

Alle Bilder stammen von Michael Holz, Hamburg.

Impressum

Der Südwest Verlag ist ein Unternehmen der
Econ Ullstein List Verlag GmbH & Co. KG, München.
© 2001 Econ Ullstein List Verlag GmbH & Co. KG, München

Idee und Konzeption: cookingstars GmbH, München
Redaktion: Monika Parzinger, Christine Pfützner
Projektleitung: Dr. Alex Klubertanz
Redaktionsleitung: Dr. med. Christiane Lentz
Bildredaktion: Sabine Kestler
Produktion: M. Metzger (Leitung), A. Aatz, M. Köhler
Umschlag: Katharina Schweissguth, München
Layout und DTP: Grafikhaus, München
Druck und Bindung: Westermann Druck Zwickau GmbH

Printed in Germany
Gedruckt auf chlor- und säurearmem Papier
ISBN 3-517-06528-5